Português para provas e concursos

Evanildo Bechara

COLABORAÇÃO DE

Shahira Mahmud

Fatima Amendoeira Maciel

Português para provas e concursos

Um guia completo, atualizado e fácil de entender

Rio de Janeiro, 2020

© 2020 by Evanildo Bechara

Direitos de edição da obra em língua portuguesa no Brasil adquiridos pela Editora Nova Fronteira Participações S.A. Todos os direitos reservados. Nenhuma parte desta obra pode ser apropriada e estocada em sistema de banco de dados ou processo similar, em qualquer forma ou meio, seja eletrônico, de fotocópia, gravação etc., sem a permissão do detentor do copirraite.

Editora Nova Fronteira Participações S.A.
Av. Rio Branco, 115 – Salas 1201 a 1205 – Centro – 20040-004
Rio de Janeiro – RJ – Brasil
Tel.: (21) 3882-8200

CIP-BRASIL. CATALOGAÇÃO NA PUBLICAÇÃO
SINDICATO NACIONAL DOS EDITORES DE LIVROS, RJ

B354p

Bechara, Evanildo
    Português para provas e concursos — um guia completo, atualizado e fácil de entender / Evanildo Bechara; colaboração Shahira Mahmud e Fatima Amendoeira Maciel - 1. ed. - Rio de Janeiro: Nova Fronteira, 2020.
    224 p.; 23 cm.

    ISBN 9788520945001

    1. Língua portuguesa - Gramática. 2. Língua portuguesa - Problemas, questões, exercícios. 3. Serviço público - Brasil - Concursos. I. Mahmud, Shahira. II. Título. III. Série.

20-63553   CDD: 469.5
                                               CDU: 811.134.3'36

Leandra Felix da Cruz Candido - Bibliotecária - CRB-7/6135
16/03/2020   25/03/2020

Sumário

Apresentação: é sempre importante ler 13
Cuidado com as armadilhas!.. 15
Sobre as bancas examinadoras.. 17

PARTE I – CONHECER A LÍNGUA

A) Função sintática e classe gramatical 19

FUNÇÃO SINTÁTICA 19

Sujeito e predicado, sujeito simples e composto, princípios gerais de concordância verbal, posição do predicado e do sujeito, oração sem sujeito, sujeito indeterminado, predicado e seus outros termos constitutivos (predicado simples e complexo, verbo intransitivo e transitivo, objeto direto e complementos preposicionados, objeto direto preposicionado, complementos verbais preposicionados, predicativo, complemento de agente da passiva, verbos na voz passiva), expansões do nome e do verbo (adjunto adnominal, adjunto adverbial, complemento nominal, aposto, vocativo: uma unidade à parte, funções sintáticas e classes de palavras).

CLASSE GRAMATICAL OU CLASSE DE PALAVRA 29

Substantivo, adjetivo, artigo, pronome, numeral, verbo, advérbio, preposição, conjunção, interjeição.

B) Orações complexas e grupos oracionais (subordinação e coordenação), justaposição, orações reduzidas, frases: enunciados sem núcleo verbal.........55

Subordinação (orações complexas de transposição substantiva, orações complexas de transposição adjetiva, orações complexas de transposição adverbial), coordenação, justaposição, orações reduzidas (orações substantivas reduzidas, orações adjetivas reduzidas, orações adverbiais reduzidas), frases: enunciados sem núcleo verbal.

C) Seleção de questões 69

D) Gabarito comentado 85

PARTE II – COMPREENDER E INTERPRETAR OS TEXTOS

A) Figuras de sintaxe, vícios e anomalias de linguagem e alterações semânticas 93

FIGURAS DE SINTAXE (OU DE CONSTRUÇÃO) 93

1. Anacoluto 93

2. Anáfora 93

3. Anástrofe 94

4. Antecipação ou prolepse 94

5. Assíndeto 94

6. Braquilogia 94

7. Contaminação sintática 94

8. Elipse 94

9. Expressão expletiva ou de realce 94

10. Hipérbato 95

11. Pleonasmo 95

12. Polissíndeto 95

13. Silepse 95

14. Sínquise 95

15. Zeugma 95

VÍCIOS E ANOMALIAS DE LINGUAGEM 96

Vícios de linguagem 96

1. Solecismo 96

2. Barbarismo 96

3. Estrangeirismo 96

Anomalias de linguagem 97

ALTERAÇÕES SEMÂNTICAS 97

1. Figuras de palavras 97

a) Metáfora 97

b) Metonímia 97

c) Antonomásia 98

d) Catacrese 98

e) Braquilogia ou abreviação 98

f) Eufemismo 98

g) Sinestesia 98

h) Alterações semânticas por influência de um fato de civilização 98

i) Etimologia popular ou associativa 98

2. Figuras de pensamento 99

a) Antítese 99

b) Apóstrofe 99

c) Hipérbole 99

d) Ironia 99

e) Oximoro 99

f) Paradoxo 99

g) Prosopopeia ou personificação 99

OUTROS ASPECTOS SEMÂNTICOS 100

1. Polissemia 100

2. Homonímia 100

3. Sinonímia 100

4. Antonímia 100

5. Paronímia 101

B) Compreensão e interpretação de textos (intelecção textual) 103

OS DEZ MANDAMENTOS PARA ANÁLISE DE TEXTOS NUM
TESTE DE INTERPRETAÇÃO 103

COMPREENSÃO E INTERPRETAÇÃO DE TEXTOS 104

TRÊS ERROS CAPITAIS NA ANÁLISE DE TEXTOS 104

1. Extrapolação 104

2. Redução 104

3. Contradição 104

LINGUÍSTICA TEXTUAL 104

1. Coesão textual 104

a) Coesão referencial 105

b) Coesão sequencial 105

c) Coesão recorrencial 105

2. Coerência textual 105

INTERTEXTUALIDADE OU POLIFONIA 105

TIPOLOGIA TEXTUAL 106

1. Texto descritivo 106

2. Texto narrativo 106

3. Texto dissertativo 106

C) Seleção de questões 109

D) Gabarito comentado 137

PARTE III – ESCREVER BEM

A) Concordância, regência e colocação 145

CONCORDÂNCIA NOMINAL 145

A — Concordância de palavra para palavra 145

B — Concordância de palavra para sentido (referência) 146

C — Outros casos de concordância nominal 147

CONCORDÂNCIA VERBAL 151
A — Concordância de palavra para palavra 151
B — Concordância de palavra para sentido 152
C — Outros casos de concordância verbal 152

REGÊNCIA 161
1. A preposição comum a termos coordenados 161
2. Está na hora da onça beber água 161
3. Eu gosto de tudo, exceto isso ou exceto disso 162
4. Migrações de preposição 162
5. Repetição de prefixo e preposição 162
6. Complementos de termos de regências diferentes 162
7. Termos preposicionados e pronomes átonos 162
8. Pronomes relativos preposicionados ou não 163
9. Verbos a cuja regência se há de atender na língua-padrão 163

COLOCAÇÃO 167
Sintaxe de colocação ou de ordem 167
Pronomes pessoais átonos e o demonstrativo *o* 168
Critérios para a colocação dos pronomes pessoais átonos e do demonstrativo *o* a serem seguidos na língua-padrão 168
Posições fixas 169

B) Ortografia, novo Acordo Ortográfico e pontuação 171
Semivogais e encontros vocálicos (ditongos, tritongos e hiatos) 171
Encontro consonantal e dígrafo 174
Ortoepia 174
Prosódia 175

ORTOGRAFIA E NOVO ACORDO ORTOGRÁFICO 176
Acentuação gráfica 176
A — Monossílabos ditos tônicos 176
B — Vocábulos de mais de uma sílaba 176
C — Casos especiais 177
O emprego do acento grave 180
O trema 180
O hífen 180
A — Nos compostos 180
B — Nas locuções 182
C — Nas sequências de palavras 182
D — Nas formações com prefixos 183
E — Nas formações com sufixos 184
F — O hífen nos casos de ênclise, mesóclise e com o verbo *haver* 184
O apóstrofo 185
Apêndice: Palavras e expressões que merecem atenção 186

PONTUAÇÃO 192
Ponto 192
Ponto parágrafo 192
Ponto de interrogação 193
Ponto de exclamação 193
Reticências 194
Vírgula 194
Dois-pontos 197
Ponto e vírgula 197
Travessão 198
Parênteses e colchetes 198
Aspas 199
Alínea 199

Chave 199
Asterisco 200

C) Seleção de questões **201**
D) Gabarito comentado **215**

Apresentação: é sempre importante ler

O conhecimento de língua portuguesa é requisito essencial em todos os cargos de processo seletivo. Atualmente, as provas e os concursos têm exigido dos candidatos o conhecimento da gramática aplicada a determinado conteúdo, ou seja, a gramática continua muito presente nas questões de língua portuguesa, nem sempre de forma direta, mas em todas que propõem reescritura de frases, interpretação e produção textual (coesão e coerência). Ela é a ferramenta que garante a compreensão daquilo que estamos lendo e a segurança na hora da redação.

Português para provas e concursos é formado por três partes independentes mas interligadas, que combinam teoria com exercícios. A teoria abrange o essencial a saber e o que costuma ser cobrado em vestibulares e concursos públicos. Os exercícios foram selecionados de provas de diversos níveis e bancas examinadoras, com gabarito comentado em todas as questões, muitas vezes analisando uma a uma as alternativas, de forma didática e com orientações que complementam a parte teórica.

Na **Parte I**, **"Conhecer a língua"**, apresentamos as classes de palavras e as estruturas sintáticas, a forma como se organizam e traduzem o pensamento. Na **Parte II**, **"Compreender e interpretar os textos"**, você vai entender como os elementos gramaticais constroem as mensagens. E, finalmente, na **Parte III**, **"Escrever bem"**, você vai aprender a representar na escrita, de forma correta e eficiente, seus pensamentos.

Nosso objetivo foi abarcar todo o conteúdo normalmente cobrado pelas bancas examinadoras, com ênfase naquilo que é recorrente. Para podermos reunir nesta obra uma quantidade maior de questões de provas, optamos, algumas vezes, por não ser exaustivos na exemplificação da teoria.

Vale ressaltar que as questões, em geral, não se concentram em apenas um ou outro ponto da gramática, pois exigem que o candidato conheça diversos conceitos para chegar ao gabarito. Por isso, apesar da distribuição das questões pelos temas, elas muitas vezes combinam conhecimentos de diferentes tópicos tratados neste livro.

Para facilitar o estudo e agilizar a consulta, o gabarito comentado de cada grupo de questões encontra-se no final de cada parte.

Cuidado com as armadilhas!

As armadilhas são preparadas pelos examinadores para testar os candidatos inseguros, que, numa prova, escolhem as respostas com base na intuição ou em deduções que podem levá-los, muitas vezes, ao engano. Há também os estratagemas elaborados para desafiar a atenção do candidato ou sua capacidade de saber usar, sem desperdício, o tempo da prova.

Portanto, guie-se pelo conhecimento adquirido no estudo da disciplina, confie em si mesmo, concentre-se na prova e não se deixe influenciar por alternativas ou enunciados capciosos.

Vale recomendar:

1. Cuidado com as palavras **exclusivamente, inclusive, sempre, nunca, pode, deve** e outras semelhantes! Alternativas com palavras completamente **includentes** ou **excludentes** precisam ser vistas com muita cautela pelo candidato, porque, por serem muito radicais, normalmente devem ser descartadas como a melhor opção de resposta.

2. Observe também que pode ocorrer, na totalidade da prova, a predominância de uma mesma resposta correta (por exemplo, muitas letras C), ou pouca frequência de resposta com determinada letra (por exemplo, ausência de opção A no gabarito). Portanto, o melhor é confiar nos seus conhecimentos.

3. Em nenhum momento se pode esquecer que a **norma-padrão** é a exigida nos concursos. A opção com linguagem coloquial só deve ser assinalada se o enunciado assim determinar.

4. Quando parecer que existe mais de uma resposta possível, observe que sempre há uma **melhor, mais completa** ou **mais adequada** — especialmente uma que **atenda com exatidão ao que está sendo pedido no enunciado**. Muitas vezes, um único detalhe diferencia a alternativa correta das demais. E para que uma afirmativa seja considerada certa é necessário que a correção se aplique a todos os termos que a integram.

5. Atenção com enunciados que **pedem a alternativa incorreta**. Eles usam palavras como **exceto, incorreta, não, erro, desvio**, etc. Ao ler o enunciado, **sublinhe estas palavras**, para não se esquecer delas quando for escolher a alternativa.

6. Atenção com enunciados que **especificam o tipo de alternativa correta ou incorreta (quanto à regência, à acentuação, à concordância**, etc.). **Sublinhe também essas palavras** quando estiver lendo o enunciado.

7. Atenção com enunciados que pedem que as respostas sejam dadas **respectivamente**. Poderá haver opções com respostas corretas, mas em ordem inadequada. O candidato não deve se precipitar e escolher uma alternativa sem analisar todas as outras.

8. Enunciados que pedem que se assinale **V para a afirmativa verdadeira e F para a falsa** nem sempre apresentam os dois tipos de assertivas (ou seja, todas podem ser verdadeiras ou todas podem ser falsas).

9. Atenção com enunciados que pedem uma análise **conforme o texto ou o autor**. (Os enunciados vêm redigidos da seguinte forma: **O autor sugere que**...; **O autor afirma que**...; **Tendo em vista as ideias do texto**...; **De acordo com as ideias desenvolvidas no texto**...; **Em relação às estruturas linguísticas do texto**...; etc.). Ainda que o candidato discorde da opinião do texto, ou que haja entre as alternativas alguma que traga informação melhor e mais completa do que a que é dada pelo texto, ele deve escolher a resposta que **segue exatamente o pedido no enunciado — conforme o texto**. Pode acontecer de o examinador colocar entre as alternativas conclusões equivocadas, distorcidas, generalizadas ou baseadas em apenas uma parte do texto. É preciso tomar cuidado!

10. Textos longos às vezes fazem o candidato desperdiçar tempo. Ler o texto uma vez para tomar conhecimento do assunto completo é fundamental, mas depois o candidato deve concentrar-se **no que está sendo pedido na questão**. Focar a atenção no parágrafo indicado no enunciado é importante para não se distrair com o desenrolar do texto.

Sobre as bancas examinadoras

Antes de estudar para um concurso, é fundamental conhecer o perfil da banca responsável por preparar a prova.

É importante **observar que:**

1. Algumas bancas não cobram todos os itens do edital, por isso o candidato deve **resolver questões de provas anteriores** para se familiarizar com os conteúdos mais frequentes. É possível até se deparar com **questões reaproveitadas** de provas passadas.

2. Já outras bancas procuram contemplar todos os itens do edital, de forma que o candidato deve **estudar cada um dos pontos**, pois tudo poderá ser cobrado, ao menos em uma questão.

3. Certas bancas elaboram **provas longas e com enunciados complexos**, que exigem **controle do tempo** em cada questão, pondo à prova a capacidade de concentração e raciocínio do candidato. Neste caso, procure **responder primeiro às questões menores, as que achar mais fáceis ou rápidas.**

4. Já outras bancas preferem **provas mais diretas** que privilegiam a **memorização** do conteúdo descrito no edital.

5. As bancas podem usar **abordagens variadas e termos técnicos diferentes dos da teoria estudada.** Portanto, a prática dos exercícios nos familiariza com essas diversidades, que muitas vezes são apenas pequenas variantes daquilo que estamos acostumados a ver.

Por fim, vale dizer que este livro pretende ser o pontapé inicial que o levará à preparação exigida em provas de língua portuguesa. Mas o sucesso depende muito de você, da prática de leitura e constante treinamento, buscando resolver provas anteriores do concurso em que deseja ser aprovado. Então, **muita garra** e **boa sorte!**

PARTE I – CONHECER A LÍNGUA

A) Função sintática e classe gramatical

FUNÇÃO SINTÁTICA

SUJEITO E PREDICADO

Sem verbo não temos oração. É o verbo, núcleo da declaração, ou da predicação verbal, que vai exigir a presença de outros termos componentes da oração. A referência expressa no verbo se chama *predicado* da oração. E o termo referente desta predicação se chama *sujeito*:

>   *Eu* estudo. *Tu* brincas. Estudamos (sujeito *nós*).

Conhecido o sujeito, ele pode não ser expresso na continuação do enunciado:

>   *Os meninos* já chegaram. Vieram com os pais (sujeito *Os meninos* e *Eles* identificado pela desinência verbal).

Dizemos que *vieram* tem seu sujeito léxico oculto. O sujeito léxico está representado por substantivos ou pronomes.

Em português, em geral não são explicitados os sujeitos quando representados por desinências verbais, especialmente de 1.ª e 2.ª pessoas:

>   *Ando* pouco (eu). *Fizeste* os deveres? (tu).

SUJEITO SIMPLES E COMPOSTO

O sujeito referido na predicação pode ser *simples* ou *composto*. Diz-se que o sujeito é simples quando só tiver um *núcleo*.

> **Núcleo** é o termo fundamental ou básico de uma função linguística. Só com ele, em geral, é que os outros termos da oração contraem a relação gramatical de concordância.

O sujeito simples pode constituir-se de uma ou mais palavras, mas só terá um núcleo:

>   O meu **livro** de Português *está emprestado*. (O sujeito é **O meu livro de Português**. O núcleo deste sujeito simples é **livro**.)

Diz-se que o sujeito é composto quando tiver mais de um núcleo:

O **canto** dos pássaros e a **riqueza** da *vegetação encantam os amantes da natureza.*

O sujeito é **O canto dos pássaros** e **a riqueza da vegetação**. Os núcleos deste sujeito composto são **canto** e **riqueza**.

PRINCÍPIOS GERAIS DE CONCORDÂNCIA VERBAL

O *verbo concorda com o sujeito explícito em pessoa e número,* segundo os seguintes princípios gerais:

a) sujeito simples constituído por pronome pessoal: o verbo irá para a pessoa e número do sujeito explícito: *Eu quero.* / *Nós queremos.*

b) sujeito simples constituído por substantivo, palavra ou expressão substantivada: o verbo irá para a 3.ª pessoa e para o número em que se achar o núcleo do sujeito, ainda que seja um coletivo: *As meninas ainda não chegaram.* / *A gente viaja hoje.*

c) sujeito composto constituído por substantivos: o verbo irá para a 3.ª pessoa do plural, qualquer que seja a sua posição em relação ao sujeito: *O menino e a menina conheciam a vizinhança.* / *Eram conhecidos o menino e a menina.*

> **Obs.**: Pode dar-se a concordância com o núcleo mais próximo, se o sujeito vem depois do verbo: "Foi neste ponto que *rompeu* o alarido, os choros e os chamados que ouvimos (...)." [Simão Lopes Neto]

d) sujeito composto constituído por pronomes pessoais, ou por pronome + substantivo: o verbo irá para a 1.ª pessoa do plural, se houver um pronome de 1.ª pessoa (*eu* ou *nós*): *Eu e tu iremos ao cinema.* / *Nós e ele iremos ao cinema*; irá para a 2.ª ou 3.ª pessoa do plural, se não houver pronome da 1.ª pessoa: *Tu e ele irão* (ou *ireis*, hoje mais raro) *ao cinema*; irá para a 3.ª pessoa do plural, se não houver pronome da 1.ª ou da 2.ª pessoa: *Ele e Janete irão ao cinema.*

POSIÇÃO DO PREDICADO E DO SUJEITO

O sujeito, simples ou composto, pode vir antes ou depois do predicado:

Os vizinhos *eram conhecidos.* / *Chegarão hoje de Lisboa* meu tio e meu primo.

A língua portuguesa permite esta liberdade na colocação dos termos oracionais, desde que não se mude o conteúdo da mensagem ou não se traga dificuldade na sua interpretação: *O caçador feriu o leão* não é a mesma coisa de *O leão feriu o caçador.*

A ordem **sujeito e predicado** chama-se *direta*; a ordem **predicado (ou um dos seus componentes) e sujeito** chama-se *inversa*.

> ### O emprego da vírgula
>
> Não se separam por vírgula o sujeito e o verbo do predicado. Se houver separação dos dois termos por intercalação de outros termos, pode-se usar a vírgula para marcar a sequência interrompida: Os bons alunos, *durante o ano todo, merecem os elogios dos colegas.*
>
> É preciso cuidado especial na concordância, quando se pratica a ordem inversa: **Saíram-se** (em vez da forma errada **Saiu-se**) mal hoje **os jogadores** do meu time. Evite-se este engano.

ORAÇÃO SEM SUJEITO

Pela mesma natureza semântica e sintática, é fácil concluirmos que em algumas orações não temos predicação referida a nenhum sujeito: *Chove pouco no Nordeste*.

Estas orações se dizem *sem sujeito*, e os verbos de predicação não referida a sujeito se chamam *impessoais*.

Os principais verbos ou expressões impessoais da nossa língua são:

a) os que denotam fenômenos atmosféricos ou cósmicos: *chover, trovejar, relampejar, nevar, anoitecer, fazer* (*frio, calor*, etc.), *estar* (*frio, quente*, etc.), entre outros.

b) *haver* e *ser*, principalmente na expressão de início de histórias (era uma vez), em orações equivalentes às constituídas com *existir*, do tipo de: *Há bons livros*. / *Era uma vez dois irmãos*.

c) *haver, fazer* e *ser* nas indicações de tempo: *Há cem anos nasceu meu avô*. / *Faz cinco anos não aparece aqui*. / *É uma hora*. / *São duas horas*.

d) *fazer* nas indicações de fenômenos atmosféricos ou fenômenos devidos a fatos astronômicos: *Faz sol o ano todo*. / *Faz trinta graus esta tarde*.

e) *bastar, chegar + de* (nas ideias de suficiência): *Basta de histórias*. / *Chega de promessas*.

f) *ir* acompanhado das preposições *em* ou *para* exprimindo o tempo em que algo acontece ou aconteceu: *Vai em dois anos ou pouco mais*.

g) *vir* e *andar* acompanhados das preposições *por* ou *a* exprimindo o tempo em que algo acontece: *Andava por uma semana que não comparecia às aulas*.

h) *passar* acompanhado da preposição *de* exprimindo tempo: *Já passava de duas horas*.

i) *tratar-se* acompanhado da preposição *de* em construções do tipo: *Trata-se de assuntos sérios*.

> **Atenção**: *Trata-se de assuntos sérios* (oração sem sujeito) exemplifica um caso diferente de *Precisa-se de empregados* (sujeito indeterminado). Neste último, o emprego do pronome *se* junto ao verbo faz com que a oração passe a equivaler a outra que tem por sujeito *alguém, a gente*: *Alguém precisa de empregados*. O mesmo não acontece com o verbo *tratar-se*.

A principal característica dos verbos e expressões impessoais é que (salvo em alguns casos do verbo *ser*) aparecem, na língua exemplar, sempre na 3.ª pessoa do singular. Faz exceção o verbo *ser* em construções do tipo: *São duas horas*. / *Eram vinte pessoas no máximo*.

Evite-se dizer *Haviam várias pessoas*. / *Devem haver soluções para tudo*. Prefira: *Havia várias pessoas*. / *Deve haver soluções para tudo*. (É importante lembrar que a impessoalidade do verbo principal se transmite ao verbo auxiliar.)

SUJEITO INDETERMINADO

Há orações que não apresentam nenhuma unidade linguística para ocupar a casa ou função de sujeito. Todavia, nelas há uma referência a sujeito, mas só de maneira indeterminada, imprecisa: *Estão batendo à porta.* / *Precisa-se de empregados.* Diz-se nestes casos que o sujeito é indeterminado.

A língua portuguesa procede de três maneiras na construção de orações com sujeito indeterminado:

a) verbo na 3.ª pessoa do plural sem referência a qualquer termo que, anterior ou seguinte, lhe sirva de sujeito: Nunca me *disseram* isso.

b) verbo na 3.ª pessoa do singular com valor de 3ª. pessoa do plural, nas mesmas circunstâncias do emprego anterior. Este uso do singular é menos frequente que o do plural: *Diz* que o fato não aconteceu assim (diz = dizem).

c) verbo na 3.ª pessoa do singular acompanhado do pronome **se**, não seguido ou não referido a substantivo que sirva de sujeito do conteúdo predicativo. Trata-se de um sujeito indiferenciado, referido à massa humana em geral; dizemos, neste caso, que o **se** é índice de indeterminação do sujeito ou *pronome indeterminador do sujeito*: *Vive-se bem aqui.* / *Precisa-se* de empregados.

> **Atenção**: Cuidado especial há que se ter em construções do tipo *Alugam-se casas.* / *Consertam-se bicicletas*, nas quais o *se* não é índice de indeterminação, mas sim pronome apassivador. O sujeito do verbo na voz passiva pronominal é geralmente um nome de coisa, um ser inanimado, incapaz de praticar a ação expressa pelo verbo. Na voz passiva pronominal, o verbo pode estar na 3.ª pessoa do singular ou do plural, para concordar com o sujeito: em *Alugam-se casas*, o sujeito é *casas*. Já em *Precisa-se de empregados*, não há voz passiva; *de empregados* é objeto indireto e não leva o verbo ao plural. Os verbos transitivos indiretos e os intransitivos não se constroem na passiva, porque só o objeto direto da ativa pode transformar-se em sujeito da passiva.

A indeterminação do sujeito nem sempre significa nosso desconhecimento dele; serve também de manobra inteligente de linguagem, quando não nos interessa torná-lo conhecido, como em situações do tipo: Pedro, *disseram-me* que você falou mal de mim.

Muitas vezes, o nosso saber do mundo percebe que se trata de uma só pessoa a praticar a ação verbal, mas se usa o plural por ser a norma frequente da indeterminação do sujeito: *Estão batendo à porta.*

Por fim, evite um cacoete de expressão que se propaga principalmente na língua falada: a repetição do sujeito por meio dos pronomes *ele, eles, ela, elas*. Exemplos:

O vizinho, *ele* não aceita mais desculpas. (E sim: *O vizinho não aceita mais desculpas.*)
A pátria, *ela* precisa de seus filhos. (E sim: *A pátria precisa de seus filhos.*)
Os erros, *eles* nos aprisionam para sempre. (E sim: *Os erros nos aprisionam para sempre.*)

PREDICADO E SEUS OUTROS TERMOS CONSTITUTIVOS

Predicado simples e complexo

A natureza semântico-sintática do verbo pode encerrar-se nele mesmo, em face da sua significação muito definida, como ocorre nas seguintes orações: Isabel *dorme*. / A temperatura *desceu*. Nestes casos, dizemos que é um predicado **simples** ou **incomplexo**.

Se, entretanto, a significação do verbo for muito ampla, torna-se necessário delimitá-la mediante um termo complementar: Clarice comprou *livros*. / Diva gosta de *Teresópolis*. Nestes casos, dizemos que é um predicado **complexo**.

Desta maneira, torna-se necessário delimitar a coisa comprada: *comprou* **livros** (e não **um vestido, um carro**, etc.). Este termo delimitador da significação do verbo chama-se *complemento verbal*, que pode não estar introduzido por preposição (*Clarice comprou livros*) ou estar introduzido por preposição pedida pelo verbo (*Diva gosta **de** Teresópolis*).

Verbo intransitivo e transitivo

O verbo de significação definida, que não exige complemento verbal, chama-se *intransitivo*: **dorme** e **desceu** foram empregados nos exemplos anteriores como intransitivos.

O verbo que é empregado acompanhado de complemento verbal chama-se *transitivo*: **comprou** e **gosta** foram empregados como transitivos.

Embora um verbo possa ser empregado normalmente como intransitivo ou transitivo, a língua permite que um intransitivo possa ser empregado transitivamente, ou que um transitivo seja empregado intransitivamente: *Clarice **dorme** o sono dos inocentes. / Clarice **compra** no supermercado*.

Portanto, é o **emprego** na oração que assinalará se o verbo aparece como intransitivo ou transitivo.

Objeto direto e complementos preposicionados

O complemento verbal não introduzido por preposição chama-se *objeto direto*: em *Eduardo viu o primo*, o objeto direto é *o primo*.

Ao complemento verbal introduzido por preposição necessária chamaremos, por enquanto, *complemento preposicionado*. Assim, em *Diva gosta de Teresópolis* e *Márcio assistiu ao jogo*, são complementos preposicionados *de Teresópolis* e *ao jogo*.

Dizemos que a preposição é necessária quando a sua não presença ou provoca um uso incorreto da língua ou da modalidade exemplar, ou altera o significado do verbo. A preposição *de* é necessária em *Diva gosta de Teresópolis*, porque, se usarmos sem preposição *Diva gosta Teresópolis*, estaremos cometendo um erro de português, pois se tratará de uma construção anormal em nossa língua, em qualquer das suas variedades.

Já o não emprego da preposição *a* em *Márcio assistiu o jogo* muda, na norma da língua exemplar, o significado do verbo *assistir*. Na norma da língua exemplar, há *assistir ao jogo* 'presenciá-lo', 'vê-lo', e *assistir o doente* 'prestar-lhe assistência', 'socorrê-lo'. Como o verbo está empregado no primeiro significado, deve-se dizer *Márcio assistiu ao jogo*. Nas variedades informal e popular, só há o emprego do verbo *assistir* no significado de 'presenciar', 'ver', e só aparece construído sem preposição *a*: *assistir o jogo, assistir a cena*.

Objeto direto preposicionado

O objeto direto é o complemento verbal não introduzido por preposição necessária. Mas, às vezes, a preposição aparece sem ser necessária, e assim pode ser dispensada.

Diz-se, então, que o objeto direto é *preposicionado*. Eis os principais casos em que isto pode ocorrer:

a) quando o verbo exprime sentimento ou manifestação de sentimento, e o objeto direto designa pessoa ou ser animado: Amar *a Deus* sobre todas as coisas (= *Amá-lo sobre todas as coisas*).

b) quando se deseja assinalar claramente o objeto direto nas inversões: *Ao leão* feriu o caçador.

Há três casos em que a preposição junto ao objeto direto é obrigatória:

a) quando está representado por pronome pessoal oblíquo tônico: Entendemos *a ele* muito bem (= nós o entendemos).

b) quando está representado pela expressão de reciprocidade *um ao outro*: Conhecem-se *um ao outro* (= eles se conhecem).

c) quando o objeto direto é composto, sendo o segundo núcleo representado por substantivo: Conheço-o e *ao* pai. [E não: Conheço-o e *o* pai.]

> **Atenção:**
> → Quando há, por ênfase, repetição do objeto direto mediante substantivo, o emprego da preposição antes deste substantivo complemento é facultativo: *Ao mau amigo* não o prezo (= *O mau amigo* não o prezo).
>
> → Às vezes, a preposição que acompanha o objeto direto tem por função dar certo colorido semântico ao verbo: Chamar *por Nossa Senhora* (= chamar para pedir proteção). À preposição com esta função chama-lhe Antenor Nascentes *posvérbio*.

Complementos verbais preposicionados

A tradição gramatical, confirmada pela Nomenclatura Gramatical Brasileira (NGB), chama *objeto indireto* a todo complemento verbal introduzido por preposição necessária. Mas entendemos que a língua parece indicar dois tipos distintos de complemento verbal preposicionado: o *complemento relativo* e o *objeto indireto*.

1. O complemento relativo se identifica:

a) pela delimitação *imediata* da significação ampla do verbo: *gostar de x, assistir a x*.

b) pela possibilidade de acompanhamento por qualquer preposição exigida pela significação do verbo: *de* em *gostar de* indica a "origem" do afeto; *a* em *assistir a* indica "direção" ao ser visualizado; *em* indica "lugar", no exemplo *Marcelinho pôs o livro em cima da mesa*.

c) pela impossibilidade de se substituir o complemento preposicionado pelo pronome pessoal átono *lhe*: a substituição só é possível mediante pronome pessoal tônico *ele, ela, eles, elas* precedido da preposição pedida pelo verbo: *Diva gosta de Teresópolis* → *Diva gosta dela* (da cidade).

2. Já o objeto indireto se distingue:

a) pela delimitação *mediata* da significação do verbo: *O escritor dedicou o romance à sua esposa / a seu filho / a seus pais*.

b) pelo aparecimento exclusivo da preposição *a* (ou *para*) como introdutora de tais complementos verbais: *à sua esposa*.

c) pela possibilidade de se substituir este complemento verbal preposicionado pelo pronome pessoal átono *lhe*, que marca apenas o número do substantivo comutado (*lhe*, *lhes*): *O escritor dedicou o romance à sua esposa* → *O escritor dedicou-lhe o romance*.

Por isso, no exemplo *Diva gosta de Teresópolis*, o complemento não pode ser substituído por *lhe*: *Diva gosta-lhe*[*1] (mas *Diva gosta de Teresópolis*).

> **Atenção**: Em provas de concurso, normalmente não aparece a distinção que fazemos entre objeto indireto e complemento relativo entre os complementos verbais, chamando a ambos objeto indireto.

Predicativo

Outro tipo de complemento verbal é o **predicativo**, que delimita a natureza semântico-sintática de um reduzido número de verbos: *ser, estar, ficar, parecer, permanecer* e mais alguns, conhecidos como *verbos de ligação*. Às vezes vem introduzido por preposição: *Brasília é a capital.* / *A casa ficou em ruínas*.

> **Atenção**: Os *verbos de ligação* caracterizam-se por ligar ao sujeito um estado, qualidade, condição ou classificação que pode ser, entre outras indicações: a) *estado permanente*: José *é* estudioso. / Aurora *vive* cansada. b) *estado passageiro*: José *está* estudioso. / Maria *anda* triste. / Antônio *acha-se* preocupado. / Pedro *encontra-se* doente. c) *continuidade de estado*: José *continua* estudioso. / Maria *permanece* triste. d) *mudança de estado*: José *ficou* estudioso. / Maria *tornou-se* triste. / Antônio *acabou* preocupado. / Pedro *caiu* doente. / O vizinho *fez-se* professor. / A crisálida *virou* borboleta. / Ela *converteu-se* em culpada. / Quem *servirá* de meu advogado? / Ele *se meteu* poeta (ou a poeta). e) *aparência*: José *parece* estudioso (parece ser). / Maria *parece* triste (parece estar).

O predicativo difere dos complementos anteriores pelas características seguintes:

a) é expresso por substantivo, adjetivo, pronome, numeral ou advérbio.

b) concorda com o sujeito em gênero e número, quando flexionável.

c) é comutado pelo pronome invariável *o*: *O aluno é estudioso.* → *O aluno o é.* / *A aluna é estudiosa.* → *A aluna o é.*

Como ocorre com os predicados até aqui estudados, pode a predicação com predicativo ser referida a um sujeito ou não: *O aluno é estudioso* (sujeito: *o aluno*). / *É noite* (oração sem sujeito). Ocorre o mesmo com a expressão das horas, em oração sem sujeito seguida de predicativo: *Já são três horas? — Já o são.*

Além do predicativo que acompanha os chamados verbos de ligação, há outro que acompanha qualquer tipo de verbo e se refere tanto ao sujeito quanto ao objeto direto, ao complemento relativo e ao objeto indireto, com os quais também concorda em gênero e número: *O vizinho caminha preocupado.* / *Encontraste a porta aberta.* / *Trata-se da questão como insolúvel.* / *Não lhe chamávamos professor.*

---

[1] O asterisco (*) indica construção agramatical, isto é, construída erradamente ou hipotética.

Os predicativos deste tipo diferem dos que acompanham os verbos de ligação porque não são comutáveis pelo pronome invariável *o*: *O vizinho caminha preocupado.* / *O vizinho o caminha** (comutação impossível).

Para representar este tipo de predicativo, usa-se um advérbio (como *assim*): *O vizinho caminha preocupado.* → *O vizinho caminha assim*.

Por isso é que podemos ter a construção com predicativo ao lado da construção com advérbio: *A cerveja que desce redonda* (*redonda*: adjetivo, predicativo). / *A cerveja que desce redondo* (*redondo*: advérbio, não é predicativo).

Atenção: Uma tradição mais recente na gramática portuguesa, incorporada pela Nomenclatura Gramatical Brasileira (NGB), distingue o predicado em *verbal* (quando constituído por qualquer tipo de verbo, exceto o de ligação), *nominal* (quando se trata de verbo de ligação + predicativo) e *verbonominal* (quando se trata de verbo que não seja de ligação + predicativo). Não seguimos essa tradição, porque entendemos que toda relação predicativa que se estabelece na oração tem por núcleo um verbo. É esta, por sinal, a lição dos nossos primeiros grandes gramáticos, que não faziam tal distinção, e de notáveis linguistas modernos.

Complemento de agente da passiva

É o complemento pelo qual se faz referência a quem pratica a ação sobre o sujeito paciente, na voz passiva: *O livro foi escrito por Graciliano Ramos*.

Voz passiva é a forma que o verbo assume para indicar que seu sujeito sofre a ação por ele indicada. Em nosso exemplo, *o livro*, sujeito de *foi escrito*, não pratica a ação, mas recebe-a, sofre-a; quem a pratica é *Graciliano Ramos*, que, por isso mesmo, se diz *agente da passiva*.

Na chamada *voz ativa*, o agente da passiva passa a sujeito, enquanto o sujeito da passiva passa a objeto direto. Daí, normalmente, essa mudança de voz só ocorrer com o verbo transitivo direto: *O livro foi escrito por Graciliano Ramos* (voz passiva) → *Graciliano Ramos escreveu o livro* (voz ativa). Os outros termos da oração continuam nas mesmas funções sintáticas.

O complemento de agente da passiva é introduzido pela preposição *por* e, nas formas combinadas com artigo, pela forma antiga *per* (*pelo, pela, pelos, pelas*): *A República foi proclamada pelo general Deodoro da Fonseca*.

Com verbos que exprimem sentimento, pode aparecer neste emprego a preposição *de*: *O professor é estimado de todos* (ou *por todos*).

Verbos voz passiva

Em português obtém-se a voz passiva de um verbo utilizando-se dois procedimentos:

a) com a ajuda dos verbos auxiliares da voz passiva (ser, estar, ficar) acompanhados do particípio do verbo principal, em geral seguidos do complemento de agente da passiva: *O livro foi escrito por Graciliano Ramos.* / *O trânsito ficou prejudicado pela forte chuva.* / *O assunto agora está resolvido.*

b) com a utilização do pronome apassivador *se* combinado com verbo transitivo direto (*se* apassivador seguido de sujeito): *Alugam-se* casas. / *Consertam-se* bicicletas. / *Bebe-se* muita água no verão.

EXPANSÕES DO NOME E DO VERBO

Adjunto adnominal

Chama-se **adjunto** o termo sintático não obrigatório, cuja missão é ampliar a informação ou o conhecimento do núcleo que integra o sujeito e o predicado com seus complementos.

A expansão do núcleo substantivo chama-se *adjunto adnominal* e está fundamentalmente representado por um adjetivo, locução adjetiva ou unidade equivalente: *Bons* ventos o tragam! / Palavra *de rei* não volta atrás. O adjetivo pode ser acompanhado de determinantes que, englobadamente com ele, se classificam como adjunto adnominal:

Os bons ventos o tragam! / *Todos os meus três* amigos chegaram hoje.

Adjunto adverbial

A expansão do núcleo pode dar-se mediante um adjunto adverbial, representado formalmente por um advérbio ou expressão equivalente. Semanticamente exprime uma circunstância e sintaticamente representa uma expansão do verbo, do adjetivo ou do advérbio: Paula estudou *muito*. / O mar está *muito* azulado. / Bebel dançou *muito* bem.

Chamam-se *circunstâncias* em gramática as unidades linguísticas que, referindo-se à significação do verbo, assinalam o modo, o tempo, o lugar, a causa, etc.: Jantamos *ontem* (circunstância de tempo), *no clube* (circunstância de lugar), *na companhia de vários amigos* (circunstância de companhia) *por motivo do aniversário de nosso tio* (circunstância de causa).

O adjunto adverbial pode ser expresso por advérbios (*ontem*) ou por locuções adverbiais (*no clube*, etc.).

Os que exprimem intensidade podem, além do verbo, modificar adjetivos e advérbios: Ela é *muito* inteligente. / O professor jantou *muito* cedo.

Complemento nominal

O verbo pode passar a ser representado por substantivo, por exemplo: *O ladrão fugiu do presídio* pode passar a uma estrutura derivada do tipo de: *A fuga do ladrão do presídio*. Assim também a oração *O vizinho comprou um quadro célebre* pode passar à estrutura derivada: *A compra de um quadro célebre pelo vizinho*. Neste último exemplo o verbo passa a ser representado pelo substantivo *compra*; o objeto direto (*um quadro célebre*) passa a complemento preposicionado; e o sujeito (*o vizinho*) continua agente.

Tais formas derivadas pela passagem de um verbo a nome (processo chamado *nominalização*) dão ensejo ao aparecimento de um complemento preposicionado desse mesmo substantivo, chamado *complemento nominal*: *do ladrão* e *de um quadro célebre* são complementos nominais de *fuga* e *compra*, respectivamente.

Ocorre complemento nominal também com adjetivos (e advérbios seus derivados): *O jogador mostrou-se responsável* pela situação. / *Ele é um jovem desejoso* de sucesso. / *A situação mostrou-se desfavoravelmente* a todos (*desfavoravelmente*, advérbio derivado do adjetivo *desfavorável*).

Nestes casos fica muito patente que os termos preposicionados funcionam como complemento nominal dos adjetivos e do advérbio. Mas, se se trata de substantivo, pode ocorrer dúvida se estamos diante de complemento nominal ou de adjunto adnominal. Como fazer a distinção?

Formalmente, o complemento nominal se assemelha ao adjunto adnominal, quando em ambos temos a estrutura substantivo + preposição + substantivo: *a chegada do trem* / *a casa do vizinho*.

A diferença consiste em que o complemento nominal *do trem* em *a chegada do trem* resulta da nominalização de *o trem chegou*, o que não se dá com o adjunto adnominal *do vizinho* em *a casa do vizinho*.

Aposto

Chama-se *aposto* a um substantivo ou expressão equivalente que modifica um núcleo nominal (ou pronominal ou palavra de natureza substantiva como *amanhã, hoje*, etc.), também conhecido pela denominação *fundamental*, sem precisar de outro instrumento gramatical que marque esta função adnominal. Exemplos: O rio *Amazonas* deságua no Atlântico. / O professor *Machado* honrou o magistério. / Clarice, *a primeira neta da família*, cursa Direito. / Pedro II, *imperador do Brasil*, protegia jovens talentosos.

Vocativo: uma unidade à parte

Desligado da estrutura da oração e desta separado por curva de entoação exclamativa, o vocativo cumpre uma função apelativa de 2ª. pessoa, pois, por seu intermédio, chamamos ou pomos em evidência a pessoa ou coisa a que nos dirigimos: *José, vem cá!* / *Tu, meu irmão, precisas estudar!*

O vocativo pode estar precedido de ó (e não *oh!*): Ó José, vem cá!

Funções sintáticas e classes de palavras

Vimos até aqui ressaltando que as funções sintáticas dos termos da oração se acham representadas normalmente pelas espécies de classes de palavras conhecidas por substantivos, adjetivos, artigos, pronomes, numerais, verbos e advérbios, ou marcadas por instrumentos gramaticais, como é o caso das preposições e conjunções, ou pela sua disposição à esquerda e à direita do verbo, que é o núcleo fundamental da oração. As funções estão sempre relacionadas com as classes de palavras, mas uma palavra não é substantivo, por exemplo, porque funciona como sujeito; pelo contrário, pode ser sujeito porque é um substantivo ou seu equivalente.

Daí, torna-se importante o conhecimento das diversas classes de palavras existentes na língua portuguesa: *substantivo, adjetivo, artigo, pronome, numeral, verbo, advérbio, preposição* e *conjunção*.

A tradição gramatical tem incluído aí a *interjeição*; entretanto, a interjeição não é, a rigor, uma *palavra*, mas uma *palavra-frase*, que só por si vale por um conteúdo de pensamento da linguagem emocional.

Em geral, a interjeição vem separada dos demais elementos do texto por um ponto de exclamação ou por uma vírgula:

"Oh! que saudades que tenho
Da aurora da minha vida. (...)" [Casimiro de Abreu, "Meus oito anos"].

CLASSE GRAMATICAL OU CLASSE DE PALAVRA

SUBSTANTIVO

É a classe de palavra que se caracteriza por significar o que convencionalmente chamamos *objetos substantivos*, isto é, substâncias (*homem, casa, livro*) e quaisquer outros objetos mentalmente apreendidos como substâncias, quais sejam: qualidades (*bondade, maldade, ligeireza*), estados (*saúde, doença*), processos (*chegada, entrega, aceitação*). Qualquer palavra tomada materialmente pode substantivar-se (o *se*, o *de*, o *não*, o *porquê*) e estará sujeita às regras de flexão e derivação dos substantivos (os *ses*, os *des*, os *nãos*, os *sins*, os *porquês*).

Concretos e abstratos

A tradição gramatical divide os substantivos em *concretos* e *abstratos*. Os concretos são *próprios* e *comuns*.

Substantivo concreto é o que designa ser de existência independente; nomeia pessoas, lugares, animais, vegetais, minerais e coisas: *casa, mar, sol, automóvel, filho, mãe*.

Substantivo abstrato é o que designa ser de existência dependente; designa ação (*beijo, trabalho, saída*), estado (*cansaço, doença, felicidade*) e qualidade (*prazer, beleza*), considerados fora dos seres, como se tivessem existência individual: *prazer, beijo, trabalho, saída, beleza, cansaço*, mas cuja existência depende de pessoa ou coisa que dê ou apresente prazer, beijo, trabalho, e assim por diante.

É muito frequente o emprego de substantivos abstratos como concretos quando aplicados a nomes de coisas relacionadas com o ato ou qualidade que designam. Quando dizemos que o país precisa de *inteligências*, facilmente percebemos que o substantivo abstrato está usado concretamente, para designar as pessoas inteligentes.

Próprios e comuns

Dividem-se os substantivos concretos em *próprios* e *comuns*, divisão que pertence a planos diferentes.

Substantivo próprio é o que se aplica a um objeto ou a um conjunto de objetos, *mas sempre individualmente*. Os substantivos próprios mais importantes são os *antropônimos* e os *topônimos*. Os primeiros se aplicam às pessoas que, em geral, têm *prenome* (nome próprio individual) [João, Antônia, etc.] e *sobrenome* (Oliveira, Sousa, etc.) ou *apelido* (Joca, Tatá, etc.). Os topônimos se aplicam a lugares e acidentes geográficos.

Substantivo comum é o que se aplica a um ou mais objetos particulares que reúnem características comuns inerentes a dada classe: *homem, mesa, livro, cachorro, lua, sol, fevereiro, segunda-feira, papa*.

Coletivos

São coletivos e nomes de grupo usuais, por exemplo, *caravana, clientela, colmeia, rebanho*, etc.

Não se deve confundir com os coletivos os *nomes de grupo* (*bando, rebanho, cardume*, etc.), embora assim o faça a gramática tradicional. Na realidade, os nomes de grupo são nomes de conjunto de objetos contáveis, que se aplicam habitualmente ou a uma espécie definida (*cardume, alcateia, enxame*) ou total ou parcialmente indefinida (*conjunto, grupo, bando*: *bando de pessoas, de aves, de alunos*). Ao contrário dos coletivos, os nomes de grupo, principalmente os que se referem a espécie indefinida, requerem determinação explícita do tipo de objeto que compõe o conjunto: *um **bando** de pessoas, de adolescentes*, etc.; *um **cardume** de baleias, de sardinhas*, etc. Já não seria possível *um vinhedo de vinhas*. Vale ressaltar que há bancas que não fazem a distinção entre coletivos e nomes de grupo.

Flexões do substantivo

1. Número

É a categoria gramatical que se refere aos objetos substantivos considerando-os na sua unidade da classe a que pertencem (é o número singular) ou no seu conjunto de dois ou mais objetos da mesma classe (é o número plural).

2. Gênero

A nossa língua conhece dois gêneros para o substantivo: o *masculino* e o *feminino*. São masculinos os nomes a que se pode antepor o artigo *o* (*o linho, o sol, o clima, o poeta, o grama, o pente, o raio, o prazer, o filho, o beijo*) e são femininos os nomes a que se pode antepor o artigo *a* (*a linha, a lua, a grama, a ponte, a poetisa, a filha, a dor*).

Mesmo nos seres animados, as formas de masculino ou de feminino podem não determinar a diversidade de sexo, como ocorre com os substantivos chamados **epicenos** (aplicados a animais irracionais), cuja função semântica é só apontar para a espécie:

a cobra, a lebre, a formiga, o tatu, o colibri, o jacaré, ou os substantivos aplicados a pessoas, denominados **comuns de dois**, distinguidos pela concordância: *o/a* **estudante**; *este/esta* **consorte**; *reconhecido/reconhecida* **mártir**, ou ainda os substantivos de um só gênero, denominados **sobrecomuns**, aplicados a pessoas cuja referência a homem ou a mulher só se depreende pelo contexto: *o* **algoz**, *o* **carrasco**, *o* **cônjuge**, *a* **criatura**, *a* **criança**, *o* **indivíduo**, *a* **testemunha**, *a* **vítima**.

3. Grau (aumentativos e diminutivos)

Os substantivos apresentam-se com a sua significação aumentada ou diminuída, auxiliados por sufixos derivacionais: *homem — homenzarrão — homenzinho*. *Homenzarrão* e *homenzinho* são formas *derivadas* de *homem*, e não flexões desse substantivo.

Fora da ideia de tamanho, as formas aumentativas e diminutivas podem traduzir o nosso desprezo, a nossa crítica, o nosso pouco caso para certos objetos e pessoas, sempre em função da significação lexical da base, auxiliadas por uma entoação especial (eufórica, crítica, admirativa, lamentativa, etc.) e os entornos que envolvem falante e ouvinte: *poetastro, politicalho, livreco, padreco, coisinha, issozinho, gentinha*. Dizemos então que os substantivos estão em sentido *pejorativo*.

A ideia de pequenez se associa facilmente à de carinho que transparece nas formas diminutivas das seguintes bases léxicas: *paizinho, mãezinha, queridinha*.

ADJETIVO

É a classe que se caracteriza por constituir a *delimitação* do substantivo, orientando a referência a uma *parte* ou a um *aspecto* do denotado.

Entre os aspectos, há os adjetivos pátrios ou gentílicos, que se referem à nacionalidade ou ao local de origem do substantivo: povo *brasileiro*.

Locução adjetiva

É a expressão formada de preposição + substantivo ou equivalente com função de adjetivo: Homem *de coragem* = homem *corajoso*.

Note-se que nem sempre encontramos um adjetivo da mesma família de palavras e de significado perfeitamente idêntico ao da locução adjetiva: colunas *marmóreas* (de mármore), mas colega *de turma*.

Flexões do adjetivo

O adjetivo se combina com certos signos gramaticais para manifestar o número, o gênero e o grau. O grau, entretanto, não constitui, no português, um processo gramatical de flexão. O grau figura aqui por ter sido contemplado pela NGB. A gradação em português, tanto no substantivo quanto no adjetivo, se manifesta por procedimentos sintáticos (*casa pequena, casa grande*) ou por sufixos derivacionais (*casinha, casarão*).

1. Número

O adjetivo acompanha o número do substantivo a que se refere: *aluno estudioso, alunos estudiosos*. Ele pode estar, portanto, no *singular* ou no *plural*. Aos adjetivos se aplicam, na maioria dos casos, as mesmas regras de plural dos substantivos. Alguns poucos adjetivos, como ocorre nos substantivos, se mostram indiferentes à marca de número, servindo indistintamente para a indicação do singular ou plural: *simples, isósceles, piegas, grátis,* etc. Assim: critério *simples* / critérios *simples*.

Quanto aos adjetivos compostos, lembraremos que normalmente só o último varia, quando formados por dois adjetivos: amizades *luso-brasileiras*, saias *verde-escuras*, folhas *azul-claras*, etc.

Variam ambos os elementos, entre outros exemplos:

surdo-mudo / *surdos-mudos*
surda-muda / *surdas-mudas*

Exceções: *Azul-marinho* e *azul-celeste*, como adjetivo, ficam invariáveis:

jaqueta *azul-marinho* → jaquetas *azul-marinho*
olho *azul-celeste* → olhos *azul-celeste*

2. Gênero

O adjetivo não tem gênero como tem o substantivo. Concorda em gênero com o substantivo a que se refere como simples repercussão da relação sintática de concordância que se instaura entre o determinado e o determinante: *tempo bom, vida boa*.

Formação do feminino dos adjetivos

Os adjetivos *uniformes* são os que apresentam uma só forma para acompanhar substantivos masculinos e femininos: *trabalho útil / ação útil*.

Os *biformes* têm uma forma para o masculino e outra para o feminino: vaso *chinês* / louça *chinesa*.

3. Gradação do adjetivo

Há três tipos de gradação na qualidade expressa pelo adjetivo: **positivo, comparativo** e **superlativo**, quando se procede a estabelecer relações entre o que são ou como se mostram dois ou mais seres.

O **positivo**, que não constitui a rigor uma gradação, enuncia simplesmente a qualidade: *O rapaz é cuidadoso*.

O **comparativo**, como o próprio nome diz, compara qualidade entre dois ou mais seres, estabelecendo:

a) uma igualdade: O rapaz é *tão cuidadoso quanto* (ou *como*) os outros.

b) uma superioridade: O rapaz é *mais cuidadoso que* (ou *do que*) os outros.

c) uma inferioridade: O rapaz é *menos cuidadoso que* (ou *do que*) os outros.

O superlativo:

a) se ele ressalta, com vantagem ou desvantagem, a qualidade do ser em relação a outros seres, é *superlativo relativo*.

O rapaz é *o mais cuidadoso dos* (ou *dentre os*) pretendentes ao emprego. (superioridade)
O rapaz é *o menos cuidadoso dos* pretendentes. (inferioridade)

b) se indica que a qualidade do ser ultrapassa a noção comum que temos dessa mesma qualidade, é *superlativo absoluto* ou *intensivo*.

O rapaz é *muito cuidadoso*. (superlativo absoluto analítico)
O rapaz é *cuidadosíssimo*. (superlativo absoluto sintético)

O superlativo absoluto pode ser *analítico* ou *sintético*.

Forma-se o *analítico* com a anteposição de palavra intensiva ou intensificador (muito, extremamente, extraordinariamente, etc.) ao adjetivo: *muito elegante*.

O sintético é obtido por meio do sufixo derivacional *-íssimo* (ou outro de valor intensivo) acrescido ao adjetivo: *O fato é velhíssimo*. Pode-se ainda usar de prefixo: *O fato é revelho* (= velhíssimo).

Chamamos a atenção para as palavras terminadas em *-io* que, na forma sintética, apresentam dois *is*, por seguirem a regra geral da queda do *-o* final para receber o sufixo: *cheio → cheiíssimo, cheiinho; feio → feiíssimo, feiinho*.

Comparativos e superlativos irregulares

Afastam-se dos demais na sua formação de comparativo e superlativo os adjetivos seguintes:

Positivo	Comparativo de superioridade	Superlativo absoluto	Superlativo relativo
bom	melhor	ótimo	o melhor
mau	pior	péssimo	o pior
grande	maior	máximo	o maior
pequeno	menor	mínimo	o menor

ARTIGO

Chamam-se *artigo definido* **o, a, os, as** que se antepõem a substantivos, com função principal de adjunto desses substantivos.

A tradição gramatical tem aproximado este verdadeiro artigo de **um, uns, uma, umas**, chamados *artigos indefinidos*, que se assemelham a **o, a, os, as** pela mera circunstância de também funcionarem como adjunto de substantivo.

Do ponto de vista semântico e consequentes resultados nas funções gramaticais, o artigo definido identifica o objeto designado pelo nome a que se liga, delimitando-o, extraindo-o de entre os objetos da mesma classe, como aquele que já foi (ou será imediatamente) conhecido do ouvinte.

Outra função é a da substantivação: qualquer unidade linguística, do texto ao morfema, pode substantivar-se quando é nome de si mesma, tomada materialmente: "*o o* é artigo."

PRONOME

É a classe de palavra que se refere a um significado léxico indicado pela situação ou por outras palavras do contexto.

Classificação dos pronomes

Os pronomes podem ser: pessoais, possessivos, demonstrativos, indefinidos, interrogativos e relativos.

Pronome substantivo e pronome adjetivo

O pronome pode aparecer em referência a substantivo claro ou oculto: *Meu* livro é melhor que o *teu*.

Meu e *teu* são pronomes porque, dando ideia de posse, fazem referência à pessoa do discurso: *meu* (1.ª pessoa, a que fala), *teu* (2.ª pessoa, a com quem se fala). Ambos os pronomes fazem referência ao substantivo *livro*, que vem expresso no início, mas se omite no fim, por estar perfeitamente claro ao falante e ouvinte. Esta referência a substantivo caracteriza a função *adjetiva* ou de *adjunto* de certos pronomes. Muitas vezes, sem que tenha vindo expresso anteriormente, dispensa-se o substantivo, como em: Quero o *meu* e não o *seu* livro (em que ambos os pronomes possessivos são adjetivos).

Já em *Isto é melhor que aquilo*, os pronomes *isto* e *aquilo* não se referem a nenhum substantivo determinado, mas fazem as vezes dele. São, por isso, pronomes *absolutos* ou *substantivos*.

Pronome pessoal

Os pronomes pessoais designam as pessoas do discurso:

1.ª pessoa: *eu* (singular) / *nós* (plural)

2.ª pessoa: *tu* (singular) / *vós* (plural)

3.ª pessoa: *ele, ela* (singular) / *eles, elas* (plural)

As formas *eu, tu, ele, ela, nós, vós, eles, elas*, que funcionam como sujeito, se dizem *retas*. A cada um destes pronomes pessoais retos corresponde um pronome pessoal oblíquo que funciona como complemento e pode apresentar-se em forma átona ou forma tônica. Ao contrário das formas átonas, *as tônicas vêm sempre precedidas de preposição*.

Pronomes pessoais:	retos	oblíquos átonos (sem preposição)	oblíquos tônicos (com preposição)
Singular: 1.ª pessoa:	eu	me	mim
2.ª pessoa:	tu	te	ti
3.ª pessoa:	ele, ela	lhe, o, a, se	ele, ela, si
Plural: 1.ª pessoa:	nós	nos	nós
2.ª pessoa:	vós	vos	vós
3.ª pessoa:	eles, elas	lhes, os, as, se	eles, elas, si

Se a preposição é *com*, dizemos *comigo, contigo, consigo, conosco, convosco*, e não *com mim, com ti, com si, com nós, com vós*. Empregam-se, entretanto, *com nós* e *com vós*, ao lado de *conosco* e *convosco*, quando estes pronomes tônicos vêm seguidos ou precedidos de *mesmos, próprios, todos, outros, ambos, numeral, aposto* ou *oração adjetiva*, a fim de evidenciar o antecedente: *Com vós todos* ou *com todos vós*.

Pronome oblíquo reflexivo

É o pronome oblíquo da mesma pessoa do pronome reto, significando *a mim mesmo, a ti mesmo*, etc.: Eu *me* vesti rapidamente.

Pronome oblíquo reflexivo recíproco

É representado pelos pronomes *nos, vos, se* quando traduzem a ideia de *um ao outro*, reciprocamente: Nós *nos cumprimentamos.* (um ao outro)

Formas de tratamento

Ao lado dos pronomes pessoais, que se referem às pessoas do discurso (a primeira pessoa, a que fala, o falante: *eu* e *nós*; a segunda pessoa, a com quem se fala, o ouvinte: *tu* e *vós*, e a terceira pessoa ou coisa de que se fala: *ele, ela, eles, elas*), possui a nossa língua formas substantivas de tratamento (*a gente, você, senhor, senhora, senhorita, Vossa Excelência*) que pelo sentido valem como as três pessoas do discurso e gramaticalmente como formas de terceira pessoa; por isso, levam o verbo e seus adjuntos flexionados também para a terceira pessoa: *a gente trabalha, você trabalha, Vossa Excelência trabalha*. São as que a gramática chama formas ou pronomes de tratamento.

> **Atenção:** Emprega-se *Vossa Alteza* (e demais) em referência à segunda pessoa, isto é, em relação àquele com quem falamos; emprega-se *Sua Alteza* (e demais) em referência à terceira pessoa, isto é, à pessoa de quem falamos. A indicação do plural com as formas de tratamento se faz com a repetição de letras: *VV.MM.* (Vossas Majestades).

Pronomes possessivos

São os que indicam a posse em referência às três pessoas do discurso: *meu / nosso* (1.ª pessoa); *teu / vosso* (2.ª pessoa); *seu / seus* (3.ª pessoa).

Pronomes demonstrativos

São os que indicam a posição dos seres em relação às três pessoas do discurso. Esta localização pode ser no *tempo*, no *espaço* ou no *discurso*.

Por exemplo: *este livro* é o livro que está perto da pessoa que fala; *esse livro* é o que está longe da pessoa que fala ou perto da pessoa com quem se fala; *aquele livro* é o que se acha distante da 1.ª e da 2.ª pessoa.

São ainda pronomes demonstrativos *o, mesmo, próprio, semelhante* e *tal*.

Considera-se **o** pronome demonstrativo, de emprego absoluto, invariável no masculino e singular, quando funciona com o valor *grosso modo* de *isto, isso, aquilo* ou *tal*: Não *o* consentirei jamais.

Mesmo, próprio, semelhante e *tal* têm valor demonstrativo quando denotam identidades ou se referem a seres e ideias já expressas anteriormente, e valem por *esse, essa, aquele, isso, aquilo*: "Depois, como Pádua falasse ao sacristão baixinho, aproximou-se deles; eu fiz a *mesma* coisa." [Machado de Assis].

Obs.: *Mesmo* e *próprio* aparecem ainda reforçando pronomes pessoais, com os quais concorda em número e gênero: Ela *mesma* quis ver o problema. / Nós *próprios* o dissemos.

Pronomes indefinidos

São os que se aplicam à 3.ª pessoa quando têm sentido vago ou exprimem quantidade indeterminada.

Funcionam como pronomes indefinidos substantivos, todos invariáveis: *alguém, ninguém, tudo, nada, algo, outrem*. Por exemplo: *Ninguém* disse a verdade.

São pronomes indefinidos adjetivos: *cada* (invariável), *certo* (variável), *qualquer* (só variável em número: *quaisquer*). Por exemplo: *Qualquer* pessoa pode opinar. Os pronomes indefinidos adjetivos *algum, nenhum, todo, outro, muito, pouco, vário, tanto, quanto, um*, entre outros, são empregados, em certos casos, como pronomes substantivos. Por exemplo: *Um* falará, o *outro*, não.

Aplicam-se a quantidades indeterminadas os indefinidos, todos variáveis (com exceção de *mais* e *menos*): *muito, mais, menos, pouco, todo, algum, tanto, quanto, vário, diverso*.

Pronomes interrogativos

São os pronomes indefinidos *quem, que, qual* e *quanto* que se empregam nas perguntas, diretas ou indiretas: *Quem* veio aqui?, *Que* compraste?

Diz-se *interrogação direta* a pergunta que termina por ponto de interrogação e se caracteriza pela entoação ascendente: *Quem* veio aqui?

Já *interrogação indireta* é a pergunta que:

a) se faz indiretamente e para a qual não se pede resposta imediata;

b) é proferida com entoação normal descendente;

c) não termina por ponto de interrogação;

d) vem depois de verbo que exprime interrogação ou incerteza (*perguntar, indagar, não saber, ignorar,* etc.): Quero saber *quem* veio aqui.

Pronomes relativos

São pronomes relativos *que, quem, o qual* (*a qual, os quais, as quais*), *cujo* (*cuja, cujos, cujas*) e *quanto* (*quanta, quantos, quantas*), quando se referem a um antecedente:

> Eu sou o freguês que *por último compra o jornal* (o *que* se refere ao antecedente *freguês*).

O pronome relativo *que* difere da conjunção integrante *que* porque esta última tem por missão introduzir oração subordinada substantiva e, na condição de mera conjunção, não exerce função sintática. Já o pronome relativo *que* introduz oração subordinada adjetiva e, como pronome, exerce nela uma função sintática. No exemplo acima, *que* referido a *freguês* exerce a função de sujeito da oração: *que* (= o freguês) *compra o jornal.*

A conjunção integrante *que,* como conjunção, não exerce função sintática. Desta diferença resulta que ela pode ser omitida no início da oração subordinada substantiva, o que não ocorre quando o *que* é pronome relativo: *Espero* que sejas *feliz* ou *Espero sejas feliz*. O mesmo não ocorre se omitirmos o *que* em: *Eu sou o freguês* (que) *compra o jornal*.

O pronome relativo *quem* se refere a pessoas ou coisas personificadas e sempre aparece precedido de preposição: *As pessoas* de quem *fala não vieram*. / *As companhias* com quem *andas são péssimas*. / *O amigo* por quem *fomos enganados desapareceu*.

Usamos *que* e *o qual* para nos referirmos a pessoas ou coisas: *O ônibus* que *esperamos está atrasado.* / *Não são poucas as alunas* que *faltaram.* / *Este é o assunto sobre* o qual *falaremos.*

Já o pronome relativo *cujo* traduz a ideia de posse, com o valor de *dele, do qual,* e tem como flexões *cuja, cujos, cujas*: O livro *cujas* páginas... (= as páginas *do qual,* as páginas *dele,* as *suas* páginas).

Sempre com função adjetiva, *cujo* reclama, em geral, antecedente e consequente expressos e indica que o antecedente é possuidor do ser designado pelo substantivo a que se refere: Ali vai o *homem cuja casa* comprei. O antecedente é *homem*; o consequente, *casa* (a casa do homem).

Conforme a função do núcleo do sintagma nominal, do qual este pronome serve de adjunto, *cujo* pode vir precedido de preposição: *O proprietário* cuja casa *aluguei* (a casa *do qual* aluguei) / *Os pais* a cujos filhos *damos aula* (aos filhos *dos quais*) / *O clube* em cujas dependências *treino* (nas dependências *do qual*).

> **Atenção**: Não se deve usar artigo definido antes e depois de *cujo*. Por isso é considerada incorreta a construção: *O pai cujos os filhos estudam aqui*. A construção apropriada é: *O pai cujos filhos estudam aqui*.

No exemplo: *Este é o autor a cuja obra te referiste*, não há acento indicativo da crase, por não vir *cujo* precedido de artigo; *a* é pura preposição. O verbo *referir-se* se acompanha da preposição *a*, daí a construção: *a cuja obra te referiste*.

O pronome relativo *quanto* tem por antecedente um pronome indefinido (*tudo, todo, todos, todas, tanto*): *Esqueça-se de* tudo quanto *lhe disse*.

> **Obs.**: Os advérbios *onde, como* e *quando*, referidos a antecedentes, são classificados como advérbios relativos: A *casa* onde (= na qual) *moro é espaçosa*. / *Conheci-o na* época quando (= em que) *estudava em Belo Horizonte*. *Onde* vale por *em que* e se refere a um lugar fixo. Difere de *aonde*, que exprime movimento: *O lugar* onde *moro*. / *O lugar* aonde *vou*. / *O lugar* donde *venho é turístico*.

NUMERAL

É a palavra de função quantificadora que denota valor definido.

Cardinais

Os numerais propriamente ditos são os *cardinais*: *um, dois, três, quatro*, etc., e respondem às perguntas *quantos?, quantas?*. Na escrita podem ser representados por algarismos arábicos (1, 2, 3, 4, etc.) ou romanos (I, II, III, IV, etc.).

A tradição gramatical, levando em conta a significação de certas palavras denotadoras da quantidade e da ordem definidas, tem incluído entre os numerais próprios — os cardinais — ainda os seguintes: os *ordinais*, os *multiplicativos* e os *fracionários*. Tais palavras não exprimem propriamente uma quantidade do ponto de vista semântico, e do ponto de vista sintático se comportam, em geral, como adjetivos que funcionam como adjuntos e, portanto, passíveis de deslocamentos dentro do sintagma nominal:

Ele era o *segundo* irmão entre os homens.
Ele era o irmão *segundo* entre os homens.

> **Atenção:**
> → Evite-se o erro, hoje comum: **algumas** *milhares de pessoas,* **as** *milhares de pessoas,* **as** *milhões de mulheres*, etc. em vez de **alguns** *milhares,* **os** *milhares,* **os** *milhões*, etc. Então temos este emprego correto na frase: Ela era mais *uma* **dos** *milhares* de pessoas que estão vindo para o Brasil.

Ordinais

São as palavras que denotam o número de ordem dos seres numa série: *primeiro, segundo, terceiro, quarto, quinto*, etc.

> **Obs.**: *Último, penúltimo, antepenúltimo, anterior, posterior, derradeiro, anteroposterior* e outros tais, ainda que exprimam posição do ser, não têm correspondência entre os numerais e devem ser considerados adjetivos.

Leitura de expressões numéricas abreviadas

Atenção especial merecem entendimento e leitura de certas expressões numéricas abreviadas de uso moderno na linguagem jornalística e técnica: *1,4 milhão* (com 1 o numeral coletivo fica no singular); *3,2 bilhões*; *8,5 bilhões*, etc. devem ser entendidos e lidos "um milhão e quatrocentos mil"; "três bilhões e duzentos milhões"; "oito bilhões e quinhentos milhões" ou "oito bilhões e meio".

Note-se que, embora em *1,4 milhão* o substantivo esteja no singular, o verbo pode ir ao plural: 1,4 milhão de estudantes *conseguiram* vagas no ensino superior.

Multiplicativos

São as palavras que exprimem a multiplicidade dos seres. Os mais usados são: *duplo* ou *dobro, triplo* ou *tríplice, quádruplo, quíntuplo, sêxtuplo, sétuplo, óctuplo, nônuplo, décuplo, cêntuplo*.

Fracionários

São as palavras que indicam frações dos seres: *meio, terço, quarto, quinto, sexto, sétimo, oitavo, nono, décimo, vigésimo, centésimo, milésimo, milionésimo*, empregados como equivalentes de *metade, terça parte, quarta parte*, etc.

Para muitos fracionários empregamos o cardinal seguido da palavra *avos*, extraída de *oitavo*, como se fora sufixo: onze avos, treze avos, quinze avos, etc.

VERBO

Entende-se por *verbo* a unidade que significa ação ou processo, unidade esta organizada para expressar o modo, o tempo, a pessoa e o número.

No verbo português há categorias que sempre estão ligadas: não se separa a "pessoa" do "número" nem o "tempo" do "modo".

As pessoas do verbo

Geralmente as formas verbais indicam as três pessoas do discurso, para o singular e o plural:

1.ª pessoa do singular: **eu** canto

2.ª pessoa do singular: **tu** cantas

3.ª pessoa do singular: **ele** canta

1.ª pessoa do plural: **nós** cantamos

2.ª pessoa do plural: **vós** cantais

3.ª pessoa do plural: **eles** cantam

Os tempos do verbo

1. Presente – Em referência a fatos que se passam ou se estendem ao momento em que falamos: (*eu*) canto.

2. Pretérito – Em referência a fatos anteriores ao momento em que falamos, é subdividido em *imperfeito*, *perfeito* e *mais-que-perfeito*: *cantava* (*imperfeito*), *cantei* (*perfeito*) e *cantara* (*mais-que-perfeito*).

3. Futuro – Em referência a fatos ainda não realizados, é subdividido em *futuro do presente* e *futuro do pretérito*: *cantarei* (*futuro do presente*), *cantaria* (*futuro do pretérito*).

Os modos do verbo

São, conforme a posição do falante em face da relação entre a ação verbal e seu agente, os seguintes:

1. Indicativo – Em referência a fatos verossímeis ou tidos como tais: *canto, cantei, cantava, cantarei*.

2. Subjuntivo (conjuntivo) – Em referência a fatos incertos: talvez *cante*, se *cantasse*, quando *cantar*.

3. Imperativo – Em relação a um ato que se exige do agente: *cantai*.

As vozes do verbo

As vozes do verbo são: *ativa, passiva* e *reflexiva*.

1. Ativa

Forma em que o verbo se apresenta para, normalmente, indicar que o sujeito a que se refere é o *agente* da ação: *Eu escrevo a carta*.

2. Passiva

Forma verbal que indica que o sujeito é o *objeto* da ação verbal. O sujeito, neste caso, diz-se *paciente* da ação verbal: *A carta é escrita por mim*.

A passiva é formada com um dos verbos: *ser, estar, ficar*, seguido de particípio.

> **Obs.:** É preciso não confundir voz passiva e passividade.
>
> *Voz* é a forma especial em que se apresenta o verbo para indicar que o sujeito recebe a ação: Ele *foi visitado* pelos amigos. (voz passiva)

> *Passividade* é o fato de o sujeito receber a ação verbal. A passividade pode traduzir-
> -se, além da voz passiva, pela ativa, se o verbo tiver sentido passivo: Os criminosos
> *recebem* o merecido castigo. (voz ativa).
> Portanto, nem sempre a passividade corresponde à voz passiva.

3. Reflexiva

Forma verbal que indica que a ação verbal não passa a outro ser: 1) podendo reverter-se ao próprio agente (sentido reflexivo propriamente dito): Eu *me visto*; tu *te feriste* sozinho; ele *se enfeita*; 2) podendo atuar reciprocamente entre mais de um agente (reflexivo recíproco): Eles *se amam*; nós *nos carteamos*; 3) podendo indicar movimento do próprio corpo ou mudança psicológica (reflexivo dinâmico): Ela *sentou-se*; ela *zangou-se*; 4) podendo expressar sentido de "passividade com *se*" (reflexivo passivo): *Alugam-se* casas; e 5) podendo expressar sentido de impessoalidade (reflexivo indeterminado), conforme as interpretações favorecidas pelo contexto: *Assistiu-se* a festas. É formada de verbo seguido do pronome oblíquo de pessoa igual à que o verbo se refere.

O verbo, empregado na forma reflexiva propriamente dita, diz-se *pronominal*.

Formas nominais do verbo

Assim se chamam o *infinitivo*, o *particípio* e o *gerúndio*, porque, ao lado do seu valor verbal, podem desempenhar função de nomes. O infinitivo pode ter função de substantivo (*Recordar é viver* = A recordação é vida); o particípio pode valer por um adjetivo (*homem sabido*) e o gerúndio por um advérbio ou adjetivo (*Amanhecendo, sairemos* = Logo pela manhã sairemos; *água fervendo* = água fervente).

As formas nominais do verbo se derivam do tema (radical + vogal temática) acrescido das desinências:

a) **-r** para o infinitivo: canta-*r*, vende-*r*, parti-*r*.

b) **-do** para o particípio: canta-*do*, vendi-*do*, parti-*do*.

c) **-ndo** para o gerúndio: canta-*ndo*, vende-*ndo*, parti-*ndo*.

Conjugar um verbo

É dizê-lo, de acordo com um sistema determinado, um paradigma, em todas as suas formas nas diversas pessoas, números, tempos, modos e vozes.

Em português temos três conjugações caracterizadas pela vogal temática:

1.ª conjugação — vogal temática **a**: am*a*r, fal*a*r, tir*a*r

2.ª conjugação — vogal temática **e**: tem*e*r, vend*e*r, varr*e*r

3.ª conjugação — vogal temática **i**: part*i*r, fer*i*r, serv*i*r

> **Obs.**: Não existe a 4.ª conjugação; *pôr* é um verbo da 2.ª conjugação cuja vogal temática desapareceu no infinitivo, mas permanece em outras formas do verbo. Veja-se a correspondência: vend-*e*-s / põ-*e*-s.

Verbos regulares, irregulares e anômalos

Diz-se que um verbo é *regular* quando se apresenta de acordo com o modelo de sua conjugação: *cantar, vender, partir*, sendo suas formas predizíveis, graças às regras definidas e gerais de flexionamento. No verbo regular também o radical não varia.

Tem-se o radical de um verbo privando-o, no infinitivo sem flexão, das terminações *-ar, -er, -ir: am-ar / fal-ar / tir-ar / tem-er / vend-er / varr-er / part-ir / fer-ir / serv-ir*.

Irregular é o verbo que, em algumas formas, apresenta modificação no radical ou na flexão, afastando-se do modelo da conjugação a que pertence:

a) variação no radical em comparação com o infinitivo: *ouvir — ouço / dizer — digo / perder — perco*;

b) variação na flexão, em relação ao modelo: *estou* (veja-se *canto*, um representado por ditongo oral tônico e outro por vogal oral átona); *estás* (veja-se *cantas*, um tônico e outro átono).

Irregulares fortes são aqueles cujo radical do infinitivo se modifica no pretérito perfeito: *caber — coube / fazer — fiz*.

> **Obs.:** Não entram no rol dos verbos irregulares aqueles que, para conservar a pronúncia, têm de sofrer variação de grafia: *carregar — carregue — carreguei — carregues / ficar — fico — fiquei — fique*. Não há, portanto, *irregulares gráficos*.

Anômalo é o verbo irregular que apresenta, na sua conjugação, radicais primários diferentes: *ser* (reúne o concurso de três radicais: *sou, és, fui*) e *ir* (reúne o concurso de três radicais: *vou, irmos, fui*).

Verbos defectivos e abundantes

Defectivo é o verbo que, na sua conjugação, não apresenta todas as formas: *colorir, precaver-se, reaver*, etc. É preciso não confundi-lo com os verbos chamados *impessoais* e *unipessoais*, que só se usam nas terceiras pessoas.

Quase sempre faltam as formas rizotônicas dos verbos defectivos.

Chama-se *rizotônica* a forma verbal que tem a sílaba tônica no radical (*canto*, em oposição a *cantei*). Suprimos, *quando necessário*, as lacunas de um defectivo empregando um sinônimo (derivado ou não do defectivo): eu *recupero* (para *reaver*); eu *redimo* (para *remir*); eu *me acautelo* (para *precaver-se*).

Arrizotônica é a forma verbal cuja sílaba tônica se acha fora do radical: *queremos, cantais, direi, vendido*. Na língua portuguesa há predomínio de formas arrizotônicas.

> **Atenção:**
> → Muitos verbos apontados outrora como defectivos são hoje conjugados integralmente: *aderir, agir, advir, compelir, computar, desmedir-se, discernir, emergir, explodir, imergir, fruir, parir, polir, submergir*, entre outros. *Ressarcir* e *refulgir* (que alguns gramáticos só mandam conjugar nas formas em que o radical é seguido de *e* ou *i*) tendem a ser empregados como verbos completos.
>
> → Os verbos que designam vozes de animais (*balir* [ovelha e cordeiro], *cacarejar* [galinha], *grunhir* [porco, javali, etc.], *ladrar* [cão], *latir* [cão], *miar* [gato], *mugir*

[bovídeo], *relinchar* [cavalo, burro, etc.], *regougar* [gambá, raposa, etc.], *rugir* [leão, tigre e outros felinos], *zurrar* [burro, jumento], etc.) geralmente só aparecem nas terceiras pessoas do singular e plural, em virtude de sua significação (exceto quando usados metaforicamente), e são indevidamente arrolados como defectivos. Melhor chamá-los, quando no seu significado próprio, *unipessoais*.

→ Também são indevidamente considerados defectivos os verbos *impessoais* (pois não se referem a sujeito), que só são empregados na terceira pessoa do singular: *Chove* muito e *relampeja*.

Quando em sentido figurado, os verbos deste item, assim como os que designam vozes de animais, conjugam-se em quaisquer pessoas: *Chovam as bênçãos do céu*.

Abundante é o verbo que apresenta duas ou três formas de igual valor e função: *traduze* tu (ou *traduz*); *faze* tu (ou *faz*); *havemos* e *hemos*; *constrói* e *construi*; *pagado* e *pago*; *nascido, nato, nado* (pouco usado).

Normalmente esta abundância de forma ocorre no particípio. Existe grande número de verbos que admitem dois (e uns poucos até três) particípios: um *regular*, terminado em -*ado* (1.ª conjugação) ou -*ido* (2.ª e 3.ª conjugações), e outro *irregular*, proveniente do latim ou de nome que passou a ter aplicação como verbo, terminado em -*to*, -*so* ou criado por analogia com modelo preexistente.

Eis uma relação dessas formas duplas de particípio, indicando-se entre parênteses se ocorrem com a voz ativa [a.] (auxiliares *ter* ou *haver*) ou passiva [p.] (auxiliares *ser, estar, ficar*), ou com ambas:

aceitar, aceitado (a., p.), aceito (p.) e aceite (p.) / acender, acendido (a., p.), aceso (p.) / desenvolver, desenvolvido (a., p.), desenvolto (a., p.) / eleger, elegido (a.), eleito (a., p.) / entregar, entregado (a., p.), entregue (p.) / envolver, envolvido (a., p.), envolto (a., p.) / enxugar, enxugado (a., p.), enxuto (p.) / expressar, expressado (a., p.), expresso (p.) / exprimir, exprimido (a., p.), expresso (a., p.) / expulsar, expulsado (a., p.), expulso (p.) / extinguir, extinguido (a., p.), extinto (p.) / fartar, fartado (a., p.), farto (p.) / findar, findado (a., p.), findo (p.) / frigir, frigido (a.), frito (a., p.) / ganhar, ganhado (a., p.), ganho (a., p.) / gastar, gastado (a.), gasto (a., p.) / imprimir, imprimido (a., p.), impresso (a., p.) / inserir, inserido (a., p.), inserto (a., p.) / isentar, isentado (a.), isento (p.) / juntar, juntado (a., p.), junto (a., p.) / limpar, limpado (a., p.), limpo (a., p.) / matar, matado (a.), morto (a., p.) / pagar, pagado (a.), pago (a., p.) / pasmar, pasmado (a., p.), pasmo (a.) / pegar, pegado (a., p.), pego (é ou ê) / prender, prendido (a., p.), preso (p.) / suspender, suspendido (a., p.), suspenso (p.) / tingir, tingido (a., p.), tinto (p.).

Atenção:
1. Em geral emprega-se a forma regular, que fica invariável com os auxiliares *ter* e *haver*, na voz ativa, e a forma irregular, que se flexiona em gênero e número, com os auxiliares *ser, estar* e *ficar*, na voz passiva:

Nós temos *aceitado* os documentos. / Os documentos têm sido *aceitos* por nós.

2. O particípio do verbo *trazer* é *trazido* (e não *trago*!): O portador havia *trazido* o documento. / Foi *trazido* pela ambulância. A forma *trago* é 1.ª pessoa do singular do verbo *trazer*: Se quiser, eu *trago* os documentos. Da mesma forma, o particípio do verbo *chegar* é *chegado* (e não *chego*!): Todos tinham *chegado* cedo. A forma *chego* é a 1.ª pessoa do singular do verbo *chegar*: Eu *chego* a acreditar em fantasmas.

Locução verbal. Verbos auxiliares

Chama-se *locução verbal* a combinação das diversas formas de um verbo auxiliar com o infinitivo, gerúndio ou particípio de outro verbo que se chama principal: *hei de estudar, estou estudando, tenho estudado*.

Muitas vezes o auxiliar empresta um matiz semântico ao verbo principal, dando origem aos chamados *aspectos do verbo*.

Entre o auxiliar e o verbo principal no infinitivo, pode aparecer ou não uma preposição (*de, em, por, a, para*). Na locução verbal é somente o auxiliar que recebe as flexões de pessoa, número, tempo e modo: *haveremos de fazer; estavam por sair; iam trabalhando; tinham visto*.

Vejamos algumas aplicações dos verbos auxiliares da língua portuguesa:

1) *ter, haver* (raramente) e *ser* (mais raramente) se combinam com o particípio do verbo principal para constituírem novos tempos, chamados *compostos*, que, unidos aos simples, formam o quadro completo da conjugação da voz ativa. Estas combinações exprimem que a ação verbal está concluída. Temos nove formas compostas:

Indicativo	
1) **Pretérito perfeito composto:**	tenho ou hei cantado, vendido, partido
2) **Pretérito mais-que-perfeito composto:**	tinha ou havia cantado, vendido, partido
3) **Futuro do presente composto:**	terei ou haverei cantado, vendido, partido
4) **Futuro do pretérito composto:**	teria ou haveria cantado, vendido, partido
Subjuntivo	
5) **Pretérito perfeito composto:**	tenha ou haja cantado, vendido, partido
6) **Pretérito mais-que-perfeito composto:**	tivesse ou houvesse cantado, vendido, partido
7) **Futuro composto:**	tiver ou houver cantado, vendido, partido
FORMAS NOMINAIS	
8) **Infinitivo composto:**	ter ou haver cantado, vendido, partido
9) **Gerúndio composto:**	tendo ou havendo cantado, vendido, partido

2) *ser, estar, ficar* se combinam com o particípio (variável em gênero e número) do verbo principal para constituir a voz passiva (de ação, de estado e de mudança de estado): *é amado, está prejudicada, ficaram rodeados*.

Tempos primitivos e derivados

No estudo dos verbos, principalmente dos irregulares, torna-se vantajoso o conhecimento das formas verbais que se derivam de outras chamadas *primitivas*.

1) Praticamente do radical da 1.ª pessoa do presente do indicativo sai todo o presente do subjuntivo, bastando que se substitua a vogal final por *e*, nos verbos da 1.ª conjugação, e por *a*, nos verbos da 2.ª e 3.ª conjugações:

Verbo	Presente do indicativo	Presente do subjuntivo
cantar	canto	cante
vender	vendo	venda
partir	parto	parta

Exceções: verbos ser, dar, estar, haver, ir, querer e saber.

2) Praticamente da 2.ª pessoa do singular e do plural do presente do indicativo saem a 2.ª pessoa do singular e do plural do imperativo, bastando suprimir o *s* final:

Verbo	Presente do indicativo	Imperativo
cantar	cantas	canta
	cantais	cantai
vender	vendes	vende
	vendeis	vendei
partir	partes	parte
	partis	parti

Exceção: verbo ser.

O imperativo em português só tem formas próprias para as segundas pessoas, e apenas no afirmativo; as pessoas que faltam são supridas pelos correspondentes do presente do subjuntivo. Não se usa o imperativo de 1.ª pessoa do singular como tal, mas com valor optativo. As terceiras pessoas do imperativo se referem a *você*, *vocês*, e não a *ele*, *eles*. Também não há formas especiais para o imperativo nas orações negativas; neste caso, empregam-se as formas correspondentes do presente do subjuntivo.

Verbos em *-ear* e *-iar*

Os verbos terminados em *-ear* trocam o *e* por *ei* nas formas rizotônicas:

nomear → *presente do indicativo*: nomeio, nomeias, nomeia, nomeamos, nomeais, nomeiam; *presente do subjuntivo*: nomeie, nomeies, nomeie, nomeemos, nomeeis, nomeiem; *imperativo afirmativo*: nomeia, nomeie, nomeemos, nomeai, nomeiem.

Os verbos em *-iar* são conjugados regularmente:

premiar → *presente do indicativo*: premio, premias, premia, premiamos, premiais, premiam; *presente do subjuntivo*: premie, premies, premie, premiemos, premieis, premiem; *imperativo afirmativo*: premia, premie, premiemos, premiai, premiem.

Cinco verbos em *-iar* se conjugam, nas formas rizotônicas, como se terminassem em *-ear* (**mario** é o anagrama que deles se pode formar):

mediar: medeio, medeias, medeia, mediamos, mediais, medeiam;

ansiar: anseio, anseias, anseia, ansiamos, ansiais, anseiam;
remediar: remedeio, remedeias, remedeia, remediamos, remediais, remedeiam;
incendiar: incendeio, incendeias, incendeia, incendiamos, incendiais, incendeiam;
odiar: odeio, odeias, odeia, odiamos, odiais, odeiam.

Atenção para os verbos derivados! Muitos não observam que os verbos derivados de *ter*, *pôr* e *vir* acompanham as irregularidades dos primitivos; por isso é comum encontrarmos frases como estas: "quem se *deter* [em vez de *detiver*] a observar os fatos"; "*entreteram-se* [em vez de *entretiveram-se*] no passeio"; "*entretia-se* [em vez de *entretinha-se*] a atirar pedras por cima do muro"; "quem *supor* [em vez de *supuser*] que faltamos à verdade vá lá ver"; "poderá adquirir terrenos onde lhe *convir* [em vez de *convier*]".

Apêndice:

Passagem da voz ativa à passiva e vice-versa

Em geral, só pode ser construído na voz passiva verbo que pede objeto direto, acompanhado ou não de outro complemento.

Na passagem da voz ativa para a voz passiva obedece-se às seguintes normas:

1.º) o sujeito da ativa, se houver, passa a agente da passiva, em geral regido da preposição *por*;

2.º) o objeto direto da ativa, se estiver expresso, passa a sujeito da passiva;

3.º) o verbo da voz ativa passa para a voz passiva, conservando-se o mesmo tempo e modo da ativa;

4.º) não sofrem alterações de função sintática os outros termos, se houver, da voz ativa.

Exemplo 1 (com pronome oblíquo):

Ativa	Passiva
Nós o ajudamos ontem.	Ele, ontem, foi ajudado por nós.
Sujeito: Nós	Sujeito: Ele
Verbo: ajudamos	Verbo: foi ajudado
Obj. direto: o	Agente da passiva: por nós
Adj. adverbial: ontem	Adj. adverbial: ontem

Exemplo 2 (com o pronome *se* apassivador):

Ativa	Passiva
Alugam casas.	Alugam-se casas.
Sujeito: (indeterminado)	Sujeito: casas
Verbo: Alugam	Verbo: Alugam-se
Objeto direto: casas	Agente da passiva: (indeterminado)

Obs.: A indeterminação do sujeito assinala-se, em geral, com o verbo na 3.ª pessoa do plural. Da mesma forma, se quiséssemos passar para a voz reflexiva de sentido passivo um verbo de oração de sujeito indeterminado, bastaria que lhe acrescentássemos o pronome *se* e corrigíssemos sua concordância de acordo com o sujeito da passiva.

Ativa	Passiva
Alugam casas.	*Alugam-se casas.*
Vendem este apartamento.	*Vende-se este apartamento.* (Aqui o verbo fica no singular porque o sujeito da passiva está no singular.)

ADVÉRBIO

É a expressão modificadora do verbo, que, por si só, denota uma circunstância (de lugar, tempo, modo, intensidade, condição, etc.) e desempenha na oração a função de adjunto adverbial: *Aqui* tudo vai *bem*. (lugar, modo)

O *advérbio* é constituído por palavra de natureza nominal ou pronominal e se refere geralmente ao verbo, ou ainda, dentro de um grupo nominal unitário, a um adjetivo, a um advérbio (como intensificador), ou a uma declaração inteira:

José escreve *bem*. (advérbio em referência ao verbo)
José é *muito* bom escritor. (advérbio em referência ao adjetivo *bom*)
José escreve *muito* bem. (advérbio em referência ao advérbio *bem*)
Felizmente José chegou. (advérbio em referência a toda a declaração: José chegou). O advérbio deste tipo geralmente exprime um juízo pessoal de quem fala e constitui um comentário à oração.

Locução adverbial

É o grupo geralmente constituído de preposição + substantivo (claro ou subentendido) que tem o valor e o emprego de advérbio: *com efeito, de graça, às vezes, em silêncio, por prazer, sem dúvida, à toa, em breve* (subentende-se *tempo*), *à francesa* (subentende-se *modo*), etc.

Circunstâncias adverbiais

O advérbio apresenta certa flexibilidade de posição.

As principais circunstâncias expressas por advérbio ou locução adverbial, graças ao significado das palavras empregadas e ao nosso saber do mundo, são:

a) *assunto*: Conversar *sobre música*.

b) *causa*: Morrer *de fome*.

c) *companhia*: Sair *com os amigos*.

d) *concessão*: Voltaram *apesar do escuro*.

e) *condição*: Só entrará *com autorização*. Não sairá *sem licença*.

f) *conformidade*: Fez a casa *conforme a planta*.

g) *dúvida*: *Talvez* melhore o tempo. *Acaso* encontrou o livro.

h) *fim*: Preparou-se *para o baile*.

i) *instrumento*: Escrever *com lápis*.

j) *intensidade*: Andou *mais depressa*.

k) *lugar*: Estuda *aqui*. Foi *lá*. Passou *pela cidade*. Veio *dali*.

l) *modo*: Falou *assim*. Anda *mal*. Saiu *às pressas*.

m) *negação*: *Não* lerá sem óculos. Sei *lá*. (= não sei)

n) *referência*: "O que nos sobra *em glória de ousados e venturosos navegantes*, míngua-nos *em fama de enérgicos e previdentes colonizadores*." [Latino Coelho]

o) *tempo*: Visitaram-nos *hoje*. *Então* não havia recursos. *Sempre* nos cumprimentaram. *Jamais* mentiu. *Já* não fala. Não fala *mais*. *Nunca* vi algo assim

Advérbios de base nominal e pronominal

O advérbio, pela sua origem e significação, se prende a nomes ou pronomes, havendo, por isso, advérbios *nominais* e *pronominais*.

Entre os *nominais* se acham aqueles formados de adjetivos acrescidos do "sufixo" *-mente*: *rapidamente* (= de modo rápido), *pessimamente*.

Entre os *pronominais*, temos:

a) *demonstrativos*: *aqui, aí, acolá, lá, cá*.

b) *relativos*: *onde* (em que), *quando* (em que), *como* (por que).

c) *indefinidos*: *algures, alhures, nenhures, muito, pouco, que*.

d) *interrogativos*: *onde?, quando?, como?, por que…?, por quê?*.

Os advérbios relativos, como os pronomes relativos, servem para referir-se a unidades que estão postas na oração anterior. Nas ideias de lugar empregamos *onde*, ao lado de *em que, no qual* (e flexões): A casa *onde* mora é excelente (= A casa *em que* mora é excelente).

Precedido das preposições *a* ou *de*, grafa-se *aonde* e *donde*: O sítio *aonde* vais é pequeno. / É bom o colégio *donde* saímos.

Os advérbios interrogativos de base pronominal se empregam nas perguntas diretas e indiretas em referência ao lugar, tempo, modo ou causa:

Onde está estudando o primo? / Ignoro *onde* estuda.

Quando irão os rapazes? / Não sei *quando* irão os rapazes.

Como fizeram o trabalho? / Perguntei-lhes *como* fizeram o trabalho.

Por que chegaram tarde? / Dir-me-ás *por que* chegaram tarde.

Obs.: O *Vocabulário* oficial preceitua que se escreva em duas palavras o advérbio interrogativo *por que*, distinguindo-o de *porque* conjunção.

Adverbialização de adjetivos

Muitos adjetivos, permanecendo imóveis na sua flexão de gênero e número, podem passar a funcionar como advérbio. O critério formal de diferenciação das duas classes de modificador (adjetivo: modificador nominal; advérbio: modificador verbal) é a variabilidade do primeiro e a invariabilidade do segundo:

Eles vendem muito *cara* a fruta. (adjetivo)

Eles vendem *caro* a fruta. (advérbio)

Intensificação gradual dos advérbios

Há certos advérbios, principalmente os de modo, que podem manifestar uma relação intensificadora gradual, empregando-se, no comparativo e superlativo, de acordo com as regras que se aplicam aos adjetivos:

1. Comparativo de:

a) *inferioridade*: Falou *menos alto que* (ou *do que*) o irmão.

b) *igualdade*: Falou *tão alto quanto* (ou *como*) o irmão.

c) *superioridade*: 1) *analítico*: Falou *mais alto que* (ou *do que*) o irmão.; 2) *sintético*: Falou *melhor* (ou *pior*) *que* (ou *do que*) o irmão.

2. Superlativo absoluto:

a) *sintético*: Falou *pessimamente*; *altíssimo*; *baixíssimo*; *dificílimo*.

b) *analítico*: Falou *muito mal*; *muito alto*; *extremamente baixo*; *consideravelmente difícil*; *o mais depressa possível*. (indica o limite da possibilidade)

PREPOSIÇÃO

Chama-se *preposição* a uma unidade linguística desprovida de independência — isto é, não aparece sozinha no discurso — e, em geral, átona, que se junta a outra palavra para marcar as relações gramaticais que ela desempenha no discurso, quer nos grupos unitários nominais, quer nas orações.

Exerce papel de índice da função gramatical do termo que ela introduz. Em *Aldenora gosta de Belo Horizonte*, a preposição *de* une a forma verbal *gosta* ao seu termo complementar *Belo Horizonte* para ser o índice da função gramatical preposicionada *complemento relativo*.

Já em *homem de coragem*, a mesma preposição *de* vai permitir que o substantivo *coragem* exerça o papel de *adjunto adnominal* do substantivo *homem* — função normalmente desempenhada por adjetivo: homem *corajoso*. Funciona, neste caso, como **transpositor**.

Locução prepositiva

É o grupo de palavras com valor e emprego de uma preposição. Em geral, a locução prepositiva é constituída de advérbio ou locução adverbial seguida da preposição *de, a* ou *com*: O garoto escondeu-se *atrás do* móvel.

Às vezes a locução prepositiva se forma de duas preposições, como: *de per* (na locução *de per si*), *até a, para com* e *conforme a*: Foi *até ao* colégio.

Algumas das principais locuções prepositivas: *abaixo de, a respeito de, de acordo com, dentro de, detrás de, embaixo de, junto de, na conta de, para com, perante a, por cima de*, etc.

Há palavras que funcionam na língua como preposição e, por isso, se dizem **preposições essenciais**: *a, ante, após, até, com, contra, de, desde, em, entre, para, perante, por* [*per*], *sem, sob, sobre, trás*.

São **acidentais** as palavras que, perdendo seu valor e emprego primitivos, passaram a funcionar como preposições: *durante, como, conforme, feito, exceto, salvo, visto, segundo, mediante, tirante, fora, afora*, etc.

Só as preposições *essenciais* se acompanham de formas tônicas dos pronomes oblíquos:

Sem *mim* não fariam isso. Exceto *eu*, todos foram contemplados.

Combinação e contração com outras palavras

Diz-se que há *combinação* quando a preposição, ligando-se a outra palavra, não sofre redução. A preposição *a* combina-se com o artigo definido masculino: a + o = ao; a + os = aos.

Diz-se que há *contração* quando, na ligação com outra palavra, a preposição sofre redução. As preposições que se contraem são:

A: a + a = à; a + as = às (esta fusão recebe o nome de *crase*); a + aquele = àquele; a + aqueles = àqueles (crase), etc.

De: de + o = do; de + a = da; de + os = dos; de + as = das; de + um = dum; de + uns = duns, etc.

Em: em + o = no; em + os = nos; em + a = na; em + as = nas; em + um = num; em + uns = nuns, etc.

Per: per + lo = pelo; per + los = pelos; per + la = pela; per + las = pelas, etc.

Para (pra): para (pra) + o = pro; para (pra) + os = pros; para (pra) + a = pra; para (pra) + as = pras, etc.

Co(m): co(m) + o = co; co(m) + os = cos; co(m) + a = coa; co(m) + as = coas, etc.

> **Obs.:** *Crase* é um fenômeno fonético cujo conceito se estende a toda fusão de vogais iguais, e não só ao *a* acentuado. Não há razão para condenar-se o verbo *crasear* para significar "pôr o acento grave indicativo da crase". O que não se deve é chamar *crase* ao acento grave.

Ocorre a crase nos seguintes casos principais:

a) diante de palavra feminina, clara ou oculta, que não repele artigo: Fui *à* cidade. / Chegou *às* dez horas. / Dirigia-se *à* Bahia e depois a Paris.

> **Obs.**: Para sabermos se um substantivo feminino não repele artigo, basta construí-lo em orações em que apareçam regidos das preposições *de, em, por*. Se tivermos puras preposições, o nome dispensa artigo; se tivermos necessidade de usar, respectivamente, *da, na, pela*, o artigo será obrigatório: Fui *à* Gávea. (Venho *da* Gávea. / Moro *na* Gávea. / Passo *pela* Gávea.) Fui *a* Copacabana. (Venho *de* Copacabana. / Moro *em* Copacabana. / Passo *por* Copacabana.) O nome que sozinho dispensa artigo pode tê-lo quando acompanhado de adjetivo ou locução adjetiva: Fui *à* Copacabana de minha infância. Assim se diz também: Irei *à* casa paterna.

b) diante do artigo *a* (*as*) e do *a*- inicial dos demonstrativos *aquele, aquela, aquilo*: Referiu-se *à* / *àquele* que estava do seu lado.

c) diante de possessivo em referência a substantivo feminino oculto: Dirigiu-se àquela casa e não *à* sua. (= à sua casa)

d) diante de locuções adverbiais constituídas de substantivo feminino plural: *às* vezes, *às* claras, *às* ocultas, *às* escondidas, *às* pressas.

> **Obs.**: Quando o *a* representa a *pura preposição* que rege um substantivo feminino singular, formando uma locução adverbial, por motivo de clareza usa-se o acento grave diferencial: *à força, à míngua, à bala, à faca, à espada, à fome, à sede, à pressa*, etc.

Assim, não ocorre a crase nos seguintes casos principais:

a) diante de palavra masculina: Graças *a* Deus. / Foi *a* Ribeirão. / Pediu um bife *a* cavalo.

> **Obs.**: Quando está subentendida a expressão *à moda de* ou *à maneira de*, ocorre a crase mesmo diante de substantivo próprio masculino: sapatos *à* Luís XV.

b) diante de palavra de sentido indefinido: Falou *a uma* / *a certa* / *a qualquer* pessoa.

> **Obs.**: Há acento antes do numeral *uma*: Irei vê-la *à uma* hora.

c) diante dos pronomes relativos *que* (quando o *a* anterior for uma preposição), *quem, cuja*: Está aí a pessoa *a* que fizeste alusão. / O autor *a* cuja obra a crítica se referiu é muito pouco conhecido. / Ali vai a criança *a* quem deste a notícia.

d) diante de verbo no infinitivo: Ficou *a* ver navios. / Livro *a* sair em breve.

e) diante de pronome pessoal e expressões de tratamento como V.Exa, V.Sa, V.M., etc. que dispensam artigo: Não disseram *a* ela e *a* você toda a verdade. / Requeiro *a* V. Exa com razão. Mas: Requeiro *à* senhora. / Cedeu o lugar *à* senhorita. Em certos empregos, algumas formas de tratamento admitem a presença do artigo e, portanto, da crase: Falei à/*a* d. Margarida. / Cedeu o lugar à/*a* senhorita Maria.

f) nas expressões formadas com a repetição de mesmo termo (ainda que seja um nome feminino), por se tratar de pura preposição: cara *a* cara, face *a* face.

g) diante da palavra *casa* quando desacompanhada de adjunto, e da palavra *terra* quando oposta a *bordo*: Irei *a* casa logo mais. / Entrei *em* casa. / Saí *de* casa. / Foram os primeiros a chegar *a* terra firme.

h) nas expressões de duração, distância e em sequência do tipo de *de... a...*: As aulas serão *de* segunda *a* quinta. / Estes fatos ocorreram *de* 1925 *a* 1930. / O programa abrange *de* quinta *a* sétima série. / A aula terá *de* três *a* cinco horas de duração.

> **Obs.**: Se as expressões começam com preposição combinada com artigo, emprega-se *à* ou *às* no segundo termo: A aula será *das* 8 *às* 10 horas. / O treino será *das* 10 *à* 1 da tarde. / *Da* uma *às* duas haverá intervalo. / O programa abrange *da* quinta *à* sétima série.

i) depois de preposição, exceto *até* (= limite): Só haverá consulta *após as* dez horas. / Desde *as* nove espero o médico. / O presidente discursou *perante a* Câmara.

A crase é facultativa nos seguintes casos principais:

a) antes de pronome possessivo com substantivo feminino claro (uma vez que o emprego do artigo antes de pronome possessivo é opcional):

Dirigiu-se *à/a* minha casa, e não *à* sua.
Dirigiu-se *às/a* minhas irmãs.

No português moderno dá-se preferência ao emprego do possessivo com artigo e, neste caso, ao *a* acentuado (à minha casa; às minhas irmãs).

b) antes de nome próprio feminino: As alusões eram feitas *à/a* Ângela.

c) antes da palavra *casa* quando acompanhada de expressão que denota o dono ou morador, ou qualquer qualificação: Irei *à/a* casa de meus pais.

Obs.: A locução *à distância* deverá, a rigor, ser iniciada por à. (*Ficou à distância, Ensino à distância.*) Todavia, uma tradição tem-se orientado no sentido de só a usar com acento grave quando a noção de distância estiver expressa: "(...) formigam lá embaixo, por entre casas, quelhas e penedos, *à distância* dum primeiro andar" [José Cardoso Pires]. A prática dos bons escritores nem sempre obedece a esta última tradição.

A e há

Na escrita há de se ter o cuidado de não confundir a preposição *a* e a forma verbal *há* nas indicações de tempo. Usa-se *a* (preposição) para o tempo que ainda vem: Daqui *a* três dias serão os exames./ Daqui *a* pouco sairei. Usa-se *há* (verbo) para o tempo passado: *Há* três dias começaram os exames./ Ainda *há* pouco estava em casa.

Cuidado especial merecem também as expressões *a cerca de* e *há cerca de*, em que a locução *cerca de* (= aproximadamente, perto de, mais ou menos) vem precedida da preposição *a* ou da forma verbal *há*: Ele falou *a cerca de* mil ouvintes. (= para cerca de mil ouvintes) / *Há cerca de* trinta dias foi feita esta proposta.

Temos, ainda, a locução *acerca de*, que significa 'sobre', 'a respeito de', 'em relação a': O professor dissertou *acerca dos* progressos científicos.

CONJUNÇÃO

A língua possui unidades que têm por missão reunir orações num mesmo enunciado.

Estas unidades são tradicionalmente chamadas conjunções, que se têm repartido em dois tipos: *coordenativas* e *subordinativas*. (Ver nas páginas 56 a 64 as conjunções subordinativas e coordenativas e seus valores semânticos.)

INTERJEIÇÃO

É a expressão com que traduzimos os nossos estados emotivos. Têm elas existência autônoma e, a rigor, constituem por si verdadeiras orações.

As interjeições se repartem por quatro tipos:

a) certos sons vocálicos que na escrita se representam de maneira convencional: *ah!, oh!, ui!, hum* (o *h* no final pode marcar uma aspiração, alheia ao sistema do português).

b) palavras já correntes na língua, como: *olá!, puxa!, bolas!, bravo!, homem!, valha!, viva!* (com contorno melódico exclamativo).

c) palavras que procuram reproduzir ruídos de animais ou de objetos, ou de outra origem, como: *clic* (*clique*), *pá!, pum!*

d) locuções interjetivas: *ai de mim!, valha-me Deus!*

Locução interjetiva

É um grupo de palavras com valor de interjeição: *Ai de mim!, Ora bolas!, Com todos os diabos!, Valha-me Deus!, Macacos me mordam!*

B) Orações complexas e grupos oracionais (subordinação e coordenação), justaposição, orações reduzidas, frases: enunciados sem núcleo verbal

SUBORDINAÇÃO

Uma oração independente do ponto de vista sintático constitui um texto se este nela se resumir, como em: *A noite chegou*.

Pode, entretanto, pelo fenômeno de estruturação das camadas gramaticais conhecido por *subordinação*, passar a uma camada inferior e aí funcionar como membro sintático de outra unidade: O caçador percebeu *que a noite chegou*.

A primitiva oração independente *A noite chegou* transportou-se do nível sintático de independência para exercer a função de complemento ou objeto direto da relação predicativa da oração a que pertence o núcleo verbal *percebeu: o caçador percebeu*.

Dizemos, então, que a unidade sintática *que a noite chegou* é uma oração *subordinada*. A gramática chama a unidade *o caçador percebeu* de oração principal. Gramaticalmente, a unidade oracional O *caçador percebeu que a noite chegou* é uma unidade sintática igual a O *caçador percebeu a chegada da noite*, em que *a chegada da noite* integra indissoluvelmente a relação predicativa que tem por núcleo o verbo *percebeu*, na função de complemento ou objeto direto.

Assim, temos:

Sujeito: *o caçador*
Predicado: *percebeu que a noite chegou*
Objeto direto: *que a noite chegou*

Como o objeto direto está constituído por uma oração subordinada, são passíveis de análise suas unidades sintáticas constitutivas:

Sujeito: *a noite*
Predicado: *chegou*

A rigor, o conjunto complexo *que a noite chegou* não passa de um termo sintático na oração complexa *O caçador percebeu que a noite chegou*, que funciona como objeto direto do núcleo verbal *percebeu*. Estas unidades transpostas exercem função própria de meros substantivos, adjetivos e advérbios, razão por que são assim classificadas na oração complexa: orações subordinadas substantivas, adjetivas e adverbiais.

Diferente deste caso será o grupo oracional integrado por orações sintaticamente independentes, que, por isso, poderiam aparecer em separado: *O caçador chegou à cidade e procurou um hotel*.

Temos aqui um grupo de enunciados da mesma camada gramatical, isto é, como orações, o que caracteriza uma das propriedades de estruturação das camadas gramaticais conhecida por *coordenação*.

No exemplo *O caçador percebeu que a noite chegou*, a marca de que a oração independente (*A noite chegou*) passou, pelo processo da subordinação, a funcionar como membro de outra oração é o *que*, conhecido tradicionalmente como "conjunção" integrante.

Daí não corresponder à nova realidade material da unidade sintática subordinada a denominação tradicional de *orações compostas* ou *período composto*. Temos sim orações *complexas*, isto é, orações que têm termos determinantes complexos, representados sob forma de outra oração. Rigorosamente, só haverá orações ou períodos *compostos* quando houver *coordenação*. Não obstante, a prática das bancas examinadoras, muitas vezes, não faz esta distinção, classificando ambos os casos como *período composto*.

Orações complexas de transposição substantiva

A oração transposta, inserida na oração complexa, é classificada conforme a categoria gramatical a que corresponde e pela qual pode ser substituída no desempenho da mesma função. Daí ser a oração transposta classificada como *substantiva*, *adjetiva* ou *adverbial*, segundo a tradição gramatical, pois desempenha função sintática normalmente constituída por substantivo, adjetivo ou advérbio.

A oração subordinada transposta substantiva aparece inserida na oração complexa exercendo funções próprias do substantivo, ressaltando-se que a "conjunção" *que* pode vir precedida de preposição, conforme exerça função que necessite desse índice funcional:

a) sujeito: Convém *que tu estudes*. / Convém *o teu estudo*.

b) objeto direto: O pai viu *que a filha saíra*. / O pai viu *a saída da filha*.

c) complemento relativo: Todos gostam *de que sejam premiados*. / Todos gostam *de prêmio*.

d) predicativo: A verdade é *que todos foram aprovados*. / A verdade é *a aprovação de todos*.

e) objeto indireto: Enildo dedica sua atenção *a que os filhos se eduquem*. / Enildo dedica sua atenção *à educação dos filhos*.

f) aposto: Uma coisa lhe posso adiantar, *que as crianças virão*. / Uma coisa lhe posso adiantar, *a vinda das crianças*.

Características da oração subjetiva e predicativa

A oração substantiva subjetiva apresenta as seguintes características: estar depois da principal, estar o verbo da oração principal na 3.ª pessoa do singular e num destes quatro casos:

a) verbo na voz reflexiva de sentido passivo: *Sabe-se* que tudo vai bem.

b) verbo na voz passiva (*ser, estar, ficar*) seguido de particípio: *Ficou provado* que estava inocente.

c) verbos *ser, estar, ficar* seguidos de substantivo ou adjetivo: *É verdade* que sairemos cedo. / *Foi bom* que fugissem. / *Está claro* que consentirei.

d) verbo do tipo *parece, consta, ocorre, corre, urge, importa, convém, dói, punge, acontece*: *Parece* que vai chover. / *Urge* que estudem. / *Cumpre* que façamos com cuidado todos os exercícios. / *Acontece* que todos já foram punidos.

> **Obs.:** Nos casos em que aparece o verbo ser em construções enfáticas do tipo *O professor é quem dará a palavra final* (ênfase da oração de base *O professor dará a palavra final*), a análise poderá considerar a oração de *quem* como predicativa, ou considerar uma só oração e *é quem* como expletivo. É bom ficar atento às duas possibilidades de análise que a banca pode adotar.

Orações complexas de transposição adjetiva

Tomemos a seguinte oração: *O aluno estudioso vence na vida*, em que o adjunto adnominal representado pelo adjetivo *estudioso* pode também ser representado por uma oração que, pela equivalência semântica e sintática com *estudioso*, se chama *adjetiva*: *O aluno que estuda vence na vida*.

O transpositor relativo *que*, na oração subordinada, reintroduz o antecedente a que se refere e acumula também uma função de acordo com a estrutura sintática da oração transposta.

O adjetivo pode antepor-se ou pospor-se ao substantivo e, segundo sua posição, o adjetivo pode variar de valor. Em geral, o adjetivo anteposto traduz, por parte da perspectiva do falante, valor *explicativo*: *a triste vida*. Aqui o adjetivo não designa nenhum tipo de *vida* que se oponha a outro que não seja *triste*; apenas se descreve como a *vida* é. Agora, se disséssemos *a vida triste*, nos estaríamos restringindo a uma realidade que se opõe a outras, como *vida alegre, vida boêmia*, etc. Neste caso, o adjetivo se diz *restritivo*.

A oração adjetiva também conhece esses dois valores; a adjetiva explicativa alude a uma particularidade que não modifica a referência do antecedente e que, por ser mero apêndice, pode ser dispensada sem prejuízo total da mensagem. Na língua oral, aparece marcada por pausa em relação ao antecedente e, na escrita, é assinalada por adequado sinal de pontuação, em geral, entre vírgulas: *O homem, que vinha a cavalo, parou defronte da igreja*.

Já em *O homem **que vinha a cavalo** parou defronte da igreja*, a oração adjetiva, proferida sem pausa e não indicada na escrita por sinal de pontuação a separá-la do antecedente, demonstra que nesta narração havia mais de um homem, mas só o "que vinha a cavalo" parou defronte da igreja. A esta subordinada adjetiva se chama restritiva.

À semelhança do que se fez com a oração complexa, em *O aluno que estuda vence na vida*, temos:

Sujeito: *O aluno que estuda*
Predicado: *vence na vida*
Adjunto adverbial: *na vida*

Como o adjunto adnominal está constituído por uma oração subordinada adjetiva, são passíveis de análise suas unidades sintáticas constitutivas:

Sujeito: *que* (= o aluno)
Predicado: *estuda*

As orações adjetivas iniciam-se pelo pronome relativo *que*. Além de marcar a subordinação, exerce uma função sintática na oração a que pertence.

É importante assinalar que a função sintática do pronome relativo nada tem a ver com a função do seu antecedente; *ela é indicada pelo papel que desempenha na oração subordinada a que pertence*.

a) *Que* — não precedido de preposição necessária — pode exercer as funções de sujeito, objeto direto ou predicativo:

O menino *que* estuda aprende. (sujeito)
O livro *que* lemos é instrutivo. (objeto direto)
Somos o *que* somos. (predicativo)

b) *Que* — precedido de preposição necessária — pode exercer as funções de objeto indireto, complemento relativo, complemento nominal, adjunto adverbial ou agente da passiva:

A pessoa *a que* entreguei o livro deixou-o no táxi. (objeto indireto)
Os filmes *de que* gostamos são muitos. (complemento relativo)
O livro *de que* tenho necessidade é caro. (complemento nominal)
A caneta *com que* escrevo não está boa. (adjunto adverbial de meio / instrumento)
Esta é a obra *por que* foi dado o maior lance. (agente da passiva)

c) *Quem* — sempre em referência a pessoas ou coisas personificadas — só se emprega precedido de preposição e exerce as seguintes funções sintáticas:

Ali vai o professor *a quem* ofereci o livro. (objeto indireto)
Apresento-te o amigo *a quem* hospedei no verão passado. (objeto direto preposicionado)
Não conheci o professor *a quem* te referes. (complemento relativo)
As companhias *com quem* andas são péssimas. (adjunto adverbial)
O amigo *por quem* fomos enganados desapareceu. (agente da passiva)

d) *Cujo(s), cuja(s)* — precedidos ou não de preposição — valem sempre *do qual, da qual, dos quais, das quais* (caso em que a preposição *de* tem sentido de posse) e funcionam como adjunto adnominal do substantivo seguinte com o qual concordam em gênero e número:

O homem *cuja* casa comprei embarcou ontem. (= a casa do qual)
Terminei o livro *sobre cuja* matéria tanto discutíamos. (= sobre a matéria do qual)

Adjetivação de oração originariamente substantiva

A unidade complexa *homem corajoso* pode ser substituída por *homem de coragem*, em que o substantivo *coragem*, transposto por uma preposição ao papel integrante de locução adjetiva, funciona também como adjunto do núcleo nominal.

Esta mesma possibilidade de transposição a adjetivo modificador de um grupo nominal mediante o concurso de preposição conhece a oração originariamente substantiva: *O desejo de que se apurem os fatos é a maior preocupação dos diretores.*

O *que* (conjunção) que introduz a oração *que se apurem os fatos* é um transpositor de oração subordinada, igual a *a apuração dos fatos*. Precedida da preposição *de*, a oração substantiva fica habilitada a exercer a função de adjetivo (adjunto adnominal) do substantivo *desejo*. É operação idêntica à que vimos em *homem corajoso* → *homem de coragem*.

Este grupo nominal pode ter como núcleo um substantivo ou um adjetivo.

Núcleo substantivo:

O desejo *de que se apurem os fatos* é a maior preocupação dos diretores.
A crença *em que a crise se espalhe* atormenta todos nós.

Núcleo adjetivo:

Estávamos todos desejosos *de que o concurso saísse logo*.
Todos estavam crentes *de que isso aconteceria*.

> **Obs.**: Sendo as expressões preposicionadas *desejo de glória, ânsia de liberdade, desejoso de glória, ansioso de liberdade* modificadoras dos núcleos nominais e, por isso mesmo, chamadas *complementos nominais* e funcionalmente partícipes da natureza dos adjetivos, manda a coerência que as orações que funcionam como complemento nominal sejam incluídas entre as adjetivas — como fizemos aqui — e não entre as substantivas, como faz a tradição entre nós. Como vimos, elas são primitivamente substantivas, mas que, num segundo momento de estruturação, para funcionarem como modificadoras de substantivos e adjetivos, são transpostas a adjetivas mediante o concurso da preposição. Estamos aqui com a lição do linguista espanhol Alarcos Llorach. Ocorre o mesmo com as orações que funcionam como agente da passiva que, primitivamente substantivas, são transpostas a adverbiais, mediante a preposição *por*. Não obstante, a prática das bancas examinadoras quase sempre considera estas orações como substantivas.

Orações complexas de transposição adverbial

Refletindo a classe heterogênea dos advérbios, também as orações transpostas que exercem funções da natureza do advérbio se repartem por dois grupos:

a) as subordinadas adverbiais propriamente ditas, porque exercem função própria de advérbio ou locução adverbial e podem ser substituídas por um destes (advérbio ou locução adverbial): estão neste caso as que exprimem as noções de *tempo, lugar, modo* (substituíveis por advérbio), *causa, concessão, condição, conformidade, proporção* e *fim* (substituíveis por locuções adverbiais formadas por substantivo e grupos nominais equivalentes introduzidos pelas respectivas preposições).

b) as subordinadas *comparativas* e *consecutivas*.

1. Causais

Quando a subordinada exprime a causa, o motivo, a razão do pensamento expresso na oração principal — *que* (= porque), *porque, como* (= porque), *visto que, visto como, já que, uma vez que* (com o verbo no indicativo), *desde que* (com o verbo no indicativo), etc.: Saiu cedo *porque precisou ir à cidade*. / *Como está chovendo*, transferiremos o passeio. / *Desde que assim quiseram*, vão arrepender-se.

2. Comparativas

As orações subordinadas comparativas, geralmente, não repetem certos termos que, já existentes na sua principal, são facilmente subentendidos: Nada conserva e resguarda tanto a vida *como a virtude*. (como a virtude conserva e resguarda...)

Para evitar confusões no sentido, usam-se as comparativas *como, que, do que* junto ao sujeito e, seguidas de preposição, *como a, que a, do que a* junto de objeto direto (o *a* é preposição):

Estimo-o *como um pai*. (= como um pai estima)
Estimo-o *como a um pai*. (= como se estima a um pai)

Por meio de *como se* indicamos que o termo de comparação é hipotético:

"O velho fidalgo estremeceu *como se acordasse sobressaltado*." [Rebelo da Silva]

> **Obs.:** A maioria dos gramáticos de língua portuguesa prefere desdobrar o *como se* em duas orações, sendo a primeira comparativa e a segunda condicional: Ele lutaria *como se fosse um leão* (comparativa). / Ele lutaria *como lutaria* (comparativa) *se fosse um leão* (condicional).
>
> O verbo *preferir* sugere uma ideia implícita de comparação, à semelhança de *querer mais, querer antes*, mas exige complemento regido da preposição *a*: Prefiro a praia ao campo.

3. Concessivas

A subordinada exprime que um obstáculo — real ou suposto — não impedirá ou modificará de modo algum a declaração da oração principal. Iniciadas por *ainda que, embora, posto que, se bem que, conquanto*, etc.: *Embora chova*, sairei.

4. Condicionais

A oração condicional exprime um fato que não se realizou ou, com toda a certeza, não se realizará:

a) falando-se do presente: *Se eu sou aplicado*, obterei o prêmio.

b) falando-se do passado: *Se eu fosse aplicado*, obteria o prêmio.

As orações condicionais não só exprimem condição, mas ainda podem encerrar as ideias de hipótese, eventualidade, concessão, tempo, sem que muitas vezes se possam traçar demarcações entre esses vários campos do pensamento.

5. Conformativas

A subordinada exprime um fato apresentado em conformidade com a declaração da principal (*como, conforme, segundo, consoante*):

> Conseguiu fazer o trabalho *como lhe ensinaram.*
> Todos procederam *conforme a ocasião ensejava.*

6. Consecutivas

A subordinada exprime o efeito ou consequência do fato expresso na principal. A oração consecutiva é introduzida pelo transpositor *que* a que se prende, na principal, uma expressão de natureza intensiva como *tal, tanto, tão, tamanho*, termos que também se podem facilmente subentender:

> Alongou-se tanto no passeio, *que chegou tarde.*
> É feio *que mete medo.* (= é tão feio...)

A oração consecutiva não só exprime a consequência devida à ação ou ao estado indicado na principal, mas pode denotar que se deve a consequência ao modo pelo qual é praticada a ação da principal. Para este último caso servimo-nos, na oração principal, das unidades complexas *de tal maneira, de tal sorte, de tal forma, de tal modo*: Convenceu-se de tal maneira *que surpreendeu a todos.*

7. Finais

A oração subordinada indica a intenção, o objetivo, a finalidade do pensamento expresso na principal: *para que, a fim de que, que* (= para que): Saíram *para que pudessem ver o incêndio.* / Reclamou *a fim de que o nomeassem.* / Falta pouco *que isto suceda.*

8. Locativas

Iniciam-se com *onde, quem, quanto* sem referência a antecedentes: "Os meninos sobejam *onde estão* e faltam *onde não se acham*"; "Não pode haver reflexão *onde tudo é distração*"; "*Onde o luxo vence* a probidade afraca e desfalece" [máximas do Marquês de Maricá].

9. Modais

A oração subordinada exprime o modo pelo qual se executou o fato expresso na oração principal (locução *sem que*):

> Fez o trabalho *sem que cometesse erros graves.*
> "De um relance leu na fisionomia do mancebo, *sem que suas pupilas estáticas se movessem nas órbitas.*" [José de Alencar]

Se a oração principal estiver na negativa, usar-se-á de *que não* + subjuntivo: Não emite um parecer *que não se aconselhe com o diretor*.

> **Obs.**: A Nomenclatura Gramatical Brasileira (NGB) não reconhece as conjunções modais e, assim, as orações modais, apesar de pôr o modo entre as circunstâncias adverbiais.

10. Proporcionais

A subordinada exprime um fato que aumenta ou diminui na mesma proporção do fato que se declara na principal — *à medida que, à proporção que, ao passo que, tanto mais… quanto mais, tanto mais… quanto menos, tanto menos… quanto mais*, etc.:

À *medida que a idade chega*, a nossa experiência aumenta.
Aprendia *à proporção que lia o livro*.
Aumentava o seu vocabulário *ao passo que consultava os mestres da língua*.

> **Obs.**: A unidade *ao passo que* pode ser empregada sem ideia proporcional, para indicar que um fato não se deu ou não tem as características de outro já enunciado: "A nudez habitual, dada a multiplicação das obras e dos cuidados do indivíduo, tenderia a embotar os sentidos e a retardar os sexos, *ao passo que* o vestuário, negaceando a natureza, aguça e atrai as vontades (...)" [Machado de Assis]; Ele foi ao cinema, *ao passo que* eu resolvi ir à praia.

11. Temporais

A oração subordinada denota o tempo da realização do fato expresso na principal.

As principais conjunções e "locuções" conjuntivas temporais são:

a) para o tempo anterior: *antes que, primeiro que* (raro): Saiu *antes que* eu lhe desse o recado. / "Ninguém, senhores meus, que empreenda uma jornada extraordinária, *primeiro que* meta o pé na estrada, se esquecerá de entrar em conta com as suas forças…" [Rui Barbosa]

b) para o tempo posterior (de modo vago): *depois que, quando*: Saiu *depois que* ele chegou.

c) para o tempo posterior imediato: *logo que, tanto que* (raro), *assim que, desde que, apenas, mal, eis que, (eis) senão quando, eis senão que*: Saiu *logo que* ele chegou. / "*Eis senão quando* entra o patrão…" [Afonso Arinos]

d) para o tempo frequentativo (repetido): *quando* (estando o verbo no presente), *todas as vezes que, (de) cada vez que, sempre que*: *Todas as vezes que* saio de casa, encontro-o à esquina. / *Quando o vejo*, lembro-me do que me pediu.

> **Obs.**: Evite-se o erro de colocar a preposição *em* antes de *que*, dizendo-se: todas as vezes *em que*, ao mesmo tempo *em que*. As formas corretas são: todas as vezes *que*, toda vez *que*, ao mesmo tempo *que*.

e) para o tempo concomitante: *enquanto, (no) entretanto que* (hoje raro): Dormia *enquanto* o professor dissertava.

> **Obs.**: A rigor, as "conjunções" proporcionais também indicam tempo concomitante; por isso, uns autores não distinguem as *temporais* das *concomitantes*, fazendo destas classes à parte das *temporais*. A Nomenclatura Gramatical Brasileira não fala em *concomitante*.

f) para o tempo limite terminal: *até que*: Brincou *até que* fosse repreendido.

Assume valor temporal o *que* relativo repetidor de advérbio e expressões que designam "desde que época um fato acontece": *agora que, hoje que, então que, a primeira vez que, a última vez que*, etc.:

> *Agora que* consegui aprender a lição, passarei adiante.
> Esta foi *a última vez que* o vi.

Não se fazendo pausa entre o advérbio e o transpositor (*agora que, então que*, etc.) estabelece-se uma unidade de valor semelhante ao que existe em *depois que*, etc., e se pode passar a considerar o todo como "locução conjuntiva": *Agora que* tudo está certo vou embora.

Sob o modelo de tais linguagens, desenvolveu-se o costume de se acrescentar o transpositor *que* depois de expressões que denotam "desde que tempo uma coisa acontece", reduzida a simples palavra de realce temporal:

> Desde aquele dia *que* o procuro.

Analisando, dispensa-se o *que*.

COORDENAÇÃO

As orações coordenadas são orações sintaticamente independentes entre si e que se podem combinar para formar *grupos oracionais* ou *períodos compostos*: *Mário lê muitos livros e aumenta sua cultura*.

As duas orações são sintaticamente independentes, porque, ao analisar a primeira (*Mário lê muitos livros*), verificamos que possui todos os termos sintáticos previstos na relação predicativa, ao contrário da oração complexa:

Sujeito: *Mário*
Predicado: *lê muitos livros*
Objeto direto: *muitos livros*

As orações coordenadas estão ligadas por conectores chamados conjunções coordenativas, que apenas marcam o tipo de relação semântica que o falante manifesta entre os conteúdos de pensamento designado em cada uma das orações sintaticamente independentes. Tais orações ligadas pelas conjunções coordenativas se dizem, por isso, *sindéticas*.

São três as relações semânticas marcadas pelas conjunções coordenativas ou conectores:

a) *Aditiva*: adiciona ou entrelaça duas ou mais orações, sem nenhuma ideia subsidiária. As conjunções aditivas são *e* e *nem* (esta para os conteúdos negativos, e pode vir na 2.ª oração ou em ambas):

> Pedro estuda *e* Maria trabalha. / Pedro não estuda *nem* trabalha. / *Nem* Pedro estuda *nem* Maria trabalha.

b) *Adversativa*: contrapõe o conteúdo de uma oração ao de outra expressa anteriormente. As conjunções adversativas são *mas, porém, senão* (depois de conteúdo negativo):

João veio visitar o primo, *mas* não o encontrou. / Não saía *senão* com os primos.

c) *Alternativa*: contrapõe o conteúdo de uma oração ao de outra e manifesta exclusão de um deles, isto é, se um se realizar, o outro não se cumprirá:

Estudas *ou* brincas.

> **Obs.: Unidades adverbiais que não são conjunções coordenativas**
> Levada pelo aspecto de certa proximidade de equivalência semântica, a tradição gramatical tem incluído entre as conjunções coordenativas certos advérbios que estabelecem relações interoracionais ou intertextuais. É o caso de *pois, logo, portanto, entretanto, contudo, todavia, não obstante*. Assim, além das conjunções coordenativas já assinaladas, teríamos as *explicativas* (*pois, porquanto*, etc.) e *conclusivas* (*pois* [posposto], *logo, portanto, então, assim, por conseguinte*, etc.), sem contar *contudo, entretanto, todavia*, que se alinhavam junto com as adversativas.

JUSTAPOSIÇÃO

Ao lado da presença de transpositores e conectores, as orações podem encadear-se, como ocorre com os termos sintáticos dentro da oração, sem que venham entrelaçadas por unidades especiais; basta-lhes apenas a sequência, em geral proferida com contorno melódico descendente e com pausa demarcadora, assinalada quase sempre na escrita por vírgulas, ponto e vírgula e, ainda, por dois-pontos: este procedimento de enlace chama-se *assindetismo* ou *justaposição*.

> **Obs.:**
> → Podem-se incluir nas orações justapostas aquelas que a gramática tradicional arrola sob o rótulo de coordenadas distributivas, caracterizadas por virem enlaçadas pelas unidades que manifestam uma reiteração anafórica do tipo de *ora...ora, já...já, quer...quer, um...outro, este...aquele, parte...parte, seja...seja*, e que assumem valores distributivos alternativos e, subsidiariamente, concessivos, temporais, condicionais.
>
> → Do ponto de vista constitucional, essas unidades são integradas por várias classes de palavras: substantivo, pronome, advérbio e verbo, e do ponto de vista funcional, não se incluem entre os conectores que congregam orações coordenadas: *Ora* eram eles capazes de atos de vandalismo, *ora* eram capazes de atos de ajuda ao próximo.

Também se incluem nos grupos oracionais como orações justapostas as *intercaladas*, também caracterizadas por estarem separadas do conjunto por pausa e por contorno melódico particular. Na escrita, aparecem marcadas por vírgula, travessão ou parênteses. Assim, dois períodos independentes, como *Janete viajou para o Recife* e *Deus a acompanhe*, podem se juntar em um só texto do tipo: *Janete — Deus a acompanhe — viajou para o Recife*. O primitivo texto *Deus a acompanhe*, agora incorporado, chama-se oração intercalada, e o faz por justaposição, isto é, sem conectivo para ligá-las. Gramáticos há que preferem considerar as duas opções como dois períodos independentes.

Discurso direto, indireto e indireto livre

O português, como outras línguas, apresenta normas textuais para nos referirmos, no enunciado, às palavras ou pensamentos de responsabilidade do nosso interlocutor, mediante os chamados *discurso direto, discurso indireto* e *discurso indireto livre*.

No discurso direto reproduzimos ou supomos reproduzir fiel e textualmente as nossas palavras e as do nosso interlocutor, em diálogo, com a ajuda explícita ou não de verbos como *disse, respondeu, perguntou, retrucou* ou sinônimos (os chamados verbos *dicendi*). Às vezes, usam-se outros verbos de intenção mais descritiva, como *gaguejar, balbuciar, berrar*, etc. São os *sentiendi*, que exprimem reação psicológica do personagem. No diálogo, a sucessão da fala dos personagens é indicada por travessão (outras vezes, pelos nomes dos intervenientes):

> José Dias recusou, dizendo:
> — É justo levar a saúde à casa de sapé do pobre.

No discurso indireto, os verbos *dicendi* se inserem na oração principal de uma oração complexa, tendo por subordinadas as porções do enunciado que reproduzem as palavras próprias ou do nosso interlocutor. Introduzem-se pelo transpositor *que*, pela dubitativa *se* e pelos pronomes e advérbios de natureza pronominal *quem, qual, onde, como, por que, quando*, etc.: Perguntei *se lavou as orelhas*.

O discurso indireto livre consiste em, conservando os enunciados próprios do nosso interlocutor, não fazer-lhe referência direta. Como ensina Mattoso Câmara, mediante o estilo indireto livre reproduz-se a fala dos personagens — inclusive do narrador — sem "qualquer elo subordinativo com um verbo introdutor *dicendi*". Tomando o exemplo anterior (discurso direto), bastaria suprimir a forma verbal *dizendo* e construir dois períodos independentes com as duas partes restantes:

> José Dias recusou. Era justo levar a saúde à casa de sapé do pobre.

Uma particularidade do estilo indireto livre é a permanência das interrogações e exclamações da forma oracional originária, ao contrário do caráter declarativo do estilo indireto:

> "Minha mãe foi achá-lo à beira do poço, e intimou-lhe que vivesse. *Que maluquice era aquela de parecer que ia ficar desgraçado, por causa de uma gratificação a menos, e perder um emprego interino? Não, senhor, devia ser homem, pai de família, imitar a mulher e a filha...*" [Machado de Assis]

ORAÇÕES REDUZIDAS

Oração reduzida é a que apresenta seu verbo (principal ou auxiliar, este último nas locuções verbais) no infinitivo, gerúndio e particípio (reduzidas infinitivas, gerundiais e participiais).

> **Obs.:**
> → Havendo locução verbal, é o auxiliar que indica o tipo de reduzida. Assim são exemplos de reduzidas de gerúndio: *estando amanhecendo, tendo de partir, tendo partido*; são exemplos de reduzidas de infinitivo: *ter de partir, depois de ter partido*; é exemplo de reduzida de particípio: *acabado de partir*. Se, por outro lado, o

> auxiliar da locução estiver na forma finita, não haverá oração reduzida: *Quanta gente havia de chorar.*
>
> → Nem toda oração desprovida de transpositor é reduzida, uma vez que este transpositor pode estar oculto: *Espero que sejas feliz* ou *Espero sejas feliz*. Em ambos os exemplos a subordinada *que sejas feliz* ou *sejas feliz* é desenvolvida. O que caracteriza a reduzida é a forma infinita ou nominal do verbo (principal ou auxiliar): infinitivo, gerúndio e particípio.
>
> → *Infinita* é uma forma verbal normalmente sem flexão, enquanto *infinitivo* é uma das chamadas formas nominais do verbo; assim, se fala em emprego do *infinitivo flexionado*, e não em emprego do *infinito*.

Desdobramento das orações reduzidas

As orações reduzidas são subordinadas e quase sempre se podem desdobrar em orações desenvolvidas.

Vejamos o seguinte exemplo: *Declarei estar ocupado = declarei que estava ocupado.*
Este desdobramento é mero artifício de equivalência textual, que nos ajuda a classificar as orações reduzidas, uma vez que poderemos proceder da seguinte maneira:

Declarei estar ocupado = declarei que estava ocupado.
que estava ocupado: subordinada substantiva objetiva direta.

Logo:

estar ocupado: subordinada substantiva objetiva direta reduzida de infinitivo ou reduzida infinitiva.

Orações substantivas reduzidas

Normalmente as orações substantivas reduzidas têm o verbo, principal ou auxiliar, no infinitivo. São elas:

Subjetiva: "Agora mesmo, custava-me *responder alguma coisa*, mas enfim contei-lhe o motivo da minha ausência." [Machado de Assis]

Objetiva direta: "(...) como se estivesse ainda no vigor da mocidade e contasse como certo *vir a gastar frutos desta planta*." [Latino Coelho]

Objetiva indireta: "Tudo, pois, aconselhava o rei de Portugal *a tentar uma expedição para aquele lado*." [Alexandre Herculano]

Completiva relativa: "Um povo que se embevecesse na História, que cultivasse a tradição, que amasse o passado, folgaria *de relembrar esses feitos...*" [Carlos de Laet]

Predicativa (*do sujeito* ou *do objeto*): "O primeiro ímpeto de Luísa foi *atirar-se-lhe aos braços*, mas não se atreveu." [Mendes Leal] / "O resultado foi *eu arrumar uns cocotes na Germana e esfaquear João Fagundes*." [Graciliano Ramos]

Apositiva: "Dois meios havia em seguir esta empresa: *ou atacar com a armada por mar, ou marchar o exército por terra e sitiar aquela cidade*." [Alexandre Herculano]

Orações adjetivas reduzidas

As orações adjetivas reduzidas têm o verbo, principal ou auxiliar, no:

1. Infinitivo

Está marcada a festa *a realizar-se na próxima semana*.

2. Gerúndio, indicando um substantivo ou pronome

a) uma atividade passageira:

"(...) cujos brados selvagens de guerra começavam a soar ao longe como um trovão *ribombando no vale*." [Alexandre Herculano]

b) uma atividade permanente, qualidade essencial, inerente aos seres, própria das coisas:

"Algumas comédias havia com este nome *contendo argumentos mais sólidos*." [Said Ali]

Aceitar o gerúndio como construção vernácula não implica adotá-lo a todo momento, acumulando-o numa série de mau gosto.

3. Particípio

"Os anais ensanguentados da humanidade estão cheios de facínoras, *empuxados* (= que foram empuxados) *ao crime pela ingratidão injuriosa de mulheres muito amadas, e perversíssimas*." [Camilo Castelo Branco]

Orações adverbiais reduzidas

Têm o verbo, principal ou auxiliar, no:

1. Infinitivo

Deve-se empregar o verbo regido de preposição adequada. Para o desdobramento da reduzida em desenvolvida, basta substituir a preposição ou locução prepositiva por uma expressão do mesmo valor e pôr o verbo na forma finita. É de toda conveniência conhecermos as principais preposições que correspondem a "conjunções" subordinativas adverbiais:

"Porém, deixando o coração cativo, / *Com fazer-te a meus rogos sempre humano*, / Fugiste-me traidor..." [Santa Rita Durão]

Com fazer-te = porque te fizeste, portanto a oração destacada é subordinada adverbial causal, reduzida de infinitivo.

Podem ser reduzidas de infinitivo as causais, concessivas, condicionais, consecutivas, finais, locativas, de meio e instrumento e temporais.

2. Gerúndio

Pode equivaler a uma oração causal; uma oração consecutiva; uma oração concessiva; uma oração condicional; uma oração que denota modo, meio, instrumento; uma oração temporal.

Tendo mais do que imaginavam, não socorreu os irmãos.

Tendo = embora tivesse, portanto a oração destacada é subordinada adverbial concessiva, reduzida de gerúndio.

Tendo livres as mãos, poderia fugir do cativeiro.

Tendo = *tivesse*, portanto a oração destacada é subordinada adverbial condicional, reduzida de gerúndio.

3. Particípio

Pode equivaler a uma oração causal; uma oração condicional; uma oração temporal.

Quando fazem parte de uma locução verbal, infinitivo, gerúndio e particípio não constituem oração reduzida:

Tinham de chegar cedo ao trabalho.
Estão saindo todos os alunos.
As lições *foram aprendidas* sem esforço.

FRASES: ENUNCIADOS SEM NÚCLEO VERBAL

Oração e frase

A unidade sintática chamada *oração* constitui o centro da atenção da gramática por se tratar de uma unidade em que se relacionam sintaticamente seus termos constituintes e se manifestam as relações de ordem e regência, que partem do núcleo verbal, e das quais se ocupa a descrição gramatical.

Isto não impede a presença de enunciados destituídos desse núcleo verbal conhecidos pelo nome de *frases*: *Bom dia! Psiu! Ai de mim! Depressa! Sim. Não. Talvez. Ainda não. Que mistério? Entrada. Saída. Retorno.*

C) Seleção de questões

1) (FCC — Fundação Carlos Chagas — Defensoria Pública do Estado do Rio Grande do Sul — Defensor Público)

Receio, porém, que **essa linha de raciocínio** deixa uma fronteira jurídica desguarnecida.

O segmento destacado na frase acima exerce a mesma função sintática do segmento destacado em:

(A) A máquina registra uma imagem maravilhosa que ganha inúmeros prêmios.

(B) Ninguém hesitaria em creditar a imagem a esse outro profissional.

(C) Ninguém hesitaria em creditar a imagem a esse outro profissional.

(D) Imaginemos agora que Slater está andando pela trilha.

(E) A máquina registra uma imagem maravilhosa, que ganha inúmeros prêmios.

2) (ESAF — Escola de Administração Fazendária — Analista de Planejamento e Orçamento)

Obs.: O texto (JOBIM, José Luís. *Literatura e cultura: do nacional ao transnacional*. Rio de Janeiro: Eduerj, 2013, p. 67) de onde foi retirado o objeto desta questão não foi incluído no livro por não ser determinante para a resolução da mesma.

Os verbos "perder" e "ter", no período "em outras palavras, presume-se que algo estável (o mundo das finanças, a política, a moral, a existência humana, o livro…) perde esta condição ou tem esta condição colocada em xeque", têm, como sujeito,

(A) "algo".

(B) "algo estável".

(C) "que algo estável".

(D) "algo estável (o mundo das finanças, a política, a moral, a existência humana, o livro…)".

(E) "que algo estável (o mundo das finanças, a política, a moral, a existência humana, o livro…)".

3) (ESAF — Analista Técnico-Administrativo, Arquiteto, Contador, Engenheiro e Pedagogo)
Os trechos a seguir constituem um texto adaptado do jornal *Valor Econômico* de 21/6/2013. Assinale a opção transcrita com erro gramatical.

(A) Diferentemente do contágio da crise de 2008, que atuou simultaneamente sobre os canais financeiro e produtivo, as turbulências atuais têm como norte a melhoria das condições econômicas globais, não sua deterioração.

(B) Após o sufoco de alguns dias infernais, é possível que o câmbio arrefeça, embora as cotações possivelmente se situem bem acima do desejável.

(C) As forças de mercado buscam novo equilíbrio. Já estão havendo caçadores de oportunidades de olho em pexinchas emergentes.

(D) Os juros estão subindo nos EUA e a alta pode, se não for temporária ou muito forte, trazer nova dificuldade para a recuperação americana.

(E) A escalada dos rendimentos dos títulos do Tesouro não deve ultrapassar ou estacionar acima dos 3%, indicando um retorno próprio ao de uma economia em tranquilo crescimento.

4) (Administração — IADES — Fundação Hemocentro de Brasília — DF)
Obs.: O texto (BARRUCHO, Luís Guilherme. "O que falta para o Brasil doar mais sangue?". BBC Brasil. São Paulo, 19 ago. 2015. Disponível em: <https://www.bbc.com/portuguese/noticias/2015/08/150812_sangue_doacoes_brasil_lgb>. Acesso em: 20 dez. 2016 [fragmento], com adaptações.) de onde foi retirado o objeto desta questão não foi incluído no livro por não ser determinante para a resolução da mesma.

Considerando como referência as classes de palavras e as relações sintáticas que constituem o período "É preciso um esforço educacional em escolas e por meio de campanhas públicas para garantir que as pessoas entendam a necessidade e se disponham a doar sangue regularmente.", assinale a alternativa correta.

(A) O sujeito da oração "É preciso" é indeterminado, pois a ação expressa pelo verbo não se refere a um ser específico.

(B) A oração "para garantir" relaciona-se por coordenação com a anterior, acrescentando-lhe uma ideia de finalidade.

(C) O termo "regularmente" indica o estado ou a qualidade do sujeito "as pessoas", por isso funciona como predicativo do sujeito.

(D) O termo "a necessidade" está para o verbo "entendam", assim como a oração "que as pessoas entendam a necessidade" está para o verbo "garantir".

(E) A conjunção "e", em suas duas ocorrências, relaciona orações coordenadas entre si.

PARTE I - CONHECER A LÍNGUA   71

5) (Analista — CONSULPLAN — CFESS)

Obs.: O texto (SCLIAR, Moacyr. "São só contas de vidro." Do jeito que nós vivemos. Belo Horizonte: Ed. Leitura, 2007) de onde foi retirado o objeto desta questão não foi incluído no livro por não ser determinante para a resolução da mesma.

Tendo em vista as relações de sintaxe estabelecidas nas orações a seguir, relacione adequadamente as colunas, considerando os termos destacados.
1. Objeto indireto.
2. Sujeito simples.
3. Adjunto adverbial.
4. Predicativo do sujeito.

( ) "(...) que os portugueses lhes davam."

( ) "A noção de espaço público lá está muito presente."

( ) "Cartas e e-mails ficam pacientemente à nossa espera."

( ) "Em primeiro lugar, eram novidade, coisa desconhecida por ali."

A sequência está correta em:

(A) 1, 2, 3, 4.

(B) 2, 4, 3, 1.

(C) 3, 1, 2, 4.

(D) 4, 3, 1, 2.

6) (Professor PEB I — Ensino Infantil — Big Advice — Prefeitura de Martinópolis — SP)

Este é o assunto de **que** me lembrei. A palavra em destaque é:

(A) Pronome relativo com função de sujeito.

(B) Pronome relativo com função de objeto indireto.

(C) Pronome relativo com função de complemento nominal.

(D) Pronome relativo com função de predicativo do sujeito.

(E) Pronome relativo com função de adjunto adverbial.

7) (IBGE — Analista — Análise de Projetos — tipo 1 — Superior — FGV Projetos)

A frase abaixo em que o emprego do demonstrativo sublinhado está inadequado é:

(A) "As capas deste livro que você leva são muito separadas". (Ambrose Bierce)

(B) "Quando alguém pergunta a um autor o que este quis dizer, é porque um dos dois é burro". (Mário Quintana)

(C) "Claro que a vida é bizarra. O único modo de encarar isso é fazer pipoca e desfrutar o show". (David Gerrold)

(D) "Não há nenhum lugar <u>nessa</u> Terra tão distante quanto ontem". (Robert Nathan)

(E) "Escritor original não é <u>aquele</u> que não imita ninguém, é aquele que ninguém pode imitar". (Chateaubriand)

8) (IBGE — Analista — Análise de Projetos — tipo 1 — Superior — FGV Projetos)

"Por favor, ajude-me. Sou cego"; reescrevendo as duas frases em uma só, de forma correta e respeitando-se o sentido original, a estrutura adequada é:

(A) Embora seja cego, por favor, ajude-me;

(B) Me ajude, por favor, pois sou cego;

(C) Ajude-me já que sou cego, por favor;

(D) Por favor, ainda que seja cego, ajude-me;

(E) Ajude-me, por favor, contanto que sou cego.

9) (IBGE — Analista — Análise de Projetos — tipo 1 — Superior — FGV Projetos)

A frase em que o vocábulo *mas* tem o valor aditivo é:

(A) "Perseverança não é só bater na porta certa, <u>mas</u> bater até abrir." (Guy Falks);

(B) "Nossa maior glória não é nunca cair, <u>mas</u> sim levantar toda vez que caímos". (Oliver Goldsmith);

(C) "Eu caminho devagar, <u>mas</u> nunca caminho para trás." (Abraham Lincoln);

(D) "Não podemos fazer tudo imediatamente, <u>mas</u> podemos fazer alguma coisa já." (Calvin Coolidge);

(E) "Ele estudava todos os dias do ano, <u>mas</u> isso contribuía para seu progresso." (Nouvailles)

10) (Prefeitura Municipal de Indiaporã — Coordenador / Professor — Projeto Esporte Social)

É substantivo abstrato:

(A) Beijo

(B) Formiga

(C) Sereia

(D) Brasil

(E) Vento

11) (Prefeitura Municipal de Indiaporã — Coordenador / Professor — Projeto Esporte Social)

É substantivo comum de dois gêneros:

(A) Gato

(B) Monge

(C) Criatura

(D) Ré

(E) Jornalista

12) (Prefeitura Municipal de Indiaporã — Coordenador / Professor — Projeto Esporte Social)

A locução adjetiva foi corretamente grifada em:

(A) <u>Uma atitude</u> sem qualquer cabimento.

(B) Uma <u>atitude</u> sem qualquer cabimento.

(C) Uma atitude <u>sem qualquer cabimento</u>.

(D) <u>Uma atitude sem</u> qualquer cabimento.

(E) Uma atitude sem <u>qualquer cabimento</u>.

13) (Prefeitura Municipal de Indiaporã — Coordenador / Professor — Projeto Esporte Social)

O adjetivo está no grau superlativo absoluto sintético em:

(A) Ele é um artista muito original.

(B) Ele é o mais exigente de todos os irmãos.

(C) Somos excessivamente tolerantes.

(D) Essa solução é melhor do que a outra.

(E) Ele é exigentíssimo.

14) (Prefeitura Municipal de Indiaporã — Coordenador / Professor — Projeto Esporte Social)

Pretérito mais-que-perfeito do subjuntivo:

(A) Se <u>vier</u> aqui no próximo mês, trarei seu presente.

(B) Pena que a vida <u>seja</u> tão difícil para muitos.

(C) <u>Chovesse</u> ou não, eu corria todas as madrugadas.

(D) Desejo que você já <u>tenha encontrado</u> uma solução.

(E) Aguardei até que tivesse completado seu discurso para então começar a expor minha ideia.

15) (Fundação Vunesp — Câmara Municipal de Itatiba — Advogado)

Assinale a alternativa em que a forma verbal destacada está empregada de acordo com a norma-padrão da língua portuguesa.

(A) Para que fossem mais organizadas, seria importante que as pessoas **mantessem** um planejamento mínimo de suas atividades.

(B) Se **dispôssemos** de mais tempo, certamente cultivaríamos melhor o hábito da leitura, fazendo dele uma atividade prazerosa.

(C) Poderia ser muito construtivo para o seu futuro que o homem **retesse** consigo objetos com significados importantes para a sua vida.

(D) E se, quando fazemos a escolha errada, a vida nos **reposse** a chance de poder rever a nossa escolha?

(E) Seria realmente muito gratificante se os caprichos do destino sempre **interviessem** a nosso favor, realizando nossos desejos.

16) (UFPR — Prefeitura Municipal de Colombo — Professor)

Assinale a alternativa em conformidade com o uso da norma-padrão da língua portuguesa contemporânea.

(A) Abracei alguém, cujas mãos residia meu destino.

(B) Olhou-a longamente, mas não lhe prestou socorro.

(C) Os moradores contrataram a empresa, mas ela não os realizou o serviço.

(D) O projeto, onde iremos alcançar seus resultados, foi redigido todo em inglês.

(E) Os pais deram a ela o casaco, mas ela não lhe aceitou.

Nas questões 17 e 18, assinale a alternativa que preenche, correta e respectivamente, os espaços das frases.

17) (Tribunal de Justiça Militar do Estado de São Paulo — Agente Administrativo Judiciário — Vunesp)

Com as amigas, Sofia começou _____ falar sobre algumas atitudes _____ não gostava.

(A) à...que.

(B) a...de que.

(C) à...com que.

(D) à.. de que.

(E) a...com que.

18) (Tribunal de Justiça Militar do Estado de São Paulo — Agente Administrativo Judiciário — Vunesp)

Hoje cedo, eu e Ismael _____ encontramos com as garotas, que já estavam _____ preocupadas.

(A) nos...menas.

(B) se...menos.

(C) si...menas.

(D) nos...menos.

(E) se...menas.

19) (Câmara Municipal de São José do Rio Preto — Advogado — Vunesp)

Obs.: O texto (VERISSIMO, Luis Fernando. "Modelos." *O Estado de S. Paulo*. São Paulo, 28 dez. 2014) de onde foi retirado o objeto desta questão não foi incluído no livro por não ser determinante para a resolução da mesma.

Assinale a alternativa em que a frase — Não existe gente que tem medo de palhaço? — está reescrita conforme a norma-padrão.

(A) Não tem gente que têm medo de palhaço?

(B) Não há gente que tem medo de palhaço?

(C) Não têm gente que teem medo de palhaço?

(D) Não há gente que têm medo de palhaço?

(E) Não existe pessoas que têm medo de palhaço?

20) (Eletrobras Eletrosul — Eletrosul Centrais Elétricas S.A — Administração de Empresas — FCC)

Transpondo-se para a voz **ativa** a frase **Eficazes sistemas de irrigação teriam sido utilizados pelos antigos em suas culturas de cereais**, a forma verbal resultante deverá ser

(A) seriam utilizados.

(B) teriam utilizado.

(C) foram utilizados.

(D) utilizaram-se.

(E) haveriam de utilizar.

21) (Eletrobras Eletrosul — Eletrosul Centrais Elétricas S.A — Administração de Empresas — FCC)

Está correto o emprego de ambos os elementos sublinhados em:

(A) O efeito de que as moças pretendem obter em suas fainas, ao fim e ao cabo realizam-se como pretendido.

(B) A técnica ilusória com cuja as moças contam acaba por se mostrar favorável diante do batatal.

(C) Consiste a magia das moças maoris, a cada plantação, de cantar e dançar para que se alcance os melhores resultados.

(D) A magia de um rito, cuja força as moças convocam no plantio, não as deixa frustrar-se.

(E) As sementeiras de batatas, de cujo plantio as moças se aplicam, estão sujeitas para com os efeitos do vento leste.

22) (Vunesp — PM-SP — Oficial do Quadro Auxiliar)
Obs.: O texto (ANDRADE, Mário de. *Macunaíma* [Adaptado]), de onde foi retirado o objeto desta questão, não foi incluído no livro por não ser determinante para a resolução da mesma.

Assinale a alternativa que atende à norma-padrão de concordância verbal.

(A) No rio, haviam piranhas tão vorazes que era impossível tomar banho ali.

(B) Aconteceu que os manos haviam se banhado na cova de água encantada.

(C) Não tinha mais os Tapanhumas Macunaíma como um filho da tribo.

(D) Ouvia-se os gritos de Macunaíma por causa do frio da água da cova.

(E) Ia os três manos para São Paulo, viagem em que muitos casos aconteceram.

23) (Vunesp — 2018 — PM-SP — Oficial do Quadro Auxiliar)
Obs.: O texto (MELO NETO, João Cabral de. "O carpina fala com o retirante que esteve de fora, sem tomar parte em nada"), de onde foi retirado o objeto desta questão, não foi incluído no livro por não ser determinante para a resolução da mesma.

No verso — ver a fábrica que ela **mesma**, / teimosamente, se fabrica, —, o termo destacado é um adjetivo, concordando com a palavra que acompanha. Essa mesma concordância ocorre com o termo destacado em:

(A) A escola foi dirigida pelo **mesmo** diretor durante anos.

(B) **Mesmo** estando fora de sua cidade, mantinha contato com seus amigos.

(C) O pai abriu uma poupança; a mãe fez o **mesmo** e ambos economizaram muito.

(D) Trata-se de uma escola longínqua, um lugar ermo **mesmo**.

(E) Ela resolveu que irá viajar no feriado, **mesmo** que caia uma chuva daquelas.

24) (Vunesp — 2018 — PM-SP — Oficial do Quadro Auxiliar)

Obs.: O texto (RAMOS, Graciliano. *Vidas secas* [Adaptado]), de onde foi retirado o objeto desta questão, não foi incluído no livro por não ser determinante para a resolução da mesma.

Sinha Vitória avizinhou-se da janela baixa da cozinha, viu os meninos, entretidos no barreiro, fabricando bois de barro. Não encontrou motivo para uma _____ às crianças. Pensou de novo na cama de varas e mentalmente xingou Fabiano. Dormiam _____. Dormiam naquilo _____ tinham-se acostumado, mas seria mais agradável dormirem numa cama de lastro de couro, como outras pessoas.

Em conformidade com a norma-padrão, as lacunas do trecho, adaptado do original, devem ser preenchidas, respectivamente, com:

(A) repreensão ... mau ... porque

(B) repreenção ... mal ... por que

(C) reprensão ... mau ... por que

(D) repreensão ... mal ... porque

(E) repreenção ... mal ... porque

25) (Agente Penitenciário — Fundação La Salle — SUSEPE — RS)

Assinale a alternativa que apresenta um vocábulo rizotônico.

(A) Permites.

(B) Escreverá.

(C) Fingimento.

(D) Correria.

(E) Partirá.

26) (Administrador Especialista em Administração Hospitalar — COSEAC — UFF)

Obs.: O texto (PERINI, M. *A língua do Brasil amanhã e outros mistérios*. São Paulo: Parábola, 2004, p.11-14) de onde foi retirado o objeto desta questão não foi incluído no livro por não ser determinante para a resolução da mesma.

Leia o fragmento seguinte para responder à questão.

"Não se pode negar que o fenômeno existe: o que mais se faz hoje em dia é surfar, deletar ou tratar do marketing. Mas isso não significa o desaparecimento da língua portuguesa;..."
As classes morfológicas das formas sublinhadas no fragmento em análise são, respectivamente:

(A) pronome demonstrativo / pronome relativo / artigo

(B) artigo / pronome indefinido / conjunção integrante

(C) pronome pessoal oblíquo / pronome relativo / conjunção consecutiva

(D) pronome demonstrativo / conjunção integrante / pronome relativo

27) (Advogado — FUNECE — UECE)

Obs.: O texto (GONZAGA, Luiz; DANTAS, Zé. "Vozes da seca". Universal Music Publishing Ltda. Disponível em: <https://www.letras.mus.br/luiz-gonzaga/47103/>) de onde foi retirado o objeto desta questão não foi incluído no livro por não ser determinante para a resolução da mesma.

Os verbos destacados em "**Dê** serviço a nosso povo, **encha** os rio de barrage / **Dê** cumida a preço bom, não **esqueça** a açudage" referem-se ao interlocutor tratando-o por você. Caso a forma de tratamento fosse "tu", as formas verbais destacadas ficariam, respectivamente:

(A) dá — encha — dá — esqueças

(B) dê — enche — dê — esqueces

(C) dê — encha — dê — esquece

(D) dá — enche — dá — esqueças

28) (Investigador de Polícia Civil — FUNCAB — PC — PA)

Obs.: O texto (PALOMBA, Guido Arturo. Rev. *Psique*: n.º 100 [ed. comemorativa], p. 82) de onde foi retirado o objeto desta questão não foi incluído no livro por não ser determinante para a resolução da mesma.

No período: "E como o psiquismo é responsável pelo modo de agir, por conseguinte, temos em todos os crimes, obrigatoriamente e sempre, elementos objetivos da mente de quem os praticou", a conjunção "como" está empregada com o mesmo valor relacional que em:

(A) Procedia sempre COMO manda a lei.

(B) Era um psiquiatra tão bom COMO o pai.

(C) COMO estava ferido, pediu socorro.

(D) COMO um cão, vivia farejando pistas.

(E) Eis o modo COMO o delito foi praticado.

29) (Técnico de Tecnologia da Informação — COPESE — UFJF)

Leia atentamente as frases abaixo:

I. Fiz um apelo à minha colega de trabalho.
II. Escrevi um longo e-mail à Lúcia.
III. Ler faz muito mal às pessoas.
IV. A leitura induz à loucura.

Tendo em vista as regras de uso do sinal indicativo de crase, marque a alternativa **CORRETA**:

(A) O uso da crase é obrigatório em todas as frases.

(B) O uso da crase é facultativo em todas as frases.

(C) O uso da crase é facultativo nas frases I e III.

(D) O uso da crase é obrigatório nas frases II e IV.

(E) O uso da crase é facultativo nas frases I e II.

30) (Administrador — FUNDEP (Gestão de Concursos) — UFVJM — MG)

Obs.: O texto (VARELLA, Drauzio. "Prosopagnosia". https://drauziovarella.uol.com.br/ Disponível em: <https://goo.gl/VsXRCj>), de onde foi retirado o objeto desta questão, não foi incluído no livro por não ser determinante para a resolução da mesma.

Leia o trecho a seguir.

"Somos bons reconhecedores de fisionomias, porque essa habilidade foi essencial à sobrevivência."

Em relação ao uso do acento indicativo de crase nesse trecho, assinale a alternativa **INCORRETA**.

(A) Sinaliza a contração de um artigo e uma preposição.

(B) O acento é obrigatório.

(C) É regido pelo adjetivo "essencial".

(D) Indica que o substantivo "sobrevivência" está sendo usado em sentido genérico.

31) (2.º Exame de Qualificação — UERJ)

Obs.: O texto (STRECKER, Marion. "O futuro era lindo". *Folha de S.Paulo*, São Paulo, 29 jul. 2014. Disponível em: <https://www1.folha.uol.com.br/colunas/marionstrecker/2014/07/1492463-o-futuro-era-lindo.shtml>.) de onde foi retirado o objeto desta questão não foi incluído no livro por não ser determinante para a resolução da mesma.

Ninguém imaginou que o poder e o dinheiro se tornariam tão concentrados em mega-hipercorporações norte-americanas como o Google, que iriam destruir para sempre tantas indústrias e atividades.

O vocábulo *tão*, associado ao conectivo *que*, estabelece uma relação coesiva de:

(A) concessão

(B) explicação

(C) consequência

(D) simultaneidade

32) (UFPR — Prefeitura Municipal de Colombo — Professor)

Assinale a alternativa em que a expressão sublinhada é transformada, mas mantendo seu sentido original.

(A) A redução da disponibilidade hídrica <u>intensificará a disputa pela água por seus usuários</u>. *A redução da disponibilidade hídrica <u>fará os usuários disputarem a intensificação da água</u>.*

(B) Os empregos <u>são altamente dependentes dos recursos hídricos</u>. *Os empregos <u>recorrem à alta dependência hídrica</u>.*

(C) Há todo um trabalho para capacitar os empresários <u>para essa transição econômica</u>. *Há todo um trabalho para capacitar os empresários <u>a que transitem com economia</u>.*

(D) A produção de energia <u>possibilita a criação de empregos diretos e indiretos</u>. *A produção de energia <u>traz possibilidades diretas e indiretas de criar empregos</u>.*

(E) A falta de fornecimento de água pode resultar <u>na perda de empregos</u>. *A falta de fornecimento de água pode resultar <u>em que se percam empregos</u>.*

33) (UFPR — Prefeitura Municipal de Colombo — Professor)

Identifique como verdadeiras (V) ou falsas (F) as seguintes afirmativas:

( ) "Todas as alunas da classe que vieram sem uniforme terão que retornar às suas casas." Essa frase necessariamente significa que todas as meninas da classe vieram sem uniforme.
( ) "O diretor do centro hospitalar, médico e escritor, promove atividades literárias para os pacientes." Nessa frase, a pontuação está incorreta, pois nela o sujeito e o predicado são separados por vírgula.
( ) Nas frases "Começa o horário de verão; adiante o relógio à meia-noite de hoje" e "Começa o horário de verão. Adiante o relógio à meia-noite de hoje", os usos de ponto e vírgula ou de ponto-final após a palavra "verão", em um caso e noutro, são igualmente corretos.
( ) "A empresa adquiriu cem máquinas; e as máquinas, que a empresa comprou via licitação, estão alocadas de forma irregular." Segundo esta frase, entende-se que as cem máquinas foram adquiridas pela empresa via licitação e que todas elas estão alocadas de forma irregular.

Assinale a alternativa que apresenta a sequência correta, de cima para baixo.

(A) V — F — V — F.
(B) F — F — V — V.
(C) V — V — F — V.
(D) F — F — V — F.
(E) F — V — F — V.

34) (Psicólogo — Área: Organizacional e do Trabalho — UFPA)

Obs.: O texto (Rubem Alves. "Saúde Mental", retirado de <http://www.institutorubem alves.org.br>. Acesso em 10/12/2016) de onde foi retirado o objeto desta questão não foi incluído no livro por não ser determinante para a resolução da mesma.

As orações destacadas no trecho "Acontece, entretanto, que esse computador **que é o corpo humano** tem uma peculiaridade **que o diferencia dos outros**: o seu hardware, o corpo, é sensível às coisas **que o seu software produz**. Pois não é isso que acontece conosco? Ouvimos uma música e choramos. Lemos os poemas eróticos do Drummond e o corpo fica excitado" são

(A) orações subordinadas substantivas subjetivas.

(B) orações subordinadas adjetivas restritivas.

(C) orações subordinadas substantivas completivas nominais.

(D) orações subordinadas adjetivas explicativas.

(E) orações subordinadas substantivas apositivas.

35) (Analista — CONSULPLAN — CFESS)

Obs.: O texto (SCLIAR, Moacyr. *Do jeito que nós vivemos*. Belo Horizonte: Ed. Leitura, 2007.) de onde foi retirado o objeto desta questão não foi incluído no livro por não ser determinante para a resolução da mesma.

As orações substantivas exercem as mesmas funções, no período, dos termos vistos na análise sintática das orações. Analisando sintaticamente o período: "*E um dia descobrem que as brilhantes contas de vidro são só isto: contas de vidro*" pode-se identificar o mesmo tipo de oração substantiva vista em:

(A) Nunca duvidei de suas palavras.

(B) Ainda não verifiquei os relatórios que foram entregues ontem.

(C) O professor permitiu que vários alunos fizessem nova avaliação.

(D) Minha sensação era de que os alunos haviam compreendido todo o exposto.

36) (Enfermeiro — FCM — IF — RJ)

Obs.: O texto (GLEISER, Marcelo. "O aumento da população mundial e a ameaça da predação planetária". *Folha de S.Paulo*. São Paulo, 2 out. 2016. Ilustríssima.) de onde foi retirado o objeto desta questão não foi incluído no livro por não ser determinante para a resolução da mesma.

No trecho: "<u>Ainda que estimativas sejam incertas</u>, parece claro que estamos marchando resolutamente em direção a um ponto de saturação, no qual nossas práticas de extração e de exploração do solo e a demanda de uma população crescente e com afluência maior irão exaurir os recursos planetários", a oração grifada é sintaticamente classificada de oração subordinada adverbial

(A) concessiva.
(B) condicional.
(C) consecutiva.
(D) comparativa.
(E) conformativa.

37) (Engenheiro de Segurança do Trabalho — INAZ do Pará — Prefeitura de Itaúna — MG)

Obs.: O texto (SCHEINBERG, Gabriela. "Câncer: as novas frentes de ataque". *Galileu*. São Paulo, n.º 120, p. 41-52.) de onde foi retirado o objeto desta questão não foi incluído no livro por não ser determinante para a resolução da mesma.

Em: "A genética, que já vinha sendo usada contra o câncer em diagnóstico e em avaliações de risco, conseguiu, pela primeira vez, realizar o sonho das drogas 'inteligentes': impedir a formação de tumores", as partes sublinhadas constituem-se como uma Oração:

(A) Absoluta;
(B) Coordenada;
(C) Subordinada;
(D) Principal;
(E) Reduzida.

38) (Analista — Processos Administrativos e Disciplinares — FGV — IBGE)

Obs.: O texto ("A eficácia das palavras certas". [Produção de Texto: Maria Luíza M. Abaurre e Maria Bernadete M. Abaurre]) de onde foi retirado o objeto desta questão não foi incluído no livro por não ser determinante para a resolução da mesma.

A frase abaixo em que a substituição de uma oração reduzida por uma desenvolvida equivalente é inadequada é:

(A) "Sou como uma planta do deserto. Uma única gota de orvalho é suficiente para me alimentar". (Leonel Brizola) / para que eu me alimente;

(B) "Você nunca realmente perde até parar de tentar". (Mike Ditka) / até que pare de tentar;

(C) "Uma rua sem saída é apenas um bom lugar para se dar a volta". (Naomi Judd) / para que se dê a volta;

(D) "Amor é um truque sujo que nos impuseram para obter a continuidade de nossa espécie". (Somerset Maugham) / para que se obtivesse a continuidade de nossa espécie;

(E) "O amor é a asa que Deus deu ao homem para voar até Ele". (Roger Luján) / para que voe até Ele.

39) (Analista de TI — Projetos — IDECAN — PRODEB)

Obs.: O texto (GUERREIRO, Antonio. "De Gutenberg a Zuckerberg". Disponível em: <https://medium.com/@a_guerreiro/de-gutenberg-a-zuckerberg-2a186ff1dc80>.) de onde foi retirado o objeto desta questão não foi incluído no livro por não ser determinante para a resolução da mesma.

"Ferramentamos, ajudamos e até atrapalhamos, ok." A respeito do período anterior, analise as afirmativas.

I. Há, no período, uma oração reduzida.
II. O período apresenta apenas orações coordenadas.
III. Há ocorrência de oração coordenada sindética aditiva.
IV. O período é composto por duas orações coordenadas e uma subordinada.
Estão corretas apenas as afirmativas

(A) I e II.

(B) II e III.

(C) I, II e IV.

(D) I, III e IV.

40) (Consórcio CEDERJ — Graduação a distância)

Obs.: O texto (BOTELHO, Denilson. "O que Lima Barreto pode ensinar ao Brasil de hoje". *Carta Capital*. São Paulo, 25 jul. 2017. Disponível em: <http://www.cartaeducacao.com.br/artigo/oque-lima-barreto-pode-ensinar-ao-brasil-de-hoje/>.) de onde foi retirado o objeto desta questão não foi incluído aqui por não ser determinante para a resolução da mesma.

Em "Da mesma forma, vivenciou também os desafios de uma república que se fez excludente...", a oração em destaque tem a mesma função sintática que a sublinhada em:

(A) "Nos últimos anos, os grandes grupos empresariais de mídia têm contribuído decisivamente para demonizar a política."

(B) "... a liberdade viesse acompanhada dos direitos de cidadania pelos quais temos lutado desde então..."

(C) "O fato é que encontramos em Lima Barreto um vigoroso antídoto para lidar com essa situação..."

(D) "... sugere que todo político é ladrão e corrupto."

D) Gabarito comentado

1) Gabarito: B. Comentário: O primeiro passo é identificar a função sintática do termo destacado ("essa linha de raciocínio"), que, no caso, é o sujeito da segunda oração. Agora é encontrar, dentre as opções, a que também tem função de sujeito. Temos em A) Objeto direto; B) Sujeito; C) Objeto direto; D) Objeto direto (oracional); E) Adjunto adnominal (oracional). Portanto, a resposta é a opção B.

2) Gabarito: D. Comentário: Os verbos "perder" e "ter", que estão em orações coordenadas de mesma estrutura sintática ligadas pelo conectivo alternativo "ou", apresentam o mesmo sujeito e estão na 3.ª pessoa do singular para concordar com o núcleo do sujeito "algo". A expressão entre parênteses é um aposto do sujeito e, como tal, faz aqui parte do sujeito.

3) Gabarito: C. Comentário: Segundo a norma-padrão da língua, o verbo "haver" quando empregado no sentido de 'existir' é impessoal e, portanto, só pode ficar no singular. No caso de ser o verbo principal de uma locução verbal, sua impessoalidade é assimilada pelo auxiliar, daí, de acordo com o padrão formal da língua, o adequado é "está havendo caçadores de oportunidades". O candidato pode ficar confuso, acreditando que "caçadores de oportunidades" é o sujeito, mas nesses casos — o verbo "haver" com o significado de 'existir' — a oração é sem sujeito e o complemento do verbo "haver" é objeto direto. Além disso, escrevemos "pechinchas", e não "pexinchas".

Obs.: Na parte teórica deste livro, não se falou em predicado verbal, predicado nominal e predicado verbonominal, porque na realidade a integração predicativa se faz sempre mediante um verbo. A Nomenclatura Gramatical Brasileira (NGB) mais recente, por isso mesmo, só fala em predicado verbal para os três tipos. Não obstante, ainda há bancas que utilizam a antiga nomenclatura, que, por prudência, devemos respeitar.

4) Gabarito: D. Comentário: Para que uma afirmativa seja considerada correta, é necessário que tudo o que declara seja verdadeiro; se somente parte dela estiver certa, a opção é considerada incorreta. A alternativa: A) está incorreta: o sujeito da oração do verbo "ser" na expressão "é preciso" é simples — "um esforço educacional"; B) está incorreta: a oração "para garantir" realmente tem ideia de finalidade, mas relaciona-se por subordinação com a anterior, é subordinada adverbial final reduzida de infinitivo — sua forma desenvolvida seria: a fim de que se garanta; C) está incorreta: o termo "regularmente" é um adjunto adverbial e não um predicativo; D) está correta: o termo "necessidade" é objeto direto, enquanto "que as pessoas entendam a necessidade" é, também, um objeto direto na forma oracional; E) está incorreta: na primeira ocorrência, a conjunção "e" liga dois termos de mesma função sintática: adjuntos adverbiais — que estão coordenados entre si; na segunda ocorrência, sim, relaciona duas orações subordinadas substantivas objetivas diretas coordenadas entre si.

5) Gabarito: A. Comentário: Na primeira oração, o pronome "lhes" exerce a função sintática de objeto indireto pedido pelo verbo "dar"; portanto, os parênteses devem ser preenchidos com o número 1. Na segunda oração, a expressão "a noção de espaço" exerce a função sintática de sujeito simples, portanto os parênteses devem ser preenchidos com o número 2. Na terceira oração, o advérbio "pacientemente" exerce a função sintática de adjunto adverbial que indica a circunstância em que se dá o verbo "ficar", portanto os parênteses devem ser preenchidos com o número 3. Na quarta e última oração o substantivo "novidade" é predicativo do sujeito, portanto os parênteses devem ser preenchidos com o número 4. Não é comum a opção correta apresentar sequência numérica tão linear, mas também não é impossível, por isso o candidato deve analisar cada item com muito cuidado, a fim de não se deixar influenciar por fatos como este.

6) Gabarito: B. Comentário: O pronome relativo "que" tem como antecedente o substantivo "assunto". O verbo da oração adjetiva — lembrar — é transitivo indireto. O pronome relativo "que", antecedido da preposição "de", é o objeto indireto (de que = do assunto) pedido pelo verbo.

7) Gabarito: A. Comentário: O emprego do demonstrativo está inadequado no item A, porque sendo um pronome de 1.ª pessoa (este) deve ser aplicado a seres que estão perto da pessoa que fala e não da com quem se fala; portanto, neste caso, o emprego adequado é o do pronome esse (as capas desse livro que você — pessoa com quem se fala). O mesmo caso ocorre no item E, no qual o emprego está adequado, uma vez que se refere à pessoa de quem se fala (aquele). Nos demais itens o emprego do demonstrativo também está adequado porque: a) nos casos B e C os pronomes foram aplicados ao próprio discurso, sendo que em B foi mencionado o autor a quem o narrador acabou de se referir, enquanto em C fez-se alusão a palavras mencionadas anteriormente, o que provoca um afastamento da 1.ª pessoa (que narra) ou mesmo do momento em que a declaração foi proferida; b) no item D o emprego do pronome referido à noção de tempo passado está adequada.

8) Gabarito: C. Comentário: A relação semântica estabelecida entre as duas frases é a de causa: o pedido de ajuda justifica-se em virtude da cegueira do solicitante. A única opção, dentre as apresentadas, que mantém a relação de causa entre as orações na reescrita é a letra C. Nas demais se tem: A) concessão; B) explicação; D) concessão e E) condição.

9) Gabarito: E. Comentário: A conjunção "mas", na opção E, não contrapõe o conteúdo — fato que ocorre nas demais opções — da 2.ª oração em relação à 1.ª, o que se percebe é a adição de um componente positivo ao fato inicial, apresentado na 1.ª oração.

10) Gabarito: A. Comentário: Substantivo abstrato é aquele que designa ser de existência dependente: beijo, saída, mergulho, trabalho, etc. As opções C e E, que poderiam provocar dúvidas, devem ser excluídas, porque designam seres de existência independente.

11) Gabarito: E. Comentário: Há substantivos que têm uma só forma para os dois sexos: *estudante, consorte, mártir, intérprete, camarada, escrevente, ouvinte*, etc. São, por isso, chamados *comuns de dois gêneros*. Eles distinguem o sexo pela anteposição de *o* (para o masculino) e *a* (para o feminino). Portanto, um ser feminino é *a jornalista*, já um masculino é *o jornalista*. Na opção D, o substantivo "ré", no gênero feminino "a ré" (cujo masculino é "réu"), apresenta significado diferente de "o ré" (nota musical).

12) Gabarito: C. Comentário: A locução adjetiva é formada por preposição e substantivo e pode ser, normalmente, substituída por um adjetivo correspondente. Neste caso a locução adjetiva ainda recebeu o pronome adjetivo "qualquer" que enfatiza o substantivo "cabimento". O adjetivo correspondente é "descabida".

13) Gabarito: E. Comentário: O grau superlativo absoluto sintético, como se pode depreender pela denominação, sintetiza em uma única palavra a intensificação máxima do adjetivo, com ajuda de sufixo intensificador.

14) Gabarito: E. Comentário: No modo subjuntivo, o pretérito mais-que-perfeito só é flexionado na forma composta, portanto a opção E é a única que atende à questão. Nas demais opções, temos: A) futuro do subjuntivo; B) presente do subjuntivo; C) pretérito imperfeito do subjuntivo e D) pretérito perfeito do subjuntivo (tempo flexionado apenas na forma composta).

15) Gabarito: E. Comentário: De acordo com a norma-padrão, as formas verbais são: A) mantivessem (o verbo "manter" segue o modelo de "ter"); B) dispuséssemos (o verbo "dispor" segue o modelo de "pôr"); C) retivesse (o verbo "reter" segue o modelo de "ter"); D) repusesse (o verbo "repor" segue o modelo de "pôr"); E) interviessem (está de acordo com a norma-padrão: o verbo "intervir" segue o modelo de "vir").

16) Gabarito: B. Comentário: Estão em desacordo com a norma-padrão as opções: A) porque o pronome relativo "cujas", nesse caso, precisa ser antecedido da preposição "em" ("meu destino residia nas [em+as] mãos de alguém" — em cujas mãos residia meu destino); C) porque o pronome "os" não retoma nenhum termo anterior, é um termo solto, sem qualquer função na frase, que deve ser "mas ela não realizou o serviço"; D) porque o pronome relativo "onde", de acordo com a norma-padrão, só deve ter como antecedente um lugar (praça, rua, cidade, país, etc.), e "projeto", nesse caso, é um trabalho escrito; portanto, não cabe o emprego do pronome "onde"; E) porque o verbo "aceitar" rege complemento verbal não preposicionado. O pronome "lhe" é objeto indireto, portanto não pode, de acordo com a norma-padrão, ser empregado nesse caso. O certo é "mas ela não *o* aceitou".

A opção correta é a B, porque o verbo "olhar" rege complemento verbal não preposicionado e, no exemplo, o pronome empregado foi o adequado: o objeto direto "a". Também correto está o emprego de "lhe" como objeto indireto de "prestar socorro".

17) Gabarito: B. Comentário: Antes de verbo não se usa artigo, apenas preposição; por isso é impossível ocorrer crase. A primeira lacuna deve ser preenchida com a preposição "a". Na segunda lacuna o pronome relativo "que" deve ser precedido da preposição "de", por ser objeto indireto pedido pelo verbo "gostava" (não gostava de algumas atitudes). A frase deve ficar: "Com as amigas, Sofia começou *a* falar sobre algumas atitudes *de que* não gostava."

18) Gabarito: D. Comentário: Na primeira lacuna o pronome pessoal oblíquo átono correspondente a "eu e Ismael" é *nos*, porque a 1.ª pessoa prevalece sobre todas as outras. Na segunda lacuna o vocábulo "menos" (advérbio) é invariável, nunca se usa *menas*. A frase deve ficar: "Hoje cedo, eu e Ismael *nos* encontramos com as garotas, que já estavam *menos* preocupadas."

19) Gabarito: B. Comentário: De acordo com a norma-padrão, o verbo *ter* não deve ser empregado como sinônimo de *haver*; portanto, as opções A e C, por princípio, são descartadas. O verbo *haver*, ao ser empregado com o significado de 'existir', é impessoal e fica, por isso, sempre na 3.ª pessoa do singular; seu complemento é o objeto direto ("gente"). As opções B e D preenchem esse quesito, mas o fato é que, em ambas, "gente" é o antecedente do pronome relativo "que", que é o sujeito da oração seguinte: "que (= gente) tem medo de palhaço?". O verbo *ter*, nessa oração, deve concordar com o sujeito que, embora seja um substantivo coletivo ("gente"), está no singular.

20) Gabarito: B. Comentário: Ao transpor uma frase da voz passiva para a voz ativa, o sujeito da passiva ("eficazes sistemas de irrigação") passa a ser objeto direto na voz ativa; o agente da passiva ("pelos antigos") passa a ser sujeito na voz ativa; o verbo na voz passiva ("teriam sido utilizados") mantém o mesmo tempo e modo ao passar para a voz ativa, e o adjunto adverbial ("em suas culturas de cereais") é mantido. Portanto, ao passar para a voz ativa a frase fica: Os antigos *teriam utilizado* eficazes sistemas de irrigação em suas culturas de cereais. O gabarito, então, é a opção B.

21) Gabarito: D. Comentário: A única opção correta é a D, porque o pronome "cuja" apresenta como antecedente "magia" e consequente "força", portanto "força da magia de um rito", e o verbo "deixar" concorda com o sujeito "a magia de um rito": "[a magia de um rito] não as (= elas, as moças) deixa frustrar-se".

22) Gabarito: B. Comentário: Nas opções A e B, o emprego do verbo "haver" pode parecer semelhante, mas observe que em: A) o verbo "haver" tem o sentido de 'existir', sendo, portanto, impessoal e devendo ficar sempre na 3.ª pessoa do singular (oração sem sujeito). A frase correta, de acordo com a norma-culta, é "No rio, *havia* piranhas tão vorazes que era impossível tomar banho ali."; B) o verbo "haver" (= ter) está corretamente empregado, porque, num tempo composto, o verbo auxiliar é que deve ser flexionado, concordando com o sujeito, que está no plural, "os manos". O verbo principal (banhar) fica numa forma nominal, no caso, particípio.

As opções C, D e E estão incorretas, uma vez que os verbos não concordam com os respectivos sujeitos que estão explícitos em cada uma delas: C) o sujeito do verbo "ter" é "os Tapanhumas". (A frase na ordem inversa pode confundir o candidato na identificação do sujeito.) A forma adequada, de acordo com a norma-padrão da língua, é: "Não *tinham* mais os Tapanhumas Macunaíma como um filho da tribo." (Na ordem direta: Os Tapanhumas não *tinham* mais Macunaíma como um filho da tribo."); D) a oração está na voz passiva pronominal, dita também sintética (verbo na 3.ª pessoa do singular ou do plural, para concordar com o sujeito, no caso, "os gritos de Macunaíma"); portanto, a forma adequada é "*Ouviam-se* os gritos de Macunaíma por causa do frio da água da cova."; E) a frase está na ordem inversa e o verbo "ir" deve concordar com o sujeito "os três manos". A forma adequada, de acordo com o padrão da língua, é: "*Iam* os três manos para São Paulo, viagem em que muitos casos aconteceram." (Na ordem direta: "Os três manos *iam* para São Paulo, viagem em que muitos casos aconteceram.").

23) Gabarito: A. Comentário: Excetuando a opção A, na qual o adjetivo "mesmo" concorda com a palavra que acompanha, o substantivo "diretor", todas as outras opções estão em desacordo com o solicitado no enunciado, porque em: B) "mesmo" (= embora, ainda que) é conjunção e inicia oração subordinada adverbial concessiva reduzida de gerúndio; C) "mesmo" é substantivo, antecedido de artigo definido "o"; D) "mesmo" (= realmente) é advérbio, que modifica o adjetivo "ermo"; E) "mesmo que" (= ainda que) é locução conjuntiva subordinativa concessiva.

24) Gabarito: D. Comentário: Esse tipo de questão, salvo se o candidato tiver absoluta segurança na grafia da palavra que preenche a primeira lacuna, deve ser iniciada pela segunda coluna a fim de eliminar algumas opções. Na segunda lacuna é importante ter claro que o advérbio "mal" tem como antônimo "bem", enquanto o do adjetivo "mau" é "bom". O candidato, então, imagina a frase em seu sentido oposto: "Dormiam bem" ou "Dormiam bom"? A resposta, certamente, será "Dormiam bem", logo a palavra que preenche adequadamente este espaço é "mal". Fica, agora, o candidato com as seguintes opções: B, D e E. Na terceira lacuna depara-se com a grafia da palavra "porque". Vale comentar:

1.º) Usa-se "por que": 1. nas interrogações diretas ou indiretas (*Por que você veio hoje aqui?* ou *Quero saber por que você veio hoje aqui.*); 2. quando se trata de preposição "por" + pronome relativo "que" [= pelo qual, etc.] (*As ruas por que passei estão mal iluminadas.*); 3. quando se trata da preposição "por" + pronome indefinido "que" [= por que espécie, por qual, etc.] (*Você sabe por que motivos não pude atender a seu pedido.*); 4. quando se trata da preposição "por" + conjunção integrante "que" [= por isto] (*Anseio por que venhas a nossa festa.*).

2.º) Usa-se "porque" quando se trata de conjunção [ideia de causa: já que, uma vez que, etc. ou ideia de explicação: pois, por isso, etc.] (*Não pude sair porque chovia muito. / Não demore, porque temos pouco tempo.*). Considerando o exposto, é possível perceber que a conjunção "porque" é a que mais adequadamente completa a lacuna.

Entre as opções D e E, o candidato deve escolher a opção D (repreensão...mal...porque), recordando que os sufixos *-são* e *-ção* formam substantivos derivados de verbo, em que a origem etimológica determina a grafia correta. Nestes casos somente a prática de leitura e escrita efetiva o conhecimento.

25) Gabarito: A. Comentário: As palavras cujas sílabas tônicas recaem no radical, como em "permites" (radical: *permit-*), por exemplo, são rizotônicas; as em que a sílaba tônica está fora do radical, como em "escreverá" (radical *escrev-*), "fingimento" (radical *fing-*), "correria" (radical *corr-*) e "partirá" (radical *part-*), por exemplo, são chamadas arrizotônicas.

26) Gabarito: A. Comentário: O pronome relativo "que" tem como antecedente o pronome demonstrativo "o" e o substantivo "desaparecimento" aceita o artigo definido "o".

27) Gabarito: D. Comentário: Os verbos "dar" e "encher" estão flexionados na 3.ª pessoa do singular do imperativo afirmativo, e o verbo "esquecer", na 3.ª pessoa do singular do imperativo negativo. Reescrevendo os versos na 2.ª pessoa do singular do imperativo afirmativo e negativo, respectivamente, temos: **Dá** serviço a nosso povo, **enche** os rio de barrage / **Dá** cumida a preço bom, não **esqueças** a açudage.

Relembrando: 1.º) no imperativo afirmativo, a 2.ª pessoa do singular (tu) e 2.ª pessoa do plural (vós) derivam do presente do indicativo sem o "s" final; as demais pessoas saem integralmente do presente do subjuntivo. 2.º) no imperativo negativo todas as pessoas são retiradas do presente do subjuntivo, sem qualquer alteração, apenas há o acréscimo do advérbio de negação.

28) Gabarito: C. Comentário: No período destacado no enunciado da questão, a palavra "como" é uma conjunção subordinativa causal. Na opção A, a conjunção "como" é conformativa; na B, comparativa; na C, o gabarito, é causal; na D, comparativa e na E, conformativa.

29) Gabarito: E. Comentário: O emprego do acento grave, indicativo da ocorrência de crase, na afirmativa I. é facultativo, por estar antecedendo pronome possessivo. Normalmente, a ocorrência da crase dá mais clareza a esse tipo de oração; II. é facultativo, por estar antecedendo nome próprio feminino. Geralmente, ocorre a crase quando a pessoa é íntima de quem fala; caso contrário, é melhor não usar o artigo, apenas a preposição; III. é obrigatório, porque "fazer mal" pede complemento com preposição "a" e o substantivo "pessoas" é antecedido pelo artigo "as"; IV. é obrigatório, porque o verbo "induzir" pede preposição "a" e o substantivo "loucura" é antecedido pelo artigo "a".

30) Gabarito: D. Comentário: As alternativas A, B e C estão corretas; a D está incorreta, porque o artigo "a" é definido e antecede o substantivo "sobrevivência", determinando-o.

31) Gabarito: C. Comentário: O vocábulo "tão", quando presente na oração principal associado ao conectivo "que" iniciando a oração subordinada, estabelece uma relação de consequência: ninguém imaginou que a consequência de o poder e o dinheiro se tornarem tão concentrados em "mega-hipercorporações" seria destruir tantas indústrias e atividades para sempre.

32) Gabarito: E. Comentário: Na opção E o complemento verbal pedido pela locução verbal "pode resultar" é o objeto indireto "na perda de empregos". Esse complemento verbal foi transformado na oração subordinada com a mesma função de objeto indireto, tendo o substantivo "perda" retomado sua forma verbal ("percam"); portanto, o sentido do período simples original foi preservado no período composto correspondente.

33) Gabarito: B. Comentário: As duas primeiras opções são falsas, porque: a) o pronome relativo inicia uma oração subordinada adjetiva restritiva; portanto, o sentido da oração principal fica limitado (restrito) a uma parte dos elementos apresentados na oração a que essa oração adjetiva está subordinada. Concluindo: o número de alunas sem uniforme é limitado (restrito) a um grupo; b) o sujeito é "o diretor do centro hospitalar", o termo entre vírgulas é um aposto explicativo do sujeito; portanto, está seguindo a norma-padrão da língua que manda separar por vírgulas o aposto explicativo. As duas outras opções são verdadeiras.

34) Gabarito: B. Comentário: As orações destacadas no trecho apresentado no enunciado da questão são iniciadas por pronomes relativos — cujos antecedentes são, respectivamente, os substantivos "computador", "peculiaridade" e "coisas" — que iniciam orações subordinadas adjetivas restritivas, uma vez que, em todos os três casos, estas orações restringem, delimitam o campo de significação dos substantivos a que se referem.

35) Gabarito: C. Comentário: O período destacado no enunciado da questão é composto por duas orações. A primeira é a oração principal à qual se encontra subordinada a segunda oração exercendo a função de objeto direto do verbo "descobrem". Esta oração é, portanto, subordinada substantiva — uma vez que o objeto direto é função própria de substantivo — objetiva direta. O aposto que aparece ao final do período ("contas de vidro"), e que pode confundir o candidato menos atento, não é um termo oracional e, como a questão deixa clara a intenção de que seja identificada a oração que exerça a mesma função sintática da oração substantiva presente no período destacado, não é possível se pensar em aposto, mas em objeto direto, uma vez que somente este aparece expresso sob forma oracional.

Isto exposto, é possível verificar que não é possível ser a opção A) porque o período é simples; B) porque a oração subordinada é adjunto adnominal do objeto direto, cujo núcleo — "relatórios" — aparece na oração principal, sendo, portanto, adjetiva restritiva; D) porque a oração subordinada é o predicativo do sujeito "minha sensação" — presente na oração principal — sendo, portanto, classificada como predicativa.

A opção correta é C, por ter a oração "que vários alunos fizessem nova avaliação" a mesma função sintática de "que as brilhantes contas de vidro são só isso: contas de vidro": oração subordinada substantiva objetiva direta.

36) Gabarito: A. Comentário: As orações subordinadas adverbiais concessivas iniciam-se com *ainda que, embora, conquanto, posto que, se bem que, por muito que, por pouco que* (e semelhantes).

37) Gabarito: D. Comentário: Embora a oração tenha sido interrompida — por necessidade de o pronome relativo ficar próximo ao substantivo ao qual se refere — pela oração subordinada adjetiva explicativa — "que já vinha sendo usada contra o câncer em diagnóstico e em avaliações de risco" —, é ela a oração principal do período, que apresenta três orações: 1.ª) oração principal; 2.ª) oração subordinada adjetiva explicativa; 3.ª) oração subordinada substantiva objetiva direta reduzida de infinitivo.

38) Gabarito: E. Comentário: As orações reduzidas destacadas nas opções A, B, C e D foram devidamente reescritas de forma desenvolvida. A reescritura correta da opção E, com adequação do tempo verbal, é: para que voasse até Ele.

39) Gabarito: B. Comentário: A afirmativa I. está incorreta, porque não há, nas orações destacadas, nenhuma com a forma verbal no infinitivo, gerúndio ou particípio; todas as formas verbais estão flexionadas no pretérito perfeito do indicativo, o que torna impossível a presença de oração reduzida; II. e III. estão corretas; IV. está incorreta, porque as três orações são coordenadas: 1.ª oração, coordenada assindética; 2.ª oração, coordenada assindética; 3.ª oração, coordenada sindética aditiva.

40) Gabarito: B. Comentário: No enunciado, a oração destacada "que se fez excludente", iniciada pelo pronome relativo *que* (conector próprio das orações subordinadas adjetivas), exerce a função sintática de adjunto adnominal do núcleo do objeto direto "república", complemento verbal de "vivenciou", na oração principal. A oração "pelos quais temos lutado desde então", na opção B, apresenta essa mesma função sintática — adjunto adnominal — e é, também, iniciada por pronome relativo, apresentando a mesma classificação — oração subordinada adjetiva restritiva — da oração destacada no enunciado da questão.

As demais opções estão incorretas porque a oração destacada tem função sintática: A) de adjunto adverbial. É uma oração subordinada adverbial final; C) de predicativo. É oração subordinada substantiva predicativa; D) de objeto direto. É oração subordinada substantiva objetiva direta.

PARTE II – COMPREENDER E INTERPRETAR OS TEXTOS

A) Figuras de sintaxe, vícios e anomalias de linguagem e alterações semânticas

FIGURAS DE SINTAXE (OU DE CONSTRUÇÃO)

No esforço de conseguir expressar ao nosso ouvinte, o leitor, ideias e sentimentos com maior força comunicativa ou intenção estética, a linguagem põe à nossa disposição uma série de recursos fonéticos, morfológicos, sintáticos e semânticos. Cabe lembrar que tais recursos são usados não só na prática espontânea da conversação do dia a dia, como na linguagem escrita e literária por deliberada intenção estética. Daí a necessidade de conhecermos alguns desses recursos de expressividade que passaremos a indicar.

Fenômenos de sintaxe mais importantes:

1. Anacoluto

Quebra da estruturação gramatical da oração:

Eu parece-me que tudo vai bem.
A pessoa que não sabe viver em sociedade, contra ela se põe a lei.

Nos dois casos, a construção gramatical seria:

Parece-me que tudo vai bem.
Contra a pessoa que não sabe viver em sociedade se põe a lei.

O anacoluto, fora de certas situações especiais de grande efeito expressivo, é evitado no estilo formal.

2. Anáfora

Repetição da mesma palavra em começo de frases diferentes:

"*Quem* pagará o enterro e as flores / Se eu me morrer de amores? / *Quem*, dentre amigos, tão amigo / Para estar no caixão comigo? / *Quem*, em meio ao funeral / Dirá de mim: — Nunca fez mal... / *Quem*, bêbedo, chorará em voz alta / De não me ter trazido nada? / *Quem* virá despetalar pétalas / No meu túmulo de poeta?" ["A hora íntima", Vinicius de Moraes]

Também chamamos de anáfora o processo sintático em que um termo retoma outro anteriormente citado:

A cadela Laika foi o primeiro animal da Terra a ser colocado em órbita. *Ela* morreu horas depois do lançamento.

3. Anástrofe

Inversão de palavras na frase:

De repente *chegou a hora*.

4. Antecipação ou prolepse

Colocação de uma expressão fora do lugar que gramaticalmente lhe compete:

O tempo *parece que* vai piorar **em vez de** *Parece que* o tempo vai piorar.

5. Assíndeto

Ausência de conjunção coordenativa entre palavras, termos da oração ou orações de um período:

"Vim, vi, venci." [Júlio César]

6. Braquilogia

Emprego de uma expressão curta equivalente a outra mais ampla ou de estruturação mais complexa:

Estudou como se fosse passar **em vez de** Estudou como *estudaria* se fosse passar.

Ainda há braquilogia quando se coordenam dois verbos de complementos diferentes e se simplifica a expressão dando-se a ambos o regime do verbo mais próximo:

Eu vi e gostei do filme **em vez de** Eu vi o filme e gostei *dele*.

7. Contaminação sintática

"É a fusão irregular de duas construções que, em separado, são regulares." [Epifânio Dias]

Chegou *de a pé* (fusão de *Chegou de pé* e *Chegou a pé*).

Também resultam de contaminações sintáticas acumulações de preposições como:

Andar *por entre espinhos* (*andar por espinhos* + *andar entre espinhos*).

8. Elipse

Omissão de um termo facilmente subentendido por faltar onde normalmente aparece, ou por ter sido anteriormente enunciado ou sugerido, ou ainda por ser depreendido pela situação, ou contexto:

São barulhentos, mas eu admiro *meus alunos*. (Desnecessário dizer: *Meus alunos* são barulhentos, mas...)
Sairei depois do almoço. (Desnecessário dizer: *Eu* sairei...)

9. Expressão expletiva ou de realce

É a que não exerce função gramatical:

Nós *é que* sabemos viver.

10. Hipérbato

Inversão violenta entre termos da oração:

"Sobre o banco de pedra que ali tens / Nasceu uma canção. (...)" [Vinicius de Moraes, "Copacabana"]

11. Pleonasmo

Repetição de um termo já expresso ou de uma ideia já sugerida, para fins de clareza ou ênfase:

Vi-*o a ele* (pleonasmo do objeto direto).
Vi com estes *olhos* que não se enganam.

Evite-se o **pleonasmo vicioso**, por desnecessário: *Retroceder para trás*.

O grande juiz entre os pleonasmos de valor expressivo e os de valor negativo (por isso considerados erro de gramática) é o uso, e não a lógica. Se não dizemos, em geral, fora de situação especial de ênfase, *Subir para cima* ou *Descer para baixo*, não nos repugnam construções como *O leite está saindo por fora* ou *Palavra de rei não volta atrás*.

12. Polissíndeto

Repetição enfática de conectivos:

E corre, *e* chora, *e* cai sem que possamos ajudar o amigo.

13. Silepse

Discordância de gênero, de pessoa ou de número por se levar mais em conta o sentido do que a forma material da palavra:

Saímos todos desiludidos da reunião.

14. Sínquise

Inversão violenta de palavras na frase que dificulta a compreensão. É prática a ser evitada. Quase sempre essa deslocação violenta dos termos oracionais exige, para o perfeito entendimento da mensagem, nosso conhecimento sobre as coisas e saber de ordem cultural.

Abel matou Caim.

15. Zeugma

Costuma-se assim chamar a elipse do verbo:

"Não *queria*, porém, ser um estorvo para ninguém. *Nem atrapalhar* a vida da casa." (omissão do verbo *querer*) [Ana Maria Machado, *Palavra de honra*].

VÍCIOS E ANOMALIAS DE LINGUAGEM

Vícios de linguagem

Entre os vícios de linguagem cabe menção aos seguintes:

1. Solecismo

Construção (que abrange a concordância, a regência, a colocação e a má estruturação dos termos da oração) que resulta da impropriedade de fatos gramaticais ou da inadequação de se levar para uma variedade de língua a norma de outra variedade; em geral, a norma coloquial ou popular vista pela norma exemplar:

Eu lhe abracei. (Em vez de: *Eu o abracei.*)

2. Barbarismo

Erro no emprego de uma palavra, em oposição ao solecismo, que o é em referência à construção ou combinação de palavra. Inclui o erro de pronúncia (ortoepia), de prosódia, de ortografia, de flexões, de significado, de palavras inexistentes na língua, de formação irregular de palavras:

rúbrica por *rubrica*
a telefonema por *o telefonema*

3. Estrangeirismo

Emprego de palavras, expressões e construções alheias ao idioma que a ele chegam por empréstimos tomados de outra língua. Os estrangeirismos léxicos entram no idioma por um processo natural de assimilação de cultura ou de contiguidade geográfica.

São exemplos de galicismos ou francesismos:

a) certos empregos da preposição *a* em vez de *de*: *equação a duas incógnitas.*

b) certos empregos da preposição *contra*: *pagar contra recibo* por *pagar com, mediante recibo.*

c) certos empregos da preposição *de*: *envelhecer de dez anos* por *envelhecer dez anos.*

São exemplos de anglicismos:

a) Léxicos: *básico* (por exemplo: *inglês básico, francês básico*, etc.).

b) Sintáticos: a anteposição do adjetivo ao seu substantivo, com valor meramente descritivo, como nos nomes de hotéis e estabelecimentos comerciais: *Majestoso Hotel.*

São exemplos de castelhanismos (léxicos):

entretenimento (= divertimento)
muchacho (= garoto, rapazinho)
piso (= andar, pavimento)

São exemplos de italianismos léxicos (muito frequentes em termos de arte, música):

adágio (= andamento musical vagaroso)
aquarela (= pintura feita com tinta diluída em água)

Anomalias de linguagem

Idiotismo ou *expressão idiomática* é toda a maneira de dizer que, não podendo ser analisada ou estando em choque com os princípios gerais da Gramática, é aceita no falar formal.

São idiotismos de nossa língua a expressão *é que*, o infinitivo flexionado (porque a sua flexão contraria o conceito de forma infinita, isto é, não flexionada), a preposição *de* em expressões como: *o danado do menino* (por *o danado menino*), *o pobre do rapaz* (por *o pobre rapaz*), etc.

Outros exemplos:

> *Nós é que seremos os escolhidos* (em vez de: *Nós seremos os escolhidos*).
> *Deixai vir* (em vez de: *virem*) *a mim as criancinhas*.

ALTERAÇÕES SEMÂNTICAS

1. Figuras de palavras

No decorrer de sua história nem sempre a palavra guarda seu significado *etimológico*, isto é, originário. Por motivos variadíssimos, ultrapassa os limites de sua primitiva "esfera semântica" e assume valores novos.

Entre as causas que motivam a mudança de significação das palavras, as principais são:

a) *Metáfora*

Mudança de significado motivada pelo emprego em solidariedades, em que os termos implicados pertencem a classes diferentes, mas, pela combinação, se percebem também como assimilados:

> *cabelos **de neve**; **pesar** as razões; **doces** sonhos; gastar **rios** de dinheiro; **vale** de lágrimas; o **sol** da liberdade; os dias **correm**; a noite **caiu**,* etc.

b) *Metonímia*

Mudança de significado pela proximidade de ideias:

1. causa pelo efeito, ou vice-versa, ou o produtor pelo objeto produzido:

> *ler Machado de Assis* (isto é, *um livro escrito por Machado de Assis*).

2. o tempo ou o lugar pelos seres que se acham no tempo ou lugar:

> *a nação* (isto é, *os componentes da nação*).

3. o continente pelo conteúdo, ou vice-versa:

> *comi dois pratos* (isto é, *a porção da comida que dois pratos continham*).

4. o todo pela parte, ou vice-versa:

> *encontrar um teto amigo* (isto é, *uma casa*).

5. a matéria pelo objeto:

> *uma prata* (isto é, *moeda de prata*).

6. o lugar pelo produto ou características, ou vice-versa:

havana (isto é, *charuto da cidade de Havana*).

7. o abstrato pelo concreto:

praticar a caridade (isto é, *atos de caridade*).

8. o sinal pela coisa significada, ou vice-versa:

o trono (isto é, *o monarca*).

c) *Antonomásia*

Substituição de um nome próprio por um comum ou vice-versa, com intuito explicativo, elogioso, irônico, etc.:

a cidade luz (em referência a Paris); *o Salvador* (em referência a Jesus Cristo), etc.

d) *Catacrese*

Mudança do significado por esquecimento do significado original:

embarcar no trem; *calçar as luvas*; *abismo sem fundo*; *correta ortografia*, etc.

e) *Braquilogia ou abreviação*

As diversas acepções de uma palavra devidas à elipse do determinante, ou vice-versa:

dou-lhe a minha palavra (isto é, *palavra de honra*).

f) *Eufemismo*

Mudança de sentido pela suavização da ideia:

1. para a morte: *entregar a alma a Deus*; *dar o último suspiro* (literários), etc.

2. para a bebida: *água que gato (passarinho) não bebe*.

O tabu linguístico pode favorecer o aparecimento de expressões eufemísticas.

g) *Sinestesia*

Translação semântica que implica uma transposição sensorial em diferentes campos de sensação corporal:

uma mentira fria (tato) *e amarga* (paladar); *uma gargalhada* (audição) *luminosa* (visão).

h) *Alterações semânticas por influência de um fato de civilização*

Cor [ó] (saber, guardar, ter *de cor* = de memória) relembra-nos a época em que a anatomia antiga fazia do coração a sede dos sentimentos, da inteligência, da memória.

i) *Etimologia popular ou associativa*

A tendência que o falante — culto ou inculto — revela em aproximar uma palavra a um determinado significado, com o qual verdadeiramente não se relaciona:

inconteste (= sem testemunho) passa a sinônimo de "incontestável"; *falaz* (= falso, enganador) é aproximado de "falador".

2. Figuras de pensamento

a) *Antítese*

Oposição de palavras ou ideias: *um riso de tormenta; uma alegria dolorosa; tinha um olhar angelical e uma mente diabólica.*

b) *Apóstrofe*

Invocação a seres reais ou imaginários:

Oh, tu que tens de humano o gesto e o peito; Meu Deus, mostre-me um caminho.

c) *Hipérbole*

Expressão que envolve um exagero:

Ela é um poço de vaidade.

d) *Ironia*

Dizer algo por expressão às avessas:

"Bonito!" (como expressão de reprovação).

e) *Oximoro*

Figura em que se combinam palavras de sentido oposto que parecem excluir-se mutuamente, mas que, no contexto, reforçam a expressão:

obscura claridade; silêncio ensurdecedor.

f) *Paradoxo*

Consiste na expressão de pensamentos antitéticos aparentemente absurdos:

Vivo sem viver em mim.

g) *Prosopopeia ou personificação*

Figura que consiste em dar vida a coisa inanimada, ou atribuir características humanas a objetos, animais ou mortos:

Minha experiência diz o contrário do que me dizem.
O relógio cansou de trabalhar.
"As *estrelas*, grandes olhos curiosos, *espreitavam* através da folhagem." [Eça de Queirós]

Além dessas figuras, ocorrem expressões e termos usados em algumas ciências da linguagem, como os seguintes:

1. ***Eu lírico*** — primeira pessoa gramatical fictícia não identificável com o autor.

2. ***Função fática* (ou *de contato*)** — função da linguagem que interrompe, enlaça ou dá novos aspectos à mensagem. A função fática está centrada na eficiência do canal de comunicação e faz uso de palavras ou expressões que buscam checar e prolongar o contato entre emissor e destinatário. São exemplos: *Alô!, Entenderam?, Sério?, Olha..., Veja bem..., Está me ouvindo?, Como é?*, entre outros.

3. ***Função referencial*** — função da linguagem que consiste em o emissor se restringir a assinalar os fatos de modo objetivo. A mensagem está centrada naquilo de que se fala,

normalmente com o uso da 3.ª pessoa. Muito usada em matéria jornalística e em textos científicos.

4. **Hiperônimo** — vocábulo de sentido mais genérico em relação a outro, com o qual tem traços semânticos comuns. Por exemplo: *assento* é hiperônimo de *cadeira*, de *poltrona*, etc.; *animal* é hiperônimo de *leão*; *flor* é hiperônimo de *malmequer*, de *rosa*, etc.

5. **Hipônimo** — vocábulo de sentido mais específico em relação a outro, com o qual tem traços semânticos comuns. Por exemplo: *cadeira* é hipônimo de *assento*; *leão* é hipônimo de *animal*, etc.

6. **Metalinguagem** — utilização da linguagem para falar da própria linguagem (por exemplo, um texto que fale de como devemos escrever).

OUTROS ASPECTOS SEMÂNTICOS

1. Polissemia

É o fato de haver uma só forma (significante) com mais de um significado unitário pertencentes a campos semânticos diferentes: *manga* (de camisa ou de candeeiro) — *manga* (fruto) — *manga* (= bando, ajuntamento) — *manga* (parede).

É preciso não confundir a polissemia léxica ou *homofonia* com variação semântica ou polivalência no falar (ato de fala), que consiste na diversidade de acepções (sentidos) de um mesmo significado da língua segundo os valores contextuais, ou pela designação, isto é, graças ao conhecimento dos "estados de coisas" extralinguísticos: o *leão* do circo e o *leão* do imposto de renda.

2. Homonímia

Por *homonímia* entende a tradição: "propriedade de duas ou mais formas, inteiramente distintas pela significação ou função, terem a mesma estrutura fonológica, os mesmos fonemas, dispostos na mesma ordem e subordinados ao mesmo tipo de acentuação"; como exemplo: um homem *são*, *São* Jorge, *são* várias as circunstâncias; *manga* (fruta), *manga* (parte do vestuário), etc.

Dentro da homonímia, alude-se, em relação à língua escrita, aos *homófonos* distinguidos por ter cada qual um grafema diferente, de acordo com o sistema ortográfico: *coser* 'costurar', *cozer* 'cozinhar'; *expiar* 'sofrer', *espiar* 'olhar sorrateiramente'; *seção* 'divisão', *sessão* 'reunião', *cessão* 'ato de ceder', 'concessão'.

3. Sinonímia

É o fato de haver mais de uma palavra com semelhante significação, podendo uma estar em lugar da outra em determinado contexto, apesar dos diferentes matizes de sentido ou de carga estilística: *casa*, *lar*, *morada*, *residência*, *mansão*.

4. Antonímia

É o fato de haver palavras que entre si estabelecem uma oposição *contraditória* (*vida*; *morte*), *contrária* (*chegar*; *partir*) ou *correlativa* (*irmão*; *irmã*).

5. Paronímia

É o fato de haver palavras parecidas na sua estrutura fonológica e diferentes no significado. Os parônimos dão margem a frequentes erros de impropriedade lexical: *descrição* (ato de descrever) e *discrição* (qualidade de quem é discreto); *emergir* (ir de dentro para fora ou para a superfície) e *imergir* (ir de fora para dentro, para o fundo); *iminente* (pendente, próximo para acontecer) e *eminente* (ilustre); *infringir* (transgredir, violar) e *infligir* (aplicar pena, castigo); *intimorato* (destemido, intrépido) e *intemerato* (puro, imaculado); *proscrever* (proibir) e *prescrever* (aconselhar); *ratificar* (confirmar) e *retificar* (corrigir); *tráfego* (trânsito) e *tráfico* (comércio).

B) Compreensão e interpretação de textos (intelecção textual)

O falar em geral, do plano *universal* da linguagem, implica falar segundo as regras elementares do pensar em conformidade com o conhecimento que as pessoas têm do mundo e das coisas nele existentes. Temos de ser *congruentes* no falar e no entender os outros. Bom exercício desta atividade é a *interpretação* e a *compreensão* de textos escritos.

Cabe dizer que a *intelecção textual* é uma habilidade que vem sendo cada vez mais exigida nos concursos, especialmente porque se o candidato capta a intencionalidade do comunicador, seja por meio da linguagem verbal (escrita ou falada) e não verbal (imagem, cor, gestual, som, corporal, etc.), seja pela combinação das duas, ele mostrará, também, nas entrelinhas, que conhece a gramática da língua e a domina de tal forma que é capaz de integrá-la à correta compreensão textual.

> **OS DEZ MANDAMENTOS PARA ANÁLISE DE TEXTOS NUM TESTE DE INTERPRETAÇÃO**
>
> **1.** Ler duas vezes o texto. A primeira para tomar contato com o assunto; a segunda para observar como o texto está articulado, desenvolvido, exposto.
>
> **2.** Observar que um parágrafo em relação ao outro pode indicar uma continuação ou uma conclusão ou, ainda, uma falsa oposição.
>
> **3.** Sublinhar, em cada parágrafo, a ideia mais importante (tópico frasal).
>
> **4.** Ler com muito cuidado os enunciados das questões para entender direito a intenção do que foi pedido.
>
> **5.** Sublinhar palavras como: *erro, incorreto, correto*, etc., para não se confundir no momento de responder à questão.
>
> **6.** Escrever, ao lado de cada parágrafo ou de cada estrofe, a ideia mais importante contida neles.
>
> **7.** Não levar em consideração o que o autor quis dizer, mas sim o que ele disse, escreveu.

> **8.** Examinar com atenção a introdução e/ou a conclusão, se o enunciado mencionar *tema* ou *ideia principal*.
>
> **9.** Preocupar-se com o desenvolvimento, se o enunciado mencionar *argumentação*.
>
> **10.** Tomar cuidado com os vocábulos relatores (os que remetem a outros vocábulos do texto: pronomes relativos, pronomes pessoais, pronomes demonstrativos, etc.).

COMPREENSÃO E INTERPRETAÇÃO DE TEXTOS

Compreensão de texto — consiste em analisar o que realmente está escrito, ou seja, coletar dados do texto.

Interpretação de texto — consiste em saber o que se infere (conclui) do que está escrito.

TRÊS ERROS CAPITAIS NA ANÁLISE DE TEXTOS

1. Extrapolação

É o fato de se fugir do texto. Ocorre quando se interpreta o que não está escrito. Muitas vezes são fatos reais, mas que não estão expressos no texto. Deve-se ater somente ao que está relatado.

2. Redução

É o fato de se valorizar uma parte do contexto, deixando de lado a sua totalidade. Deixa-se de considerar o texto como um todo para se ater apenas à parte dele.

3. Contradição

É o fato de se entender justamente o contrário do que está escrito. É bom que se tome cuidado com algumas palavras, como: "pode"; "deve"; "não"; verbo "ser", etc.

LINGUÍSTICA TEXTUAL

Para não se ser ludibriado pela articulação do contexto, é necessário que se esteja atento à *coesão* e à *coerência* textuais.

1. Coesão textual é o que permite a ligação entre as diversas partes de um texto. Pode-se dividir em três segmentos: *coesão referencial*, *coesão sequencial* e *coesão recorrencial*.

a) **Coesão referencial** — é a que se refere a outro(s) elemento(s) do mundo textual: De você só quero *isto*: a sua amizade (antecipação de uma palavra gramatical ➙ "isto" = "a sua amizade").

b) **Coesão sequencial** — é feita por conectores ou operadores discursivos, isto é, palavras ou expressões responsáveis pela criação de relações semânticas (causa, condição, finalidade, etc.). São exemplos de conectores: *mas, dessa forma, portanto, então*, etc.: Ele é rico, *mas* não paga as suas dívidas. (O vocábulo "mas" não faz referência a outro vocábulo; apenas conecta [liga] uma ideia a outra, transmitindo a ideia de *compensação*.)

c) **Coesão recorrencial** — é realizada pela repetição de vocábulos ou de estruturas frasais semelhantes: Os carros *corriam, corriam, corriam*.

2. Coerência textual é a relação que se estabelece entre as diversas partes do texto, criando uma unidade de sentido. Está ligada ao entendimento, à possibilidade de interpretação daquilo que se ouve ou lê.

Um fato normal é a coesão textual levar à coerência; porém pode haver texto com a presença de elementos coesivos, e não apresentar coerência.

Veja o texto: O presidente George W. Bush está descontente com o grupo Talibã. Estes eram estudantes da escola fundamentalista. Eles, hoje, governam o Afeganistão. Os afegãos apoiam o líder Osama Bin Laden. Este foi aliado dos Estados Unidos quando da invasão da União Soviética ao Afeganistão.

Comentário: Ninguém pode dizer que falta coesão a este parágrafo. Mas de que se trata mesmo? Do descontentamento do presidente dos Estados Unidos? Do grupo Talibã? Do povo afegão? Do Osama Bin Laden? Embora o parágrafo tenha coesão, não apresenta coerência, entendimento.

> **Obs.**: Pode ainda um texto apresentar coerência e não apresentar elementos coesivos.

INTERTEXTUALIDADE OU POLIFONIA

Consiste em apresentar a fala de outra pessoa, ou do próprio autor em outro texto.

Pode ser expressa por meio de paráfrases (reprodução de um enunciado de forma diversa, geralmente mais extensa, mas sem alterar seu sentido, com o intuito de esclarecer), ou paródias (obra que imita outra no tema, na estrutura, no vocabulário, etc., com intenção satírica ou jocosa), ou citações (transcrição de outro texto, ou referência a ele).

No poema "Escapulário", de Oswald de Andrade ("No Pão de Açúcar / De cada dia / Dai-nos Senhor [...]), observa-se que a intertextualidade aparece sob a forma de paródia do discurso religioso.

TIPOLOGIA TEXTUAL

Pode-se dizer que existem basicamente três tipos de texto: o *descritivo*, o *narrativo* e o *dissertativo*.

1. Texto descritivo

A descrição assemelha-se ao retrato, procura transmitir ao leitor a imagem que se tem de um ser mediante a percepção dos cinco sentidos: tato, gustação, olfato, visão e audição.

Exemplo:

"Eram sapatos de homem, de bico fino, sem cadarço, de couro marrom. Ainda novos. Porém recobertos de uma poeira fina, parecendo açúcar de confeiteiro."
[Heloisa Seixas, *Revista de Domingo, Jornal do Brasil*, 21/10/2001]

2. Texto narrativo

A narração é a forma de composição que consiste no relato de um fato real ou imaginário. O texto narrativo compõe-se de exposição, enredo e desfecho; e os elementos centrais são as personagens, as ações e as ideias.

Exemplo:

"Há coisas que só acontecem nos Estados Unidos. A Federal Aviation Association, FAA, investiga como um porco — isso mesmo, um porco — de 135 kg conseguiu embarcar na primeira classe de um Boeing 757. E mais, nele viajou por seis horas. Segundo os relatos, o animal foi embarcado no dia 17 de outubro no voo 107 sem escalas da companhia US Airways que saiu da Filadélfia para Seatle." [*Jornal do Brasil*, 1/11/2000]

3. Texto dissertativo

A dissertação é a forma de composição que consiste na posição pessoal sobre determinado assunto. O discurso dissertativo pode ser:

a) *expositivo*: consiste numa apresentação, explicação, sem o propósito de convencer o leitor. Não há intenção expressa de criar debate, pela contestação de posições contrárias às nossas.

Exemplo:

"Eu, se tivesse um filho, não me meteria a chefiá-lo como se ele fosse um soldado de chumbo. Teria que lhe dar uma certa autonomia, para que pudesse livremente escolher o seu clube de futebol, procurar os seus livros, opinar à mesa, sem que esta aparência de liberdade fosse além dos limites. Não queria que parecesse um ditador, nem tampouco um escravo. Os meninos mandões e os meninos passivos são duas deformações desagradáveis." [Edições *O Cruzeiro — O Vulcão e a Fonte*]

b) *argumentativo*: consiste numa opinião que tenta convencer o leitor de que a razão está do lado de quem escreveu o texto. Para isso, lança-se mão de um raciocínio lógico, coerente, baseado na evidência de provas.

Exemplo:

"Em geral as pessoas morrem em torno dos trinta anos e são sepultadas por volta dos setenta. Leva quarenta anos para os outros perceberem que aquela pessoa está morta. Lembre-se: a vida é sempre uma incerteza. Somente o que é morto é certo, fixo, sólido." [Revista *Motivação & Sucesso*, Empresa ANTHROPOS Consulting].

C) Seleção de questões

1) (Especialista Legislativo — FGV— ALERJ)

Em todas as frases abaixo há estrangeirismos; indique o item em que se afirma corretamente algo sobre o estrangeirismo sublinhado:

(A) "O currículo foi entregue à secretária do colégio" / adaptação gráfica da forma latina *curriculum*;

(B) "O álibi apresentado ao juiz foi o suficiente para inocentar o acusado" / utilização da forma latina original;

(C) "O xampu era vendido pela metade do preço" / tradução da forma inglesa *shampoo*;

(D) "As aulas de marketing eram as mais interessantes" / adequação gráfica de palavra inglesa;

(E) "Os encontros dos adolescentes eram sempre no mesmo point da praia" / tradução de palavra portuguesa.

2) (FEPESE — Prefeitura de Balneário Camboriú — SC — Analista Legislativo)

Assinale a alternativa que apresenta o vício de linguagem da frase "Ele prendeu o delinquente em sua casa".

(A) colisão

(B) cacófato

(C) pleonasmo

(D) barbarismo

(E) ambiguidade

3) (Orhion Consultoria — Prefeitura de Jaguariúna — SP — Procurador Jurídico)

Hino Nacional Brasileiro

        Ouviram do Ipiranga as margens plácidas
        De um povo heroico o brado retumbante,

E o sol da liberdade, em raios fúlgidos,
Brilhou no céu da pátria nesse instante.
Se o penhor dessa igualdade
Conseguimos conquistar com braço forte,
Em teu seio, ó liberdade,
Desafia o nosso peito a própria morte!
Ó pátria amada,
Idolatrada,
Salve! Salve!
Brasil, um sonho intenso, um raio vívido
De amor e de esperança à terra desce,
Se em teu formoso céu, risonho e límpido,
A imagem do cruzeiro resplandece.
Gigante pela própria natureza,
És belo, és forte, impávido colosso,
E o teu futuro espelha essa grandeza.
Terra adorada,
Entre outras mil,
És tu, Brasil,
Ó pátria amada!
Dos filhos deste solo és mãe
gentil,
Pátria amada,
Brasil!
Deitado eternamente em berço esplêndido,
Ao som do mar e à luz do céu profundo,
Fulguras, ó Brasil, florão da América,
Iluminado ao sol do novo mundo!
Do que a terra mais garrida
Teus risonhos, lindos campos têm mais flores;
"Nossos bosques têm mais vida",
"Nossa vida" no teu seio "mais amores".

Ó pátria amada,

Idolatrada,

Salve! Salve!

Brasil, de amor eterno seja símbolo

O lábaro que ostentas estrelado,

E diga o verde-louro dessa flâmula

— Paz no futuro e glória no passado.

Mas, se ergues da justiça a clava forte,

Verás que um filho teu não foge à luta,

Nem teme, quem te adora, a própria morte.

Terra adorada

Entre outras mil,

És tu, Brasil,

Ó pátria amada!

Dos filhos deste solo és mãe gentil,

Pátria amada,

Brasil!

DUQUE-ESTRADA, Joaquim Osório. Hino Nacional Brasileiro. Disponível em: <http://www2.planalto.gov.br/conheca-a-presidencia/acervo/simbolos-nacionais/hinos/hino-nacional-brasileiro-1/view>.

Assinale a alternativa CORRETA que contém a figura de linguagem que pode ser observada na primeira estrofe:

(A) zeugma e hipérbato

(B) hipérbato e prosopopeia

(C) hipérbato e metonímia

(D) aliteração e zeugma

4) (FEPESE — CIDASC — Médico Veterinário)

Assinale a alternativa que apresenta **correta** análise do vício de linguagem presente.

(A) Sua rúbrica está ilegível! (arcaísmo)

(B) Ele advinhou o que eu queria lhe contar. (barbarismo)

(C) Nunca gaste além do necessário, pois o tempo é de economia! (pleonasmo)

(D) Subiu para cima e viu uma surpresa inesperada. (cacófato)

(E) Pedro, pedreiro, pintor, patriota pinta paisagens paradisíacas. (obscuridade)

5) (Makiyama — SESCOOP — Analista de Compras e Licitações)

Analise as orações a seguir:

I. O pai ordenou que o garoto entrasse para dentro imediatamente.
II. Todas as professoras foram unânimes na decisão.
III. Amanhã você deve retornar novamente ao trabalho.
IV. Ana deve encarar seus problemas de frente.

Qual vício de linguagem se apresenta majoritariamente nas frases acima?

(A) cacofonia

(B) arcaísmo

(C) pleonasmo

(D) vulgarismo

(E) solecismo

6) (IBGE — Analista — Análise de Projetos — Tipo 1 — Superior — FGV Projetos)

A polissemia — possibilidade de uma palavra ter mais de um sentido — está presente em todas as frases abaixo, EXCETO em:

(A) Não deixe para amanhã o que pode fazer hoje;

(B) CBN: a rádio que toca a notícia;

(C) Na vida tudo é passageiro, menos o motorista;

(D) Os dentes do pente mordem o couro cabeludo;

(E) Os surdos da bateria não escutam o próprio barulho.

Leia o texto para responder às questões de números 7 a 9.

Em 3 de novembro de 1957, a cadela Laika se tornava o primeiro animal da Terra a ser colocado em órbita. A bordo da nave soviética Sputnik2, ela morreu horas depois do lançamento, mas pôde entrar para a história da corrida espacial. O animal escolhido para ir ao espaço era uma vira-latas de 6kg de nome kudriavka. Depois os soviéticos decidiram renomeá-la como Laika. Sua cabine tinha espaço para ela ficar deitada ou em pé. Comida e água eram providenciadas em forma de gelatina. Ela tinha uma proteção e eletrodos para monitorar seus sinais vitais. Os primeiros dados da telemetria mostraram que ela estava agitada, mas comia a ração. Apesar de toda a preparação, ela morreu devido a uma combinação de superaquecimento e pânico, deixando alguns cientistas tristes.

7) (Câmara Municipal do Recife — Arquiteto — FGV Projetos)

O texto pode ser incluído entre os textos de tipo:

(A) narrativo com traços descritivos;

(B) descritivo com traços dissertativo-expositivos;

(C) descritivo com traços dissertativo-argumentativos;

(D) dissertativo argumentativo com traços narrativos;

(E) dissertativo expositivo com traços descritivos.

8) (Câmara Municipal do Recife — Arquiteto — FGV Projetos)

O texto, inicialmente, se refere a uma "cadela" e, mais tarde, se refere a ela como "animal", estabelecendo uma relação de anáfora por meio de um hiperônimo. O mesmo aconteceria no seguinte par de palavras:

(A) soviéticos / russos;

(B) gelatina / alimento;

(C) morrer / falecer;

(D) história / conhecimento;

(E) espaço / universo.

9) (Câmara Municipal do Recife — Arquiteto — FGV Projetos)

No texto há duas ocorrências do vocábulo "mas"; em ambos os casos, esse vocábulo:

(A) marca uma oposição entre dois segmentos;

(B) indica posicionamentos críticos diante de algum fato;

(C) explicita uma relação lógica entre dois termos;

(D) introduz um aspecto positivo após a citação de algo negativo;

(E) esclarece alguma ideia anterior.

10) (Analista Judiciário — Direito — UFMT — TJ — MT)

Na língua portuguesa, há muitas palavras parecidas, seja no modo de falar ou no de escrever. A palavra *sessão*, por exemplo, assemelha-se às palavras cessão e seção, mas cada uma apresenta sentido diferente. Esse caso, mesmo som, grafias diferentes, denomina-se homônimo homófono. Assinale a alternativa em que todas as palavras se encontram nesse caso.

(A) conserto, pleito, ótico

(B) cheque, descrição, manga

(C) serrar, ratificar, emergir

(D) taxa, cesta, assento

11) (Procurador Municipal — FEPESE — Prefeitura de Balneário Camboriú — SC)
Assinale a alternativa **correta** sobre parônimos e seus significados.

(A) Infligir (aplicar uma pena); infringir (desobedecer)

(B) Cede (lugar onde funciona um governo); sede (vontade de beber água)

(C) Descrição (ser discreto); discrição (representar algo ou alguém por palavras)

(D) Deferir (discordar); diferir (concordar)

(E) Comprimento (saudação); cumprimento (extensão)

12) (IBADE — Professor de Educação Básica 3 — Língua Portuguesa — SEE-PB)
Obs.: O texto (CORTELLA, Mario Sergio. "Além do ano letivo". *Revista Educação*, São Paulo, p. 38-38, 01 dez. 2001.) de onde foi retirado o objeto desta questão não foi incluído no livro por não ser determinante para a resolução da mesma.

Em "Se eu contar para eles que tinha seletor, que fazia barulho clac, clac, clac" há um recurso expressivo denominado:

(A) metonímia

(B) onomatopeia

(C) hipérbato

(D) sinédoque

(E) apóstrofe

13) (Analista de Finanças e Controle — AFC/STN — ESAF)
Os trechos a seguir constituem um texto adaptado do Editorial do *Jornal do Brasil*, 15/9/2008, mas estão desordenados. Ordene-os nos parênteses e assinale a opção correspondente.

( ) O resultado desse levantamento aponta para uma elevação da temperatura e para a redução das chuvas em parte da Floresta Amazônica, o que poderia transformar, nas próximas décadas, a maior e mais importante reserva de biodiversidade mundial num imenso semiárido.

( ) Estudo apresentado em Belém pelo Instituto Nacional de Pesquisas Espaciais (INPE) revela dados alarmantes sobre a devastação em dois Estados da Federação: o Pará e o Maranhão, que, somados, correspondem a 18% do território brasileiro e a 30% da Amazônia Legal.

( ) Explicando melhor esse resultado: o documento mostra que o clima da região se tornará cada vez mais quente e seco, com reduções de chuva que podem ficar entre 2 e 4 milímetros por dia, no período de 2071-2100, quando comparado com o atual clima da região.

( ) Se no plano interno o país conseguir reverter o cenário dramático antecipado pelos relatórios, alcançar um relativo grau de crescimento sustentável e mantiver a política de incentivo aos biocombustíveis, o país terá um enorme *handicap* na hora de cobrar das nações mais ricas, historicamente as maiores responsáveis pela poluição global, mas também as mais reticentes quanto à aceitação de metas de redução de gases poluentes, o uso racional dos recursos naturais.

( ) A temperatura deve aumentar em toda a região leste do Pará até o Nordeste, chegando até 7 graus nas regiões do leste da Amazônia e no norte do Maranhão (levando-se em consideração um cenário mais pessimista, com alta concentração de gases do efeito estufa) ou até 4 graus acima do atual, em condições mais otimistas.

(A) 2, 3, 1, 5, 4

(B) 4, 3, 2, 1, 5

(C) 4, 5, 3, 2, 1

(D) 2, 1, 3, 5, 4

(E) 4, 1, 2, 3, 5

14) (Auditor Fiscal da Receita Federal do Brasil — ESAF)

Os trechos a seguir compõem um texto adaptado do jornal *Estado de Minas Gerais*, de 18/2/2014, mas estão desordenados.

Assinale nos parênteses a ordem sequencial correta em que devem aparecer para compor um texto coeso e coerente. Coloque 1 no trecho que deve iniciar o texto e assim sucessivamente. Em seguida, assinale a opção correspondente.

( ) Esse poder Legislativo é o mais apto a ouvir e repercutir a voz das ruas, os desejos e as preocupações do povo. E a segurança pública tem se tornado a maior de todas as causas que afligem as pessoas, principalmente as que vivem em grandes cidades.
( ) Nos últimos anos, com o crescimento do crime praticado por menores, tem crescido o número dos que defendem a redução da idade de responsabilidade penal para 16 anos. É igualmente veemente a defesa da manutenção da idade atual, 18 anos, o que torna a matéria altamente polêmica.
( ) Ter a iniciativa de propor e votar leis é uma das funções que a sociedade, por meio da Constituição, atribuiu ao Legislativo e espera que esse poder, o mais aberto e democrático do regime democrático, cumpra esse papel.
( ) Mas todo esse aparato da segurança acionado em defesa do cidadão corre o risco de produzir resultados inferiores ao desejado em função de falhas ou de falta de atualização da legislação.
( ) Por isso mesmo são bem-vindas medidas como o reforço do policiamento ostensivo e aumento da vigilância e da ação das autoridades para conter a criminalidade.
( ) Um dos problemas mais complexos quanto a essa atualização legislativa no Brasil é o do menor infrator, que, na maioria das grandes cidades brasileiras, já foi promovido a menor criminoso. Há sobre essa questão um grande debate na sociedade brasileira.

(A) 1, 3, 6, 2, 5, 4

(B) 2, 6, 1, 4, 3, 5

(C) 4, 5, 2, 6, 1, 3

(D) 3, 1, 4, 5, 6, 2

(E) 5, 2, 3, 1, 4, 6

15) (ENEM — Redação e linguagens, códigos e suas tecnologias, matemática e suas tecnologias)

O acervo do Museu da Língua Portuguesa é o nosso idioma, um "patrimônio imaterial" que não pode ser, por isso, guardado e exposto em uma redoma de vidro. Assim, o museu, dedicado à valorização e difusão da língua portuguesa, reconhecidamente importante para a preservação de nossa identidade cultural, apresenta uma forma expositiva diferenciada das demais instituições museológicas do país e do mundo, usando tecnologia de ponta e recursos interativos para a apresentação de seus conteúdos. Disponível em: www.museulinguaportuguesa.org.br. Acesso em: 16 ago. 2012 (adaptado).

De acordo com o texto, embora a língua portuguesa seja um "patrimônio imaterial", pode ser exposta em um museu. A relevância desse tipo de iniciativa está pautada no pressuposto de que

(A) a língua é um importante instrumento de constituição social de seus usuários.

(B) o modo de falar o português padrão deve ser divulgado ao grande público.

(C) a escola precisa de parceiros na tarefa de valorização da língua portuguesa.

(D) o contato do público com a norma-padrão solicita o uso de tecnologia de última geração.

(E) as atividades lúdicas dos falantes com sua própria língua melhoram com o uso de recursos tecnológicos.

16) (ESAF — Escola de Administração Fazendária — Analista de Planejamento e Orçamento)

Leia os trechos que se seguem e ordene-os de modo a preservar a coerência e a coesão textual.

(   ) Desde então, Bruna nunca mais deixou de usar Avonex, nome comercial da betainterferona 1, medicamento de alto custo fornecido pelo Sistema Único de Saúde (SUS).

(   ) Com esclerose múltipla, a publicitária Bruna Rocha Silveira foi aprovada para doutorado em educação na Universidade Federal do Rio Grande do Sul (UFRGS).

(   ) A ponto de desistir do curso, passou a experimentar uma medicação.

(   ) A doença forçava-a a andar com uma bengala e provocava tremores nas mãos, o que dificultava a locomoção e a impedia de fazer anotações em aula.

(   ) Então, os tremores desapareceram e ela pôde passar a andar sem a bengala.

(Adaptado da reportagem "Luta para tratar a esclerose múltipla", de Warner Bento Filho, *Correio Braziliense*. 1 ago. 2015)

A sequência correta obtida é:

(A) 1, 2, 4, 5 e 3

(B) 2, 3, 5, 1, e 4

(C) 2, 4, 3, 5 e 1

(D) 4, 3, 1, 2 e 5

(E) 5, 1, 3, 2 e 4

17) (ENEM — Exame Nacional do Ensino Médio)

Um dia, meu pai tomou-me pela mão, minha mãe beijou-me a testa, molhando-me de lágrimas os cabelos e eu parti. Duas vezes fora visitar o Ateneu antes da minha instalação. Ateneu era o grande colégio da época. Afamado por um sistema de nutrido reclame, mantido por um diretor que de tempos a tempos reformava o estabelecimento, pintando-o jeitosamente de novidade, como os negociantes que liquidam para recomeçar com artigos de última remessa; o Ateneu desde muito tinha consolidado crédito na preferência dos pais, sem levar em conta a simpatia da meninada, a cercar de aclamações o bombo vistoso dos anúncios. O Dr. Aristarco Argolo de Ramos, da conhecida família do Visconde de Ramos, do Norte, enchia o império com o seu renome de pedagogo. Eram boletins de propaganda pelas províncias, conferências em diversos pontos da cidade, a pedidos, à substância, atochando a imprensa dos lugarejos, caixões, sobretudo, de livros elementares, fabricados às pressas com o ofegante e esbaforido concurso de professores prudentemente anônimos, caixões e mais caixões de volumes cartonados em Leipzig, inundando as escolas públicas de toda a parte com a sua invasão de capas azuis, róseas, amarelas, em que o nome de Aristarco, inteiro e sonoro, oferecia-se ao pasmo venerador dos esfaimados de alfabeto dos confins da pátria. Os lugares que os não procuravam eram um belo dia surpreendidos pela enchente, gratuita, espontânea, irresistível! E não havia senão aceitar a farinha daquela marca para o pão do espírito.

POMPEIA, Raul. *O Ateneu.* São Paulo: Scipione, 2005.

Ao descrever o Ateneu e as atitudes de seu diretor, o narrador revela um olhar sobre a inserção social do colégio demarcado pela

(A) ideologia mercantil da educação, repercutida nas vaidades pessoais.

(B) interferência afetiva das famílias, determinantes no processo educacional.

(C) produção pioneira de material didático, responsável pela facilitação do ensino.

(D) ampliação do acesso à educação, com a negociação dos custos escolares.

(E) cumplicidade entre educadores e famílias, unidos pelo interesse comum do avanço social.

18) (ENEM — Exame Nacional do Ensino Médio)

A pátria

Ama, com fé e orgulho, a terra em que nasceste!
Criança! Não verás nenhum país como este!
Olha que céu! Que mar! Que rios! Que floresta!
A Natureza, aqui, perpetuamente em festa,
É um seio de mãe a transbordar carinhos.
Vê que vida há no chão! Vê que vida há nos ninhos,
Que se balançam no ar, entre os ramos inquietos!
Vê que luz, que calor, que multidão de insetos!
Vê que grande extensão de matas, onde impera,
Fecunda e luminosa, a eterna primavera!
Boa terra! Jamais negou a quem trabalha

O pão que mata a fome, o teto que agasalha...
Quem com o seu suor a fecunda e umedece,
Vê pago o seu esforço, e é feliz, e enriquece!
Criança! Não verás país nenhum como este:
Imita na grandeza a terra em que nasceste!

BILAC, Olavo. *Poesias infantis*. Rio de Janeiro: Francisco Alves, 1929.

Publicado em 1904, o poema "A pátria" harmoniza-se com um projeto ideológico em construção na Primeira República. O discurso poético de Olavo Bilac ecoa esse projeto, na medida em que:

(A) a paisagem natural ganha contornos surreais, como o projeto brasileiro de grandeza.

(B) a prosperidade individual, como a exuberância da terra, independe de políticas de governo.

(C) os valores afetivos atribuídos à família devem ser aplicados também aos ícones nacionais.

(D) a capacidade produtiva da terra garante ao país a riqueza que se verifica naquele momento.

(E) a valorização do trabalhador passa a integrar o conceito de bem-estar social experimentado.

19) (ESAF — Analista Técnico-Administrativo, Arquiteto, Contador,

Engenheiro e Pedagogo)

Assinale a opção que constitui introdução coesa e coerente para o texto a seguir.

Em 2000, só havia 10 cursos desse tipo. Em 2008, estavam credenciados no Ministério da Educação (MEC) 349 cursos de graduação e 255 cursos de pós-graduação *lato sensu*. Em 2005, 11 mil pessoas concluíram a licenciatura a distância. Atualmente, os alunos de cursos de graduação a distância representam 30% do total de estudantes matriculados em licenciaturas. Há seis anos, eles eram 5%. Atualmente, há 1 milhão de estudantes cursando a graduação e pós-graduação a distância. Para atender à demanda, o MEC acaba de autorizar 40 instituições de ensino a criarem 148,4 mil vagas nessa modalidade de ensino.

O Estado de S. Paulo, 17 jun. 2013 (com adaptações).

(A) O ensino a distância em cursos de graduação cresceu significativamente nos últimos anos.

(B) Ao final do período letivo, para avaliar o aproveitamento dos alunos, vários cursos aplicam provas escritas e provas práticas presenciais, enquanto outros pedem um trabalho de conclusão.

(C) Essa graduação a distância funciona por meio da distribuição de livros e apostilas e de uma plataforma na internet que permite aos estudantes acessar aulas e sugestões bibliográficas.

(D) Por terem mensalidades baixas, esses cursos a distância são os mais acessíveis para grandes parcelas da população, especialmente nas cidades do interior.

(E) Os empréstimos educacionais feitos pelo governo com base no Fundo de Financiamento Estudantil (Fies) têm uma taxa de juros muito baixa, de 34%.

20) (ESAF — Analista Técnico-Administrativo, Arquiteto, Contador, Engenheiro e Pedagogo)

Os trechos a seguir compõem um texto adaptado do Editorial da *Folha de S.Paulo*, de 17/6/2013, mas estão desordenados. Assinale nos parênteses a ordem correta para compor um texto coeso e coerente (coloque 1 no trecho inicial e assim sucessivamente) e, em seguida, assinale a opção correta.

( ) Diante de um incentivo pecuniário, é de supor que profissionais procurarão os cursos por conta própria, com efeitos melhores do que se o aperfeiçoamento fosse imposto a todos.
( ) Se já não há muita dúvida de que investimentos em educação são vitais para o Brasil avançar social e economicamente, ainda estão longe de ser um consenso quais as melhores medidas para fazer a qualidade do ensino progredir.
( ) A iniciativa é oportuna porque um dos vícios pedagógicos nacionais é dar muita ênfase a pomposas teorias educacionais e deixar de lado o bom e velho ensinar a ensinar, que tem muito mais impacto na vida do aluno e em seus resultados escolares.
( ) Essa medida segue fórmula aplicada desde 2012 para professores alfabetizadores, que recebem R$ 200 mensais para participar de programas com dois anos de duração.
( ) O Ministério da Educação caminha na direção correta para essa qualidade ao propor um sistema de bonificação para professores que se submetam a curso de aperfeiçoamento. O objetivo é sanar deficiências do docente, com foco em métodos a serem utilizados em sala de aula.

(A) 2 — 4 — 5 — 3 — 1

(B) 3 — 5 — 2 — 1 — 4

(C) 5 — 1 — 4 — 3 — 2

(D) 1 — 2 — 3 — 5 — 4

(E) 4 — 3 — 1 — 2 — 5

21) (UFPR — Prefeitura Municipal de Colombo — Professor)

As frases a seguir estão fora de ordem. Numere os parênteses, identificando a sequência textual correta.

( ) Por fim, reinjetou nos corações desses pacientes até 25 milhões de suas próprias células.
( ) Depois de um infarto do miocárdio o tempo urge: se a irrigação sanguínea não for restabelecida em poucas horas, os tecidos do coração começam a morrer e sua regeneração é impossível. Ao menos era o que se pensava até há pouco.
( ) Com sua equipe, o médico retirou um pequeno fragmento de tecido do coração dos pacientes, isolou suas células-tronco adultas e as multiplicou.

( ) Recentemente, Eduardo Marbán, cardiologista do Instituto do Coração Cedars-Sinai, em Los Angeles (EUA), conseguiu regenerar parcialmente o músculo enfraquecido de 17 pacientes de infarto, de um total de 25.

( ) Graças a essa terapia, um ano depois a quantidade de tecido danificado havia sido reduzida entre 12% e 24%. As células-tronco se desenvolveram e formaram novos tecidos cardíacos.

Adaptado da Revista *GEO*, n.º 40, p. 15.

Assinale a alternativa que apresenta a numeração correta, de cima para baixo.

(A) 5 — 2 — 1 — 4 — 3.

(B) 4 — 1 — 3 — 2 — 5.

(C) 4 — 2 — 3 — 5 — 1.

(D) 3 — 4 — 1 — 2 — 5.

(E) 5 — 1 — 2 — 4 — 3.

22) (Ministério do Desenvolvimento, Indústria e Comércio Exterior — Analista de Comércio Exterior — ESAF)

Assinale a opção que constitui continuação coesa, coerente e gramaticalmente correta para o texto abaixo.

O governo concedeu R$ 97,8 bilhões em benefícios fiscais a empresas, nos últimos cinco anos, e adotou dezenas de medidas para conter a valorização cambial e proteger a indústria da concorrência estrangeira — mas tudo isso teve resultados insignificantes, como demonstra o fraco desempenho brasileiro no mercado internacional de manufaturados. Incapaz de acompanhar o crescimento do mercado interno, a indústria de transformação perdeu espaço no Brasil para os concorrentes de fora e cresceu em 2011 apenas 0,1%, ou quase nada.

Adaptado do Editorial, *O Estado de S.Paulo*, 29 mar. 2012.

(A) Por isso esse protecionismo seja uma forma de compensar a falta de uma estratégia minimamente eficaz. O resultado só poderá ser o desperdício de mais dinheiro, esforços e oportunidades.

(B) Esses investidores tomam dinheiro barato na Europa e aplicam no Brasil, em troca de juros altos. A ação defensiva, nesse caso, é justificável, embora pouco eficaz.

(C) Além disso, é consenso entre esses empresários, administradores e governantes que é preciso aplicar muito mais dinheiro em máquinas, equipamentos e obras de infraestrutura.

(D) Portanto, diante desse bom desempenho é um erro atribuir os problemas nacionais a fatores externos. Mas é preciso responsabilizar os bancos centrais do mundo rico por uma parcela importante dos males econômicos do País.

(E) Sem competitividade, essa indústria é superada pelos produtores instalados nas economias mais dinâmicas e mal consegue manter, mesmo na América do Sul, posições conquistadas em tempos melhores.

23) (Ministério do Desenvolvimento, Indústria e Comércio Exterior — Analista de Comércio Exterior — ESAF)

Assinale a opção que preenche de forma coesa, coerente e gramaticalmente correta a lacuna do trecho a seguir.

Brasil, Rússia, Índia, China e África do Sul são mais do que cinco economias emergentes em expansão num mundo em crise. Reunidas sob o acrônimo Brics, abrigam mais de 40% da população global e somam perto de US$ 14 trilhões de PIB, ou seja, quase um quinto das riquezas produzidas no planeta. É natural que busquem maior participação no cenário internacional — o que seria facilitado por uma atuação conjunta, em bloco.

A instituição permitiria aos países reduzir a dependência econômica em relação aos Estados Unidos e à União Europeia, em sérias dificuldades. Mais do que isso, a experiência poderia depois ser replicada para dar um pontapé inicial para mudanças políticas não apenas voltadas ao desenvolvimento sustentável, como também à segurança e à paz no universo, com um rearranjo das regras e dos organismos internacionais.

Adaptado do *Correio Braziliense*, 27 mar. 2012.

(A) Maior dos Brics, a China, segunda potência mundial, tem PIB de US$ 7,4 trilhões e reservas cambiais superiores a US$ 3 trilhões. Contudo, é uma ditadura que ganha mercados mundo afora com vantagens artificiais, como a desvalorização da moeda, o yuan, um calo inclusive para o Brasil, invadido por produtos chineses em condições desfavoráveis de competitividade.

(B) Assim, reconhecer a necessidade de promover correções de rumo internas é desafio de primeira ordem para os cinco emergentes. Aproximações bilaterais, vale lembrar, também terminam por fortalecer o quinteto emergente.

(C) A Rússia, por sua vez, apresenta desenvolvimento relativo e hoje consolida-se como economia de mercado ainda sob olhares desconfiados de parte dos governantes de outros países do globo.

(D) Os demais países têm abismos sociais a superar, problemas de desigualdades evidentes, o que deixa o bloco, formalizado ou não, distante da pose de referência internacional na questão do desenvolvimento humano.

(E) Avançar na criação de um banco de desenvolvimento, proposto pelo primeiro-ministro indiano, como alternativa ao Banco Mundial — Bird e ao Fundo Monetário Internacional — FMI, já seria grande passo.

24) (Ministério do Desenvolvimento, Indústria e Comércio Exterior — Analista de Comércio Exterior — ESAF)

Assinale a opção em que a reescrita do trecho altera as relações semânticas entre as informações do texto.

(A) Um acúmulo de fatores mais e menos antigos conspirou para deprimir a indústria brasileira, especialmente o segmento de transformação, nos últimos anos. • A indústria brasileira, especialmente o segmento de transformação, nos últimos anos, foi deprimida em decorrência de um acúmulo de fatores mais e menos antigos.

(B) Infraestrutura precária, custos elevados de mão de obra, carga tributária alta e educação insuficiente são alguns dos antigos problemas que afloraram com toda intensidade quando a crise internacional acentuou a tendência de apreciação do real e aumentou a concorrência mundial. • Quando a crise internacional acentuou a tendência de apreciação do real e aumentou a concorrência mundial, antigos problemas afloraram com toda intensidade, tais como: infraestrutura precária, custos elevados de mão de obra, carga tributária alta e educação insuficiente.

(C) O custo da mão de obra industrial no Brasil, de US$ 10,08 por hora, é um terço do verificado nos Estados Unidos e Japão, mas é maior do que o de países como o México, cuja indústria automobilística vem preocupando Brasília, e, naturalmente, do que o da China. • É um terço do verificado nos Estados Unidos e Japão, cuja indústria automobilística vem preocupando Brasília, o custo da mão de obra industrial no Brasil, de US$ 10,08 por hora, mas é maior do que o de países como o México, e, naturalmente, do que o da China.

(D) Nesse espaço de tempo, o câmbio teve uma valorização de 40% em termos reais, frente a uma cesta de 15 moedas, o que deixou a indústria brasileira com dificuldades de competir não só com a China, mas também com a Alemanha. • O câmbio teve uma valorização de 40% em termos reais, frente a uma cesta de 15 moedas, nesse espaço de tempo, o que deixou a indústria brasileira com dificuldades de competir não só com a China, mas também com a Alemanha.

(E) Os custos da indústria brasileira vêm subindo continuamente. A folha de salários da indústria aumentou 25% desde 2005 em reais, já descontada a inflação. A energia elétrica, um importante indicador da infraestrutura, ficou 28% mais cara, apesar da abundância de recursos hídricos. Com a valorização do real, os custos tornaram-se ainda maiores. • Vêm subindo continuamente os custos da indústria brasileira. Aumentou 25% em reais desde 2005, já descontada a inflação, a folha de salários da indústria. Ficou 28% mais cara, apesar da abundância de recursos hídricos, a energia elétrica, um importante indicador da infraestrutura. Os custos tornaram-se ainda maiores com a valorização do real.

25) (Exame Nacional do Ensino Médio — ENEM — 2.º dia — Caderno Amarelo)

Linotipos

O Museu da Imprensa exibe duas linotipos. Trata-se de um tipo de máquina de composição de tipos de chumbo, inventada em 1884 em Baltimore, nos Estados Unidos, pelo alemão Ottmar Mergenthaler. O invento foi de grande importância por ter significado um novo e fundamental avanço na história das artes gráficas. A linotipia provocou, na verdade, uma revolução porque venceu a lentidão da composição dos textos executada na tipografia tradicional, em que o texto era composto à mão, juntando tipos móveis um por um. Constituía-se, assim, no principal meio de composição tipográfica até 1950. A linotipo, a partir do final do século XIX, passou a produzir impressos a baixo custo, o que levou informação às massas, democratizou a informação. Promoveu uma revolução na educação. Antes da linotipo, os jornais e revistas eram escassos, com poucas páginas e caros. Os livros didáticos eram também caros, pouco acessíveis.

Disponível em: http://portal.in.gov.br. Acesso em: 23 fev. 2013 (adaptado).

O texto apresenta um histórico da linotipo, uma máquina tipográfica inventada no séc. XIX e responsável pela dinamização da imprensa. Em termos sociais, a contribuição da linotipo teve impacto direto na

(A) produção vagarosa de materiais didáticos.

(B) composição aprimorada de tipos de chumbo.

(C) montagem acelerada de textos para impressão.

(D) produção acessível de materiais informacionais.

(E) impressão dinamizada de imagens em revistas.

26) (Exame Nacional do Ensino Médio — ENEM — 2.º dia — Caderno Amarelo)

Talvez pareça excessivo o escrúpulo do Cotrim, a quem não souber que ele possuía um caráter ferozmente honrado. Eu mesmo fui injusto com ele durante os anos que se seguiram ao inventário de meu pai. Reconheço que era um modelo. Arguiam-no de avareza, e cuido que tinham razão; mas a avareza é apenas a exageração de uma virtude, e as virtudes devem ser como os orçamentos: melhor é o saldo que o déficit. Como era muito seco de maneiras, tinha inimigos que chegavam a acusá-lo de bárbaro. O único fato alegado neste particular era o de mandar com frequência escravos ao calabouço, donde eles desciam a escorrer sangue; mas, além de que ele só mandava os perversos e os fujões, ocorre que, tendo longamente contrabandeado em escravos, habituara-se de certo modo ao trato um pouco mais duro que esse gênero de negócio requeria, e não se pode honestamente atribuir à índole original de um homem o que é puro efeito de relações sociais. A prova de que o Cotrim tinha sentimentos pios encontrava-se no seu amor aos filhos, e na dor que padeceu quando morreu Sara, dali a alguns meses; prova irrefutável, acho eu, e não única. Era tesoureiro de uma confraria, e irmão de várias irmandades, e até irmão remido de uma destas, o que não se coaduna muito com a reputação da avareza; verdade é que o benefício não caíra no chão: a irmandade (de que ele fora juiz) mandara-lhe tirar o retrato a óleo.

ASSIS, Machado de. *Memórias póstumas de Brás Cubas*. Rio de Janeiro: Nova Aguilar, 1992.

Obra que inaugura o Realismo na literatura brasileira, *Memórias póstumas de Brás Cubas* condensa uma expressividade que caracterizaria o estilo machadiano: a ironia. Descrevendo a moral de seu cunhado, Cotrim, o narrador-personagem Brás Cubas refina a percepção irônica ao

(A) acusar o cunhado de ser avarento para confessar-se injustiçado na divisão da herança paterna.

(B) atribuir a "efeito de relações sociais" a naturalidade com que Cotrim prendia e torturava os escravos.

(C) considerar os "sentimentos pios" demonstrados pelo personagem quando da perda da filha Sara.

(D) menosprezar Cotrim por ser tesoureiro de uma confraria e membro remido de várias irmandades.

(E) insinuar que o cunhado era um homem vaidoso e egocêntrico, contemplado com um retrato a óleo.

27) (Ministério da Fazenda — Secretaria Executiva — Analista Administrativo — ANAC — ESAF)

Assinale a opção em que o trecho preenche a lacuna do texto de forma que o torne coeso, coerente e gramaticalmente correto.

O primeiro voo com passageiros da Panair foi feito em 1931, entre as cidades de Belém e Rio de Janeiro. Nesta época, todos os pilotos eram americanos. O primeiro piloto brasileiro foi o Coronel Luis Tenan, que assumiu o comando de uma das aeronaves em 1935. Antes disso, a Panair chegou até a Amazônia e sua atuação naquela região foi fundamental para que o governo levasse alimentos e remédios a pontos quase inatingíveis da selva.

Para fazer essa travessia, a empresa tinha à disposição os modernos Constellations. O primeiro voo foi realizado em 27 de abril de 1941. O destino era Londres, mas antes houve paradas nas cidades de Recife, Dakar, Lisboa e Paris. Em menos de três anos depois desta viagem inaugural, a Panair já havia realizado mil voos para a Europa, transportando mais de 60 mil passageiros.

<http://www.areliquia.com.br//Artigos%20Anteriores/58Panair.htm>. Acesso em: 13 dez. 2015 (com adaptações).

(A) Mas, nem só de sucesso foi escrita a história da Panair. No início dos anos 50, alguns acidentes sérios começaram a causar problemas às companhias aéreas, mas a Panair foi uma das empresas que sofreram acidentes mais graves, com grande número de vítimas fatais.

(B) Do dia para a noite quase cinco mil pessoas perderam seus empregos e uma boa parte delas, a razão de viver. O sofrimento foi grande por causa do relacionamento afetuoso entre a diretoria e os empregados, cultivado durante os 35 anos de existência da Panair. Era como se fossem uma grande família.

(C) Esses tristes acontecimentos contribuíram para abalar a confiança que o povo brasileiro depositava na Panair, considerada um verdadeiro orgulho nacional. Mas sua imagem não seria afetada ao ponto de "esfriar" o amor que havia entre aqueles aviões, comandantes e comissárias com a nossa gente.

(D) Depois de dominar o mercado interno e inaugurar hangares e aeroportos nas principais cidades brasileiras, a Panair volta-se, a partir de 1941, para as rotas internacionais, principalmente cruzando o Atlântico.

(E) Foram os aviões da Panair que transportaram a seleção brasileira para as vitoriosas campanhas nas copas de 58 e 62, realizadas respectivamente na Suécia e no Chile.

Considere o texto abaixo para responder às questões de números 28 a 36.

Segundo o filósofo americano Michael Sandel, da Universidade Harvard, estamos em uma época em que todas as relações, sejam emocionais, sejam cívicas, estão tendendo a ser tratadas pela lógica da economia de mercado. Diz ele que passa da hora de abrir-se um amplo debate sobre o processo que, "sem que percebamos, sem que tenhamos decidido que é para ser assim, nos faz mudar de uma economia de mercado para uma sociedade de mercado". Já chegamos a ela? Felizmente ainda não, mas estamos a caminho.

A economia de mercado é o corolário da democracia no campo das atividades produtivas. Mas o que seria uma "sociedade de mercado"? É uma sociedade em que os valores sociais, a vida em família, a natureza, a educação, a saúde, até os direitos cívicos podem ser comprados e vendidos. Em resumo, uma sociedade em que todas as relações humanas tendem a ser mediadas apenas pelo seu aspecto econômico.

Sandel reafirma sempre que, com todos os seus defeitos, o mercado ainda é a forma mais eficiente de organizar a produção e de distribuir bens. Reconhece que a adoção de economias de mercado levou a prosperidade a regiões do globo que nunca a haviam conhecido. Enfatiza, também, que, junto a essa economia de mercado, vem quase sempre o desenvolvimento de instituições democráticas, ambas baseadas na liberdade. Os riscos apontados são, segundo ele, de outra natureza. Ele alerta para o fato de que, por ser tão eficiente na economia, a lógica econômica está invadindo todos os outros domínios da vida em sociedade.

Adaptado de: Jones Rossi e Guilherme Rosa.
Veja, 21 nov. 2012. p. 75-77.

28) (Ministério Público do Estado do Amazonas — Agente Técnico Economista — FCC-Fundação Carlos Chagas)

O filósofo citado no texto

(A) censura certa tendência das economias de mercado em sociedades mais desenvolvidas, que acabam interferindo no mercado interno de nações menos privilegiadas economicamente.

(B) defende uma eventual sociedade de mercado caracterizada pela evolução das relações econômicas, em que tudo, incluindo-se até mesmo os valores, deve ser comercializado.

(C) reconhece o valor da economia de mercado, porém se preocupa com a tendência atual de comercialização dos valores sociais, fato que tende a desvirtuá-los.

(D) aceita a interferência das regras da economia em todos os campos da atividade humana, ainda que seja necessário incluir os valores sociais nas mesmas condições de bens e de produtos.

(E) afirma que a liberdade democrática presente em uma sociedade de mercado justifica a comercialização, tanto de bens e de produtos, quanto dos valores que norteiam essa sociedade.

29) (Ministério Público do Estado do Amazonas — Agente Técnico Economista — FCC-Fundação Carlos Chagas)

Conclui-se corretamente do texto que

(A) sociedades bem desenvolvidas são aquelas que conseguem valorizar as relações humanas de acordo com as leis da economia de mercado.

(B) valores sociais vêm se transformando, atualmente, em objetos de transações comerciais, segundo a lógica de mercado.

(C) economia de mercado e sociedade de mercado são conceitos que se fundiram atualmente, pois o preço direciona todas as transações de compra e venda.

(D) sociedade de mercado é aquela que recebe, atualmente, os benefícios conjuntos da economia e da democracia, gerados pela economia de mercado.

(E) relações humanas podem ser objetos habituais de negociação entre partes interessadas, em respeito à liberdade democrática vigente na economia de mercado.

30) (Ministério Público do Estado do Amazonas — Agente Técnico Economista — FCC-Fundação Carlos Chagas)

Em relação ao segundo parágrafo, é correto afirmar:

(A) insiste na importância econômica prioritária dos fenômenos sociais.

(B) traz informações referentes ao filósofo citado anteriormente.

(C) retoma a importância do atual desenvolvimento econômico.

(D) contém uma opinião destinada a criticar o que vem sendo exposto.

(E) introduz esclarecimentos necessários à compreensão do assunto.

31) (Ministério Público do Estado do Amazonas — Agente Técnico Economista — FCC-Fundação Carlos Chagas)

A economia de mercado é o corolário da democracia no campo das atividades produtivas. A constatação que justifica a afirmativa acima, considerando-se o contexto, está na

(A) lógica econômica que abrange as relações humanas existentes na sociedade.

(B) prosperidade observada em várias regiões do globo.

(C) abrangência mundial de uma economia de mercado.

(D) liberdade em que se baseia a economia de mercado.

(E) organização e na distribuição de bens a todas as regiões do planeta.

32) (Ministério Público do Estado do Amazonas — Agente Técnico Economista — FCC-Fundação Carlos Chagas)

Os riscos apontados são, segundo ele, de outra natureza. (último parágrafo)
A outra natureza a que se refere o filósofo diz respeito

(A) ao desenvolvimento econômico resultante da comercialização de quaisquer bens, inclusive os valores cívicos, observado em várias regiões do globo.

(B) à ausência de um amplo debate sobre as vantagens obtidas por uma sociedade de mercado ao adotar as regras estabelecidas pela economia de mercado.

(C) aos novos rumos a serem definidos em uma sociedade democrática, no sentido de que suas instituições preservem os valores cívicos.

(D) à atual tendência observada na sociedade em mediar todas as relações humanas pela lógica da economia de mercado.

(E) a um eventual comprometimento da liberdade democrática que caracteriza a economia de mercado, caso esta seja transformada em uma sociedade de mercado.

33) (Ministério Público do Estado do Amazonas — Agente Técnico Economista — FCC-Fundação Carlos Chagas)

Identifica-se noção de causa no segmento grifado em:

(A) ... <u>por ser tão eficiente na economia</u>, a lógica econômica está invadindo todos os outros domínios da vida em sociedade.

(B) ... <u>sem que tenhamos decidido que é para ser assim</u>, nos faz mudar de uma economia de mercado para uma sociedade de mercado.

(C) Felizmente ainda não, <u>mas estamos a caminho</u>.

(D) ... em que os valores sociais, a vida em família, a natureza, a educação, a saúde, <u>até os direitos cívicos podem ser comprados e vendidos</u>.

(E) ... <u>com todos os seus defeitos</u>, o mercado ainda é a forma mais eficiente de organizar a produção...

34) (Ministério Público do Estado do Amazonas — Agente Técnico Economista — FCC-Fundação Carlos Chagas)

... "sem que percebamos, sem que tenhamos decidido que é para ser assim, nos faz mudar de uma economia de mercado para uma sociedade de mercado".

O segmento transcrito acima constitui

(A) resumo de todo o desenvolvimento posterior do texto.

(B) transcrição exata das palavras do filósofo citado no texto.

(C) hipótese contrária ao que havia sido afirmado anteriormente.

(D) insistência em uma afirmativa que enumera vantagens da época moderna.

(E) dúvida quanto ao valor econômico de certos produtos estabelecido pelo mercado.

35) (Ministério Público do Estado do Amazonas — Agente Técnico Economista — FCC-Fundação Carlos Chagas)

De acordo com o texto, o segmento grifado nas frases abaixo que se refere à expressão "sociedade de mercado" é:

(A) Mas <u>o que</u> seria uma "sociedade de mercado"? (segundo parágrafo)

(B) ... que nunca <u>a</u> haviam conhecido. (terceiro parágrafo)

(C) ... estamos em uma época <u>em que</u> todas as relações... (primeiro parágrafo)

(D) Sandel reafirma sempre <u>que</u>, com todos os seus defeitos... (terceiro parágrafo)

(E) Já chegamos <u>a ela</u>? (primeiro parágrafo)

36) (Ministério Público do Estado do Amazonas — Agente Técnico Economista — FCC-Fundação Carlos Chagas)

Já chegamos a ela? (primeiro parágrafo)

O verbo flexionado nos mesmos tempo e modo em que se encontra o grifado acima, considerando seu emprego no texto, está em:

(A) ... que, junto a essa economia de mercado, vem quase sempre o desenvolvimento de instituições democráticas...

(B) Felizmente ainda não, mas estamos a caminho.

(C) ... que a adoção de economias de mercado levou a prosperidade a regiões do globo...

(D) ... sem que tenhamos decidido...

(E) Os riscos apontados são, segundo ele, de outra natureza.

37) (Ministério Público do Estado do Amazonas — Agente Técnico Economista — FCC-Fundação Carlos Chagas)

Muitos economistas acreditam que o mercado não altera a qualidade ou o caráter dos bens. A opinião de muitos economistas é verdadeira quando se trata de bens materiais. Bens materiais são aparelhos de televisão ou carros. Não é verdade quando se trata de bens imateriais, por exemplo, os valores sociais.

As afirmativas acima estão devidamente articuladas em um parágrafo, com clareza e correção, em:

(A) Contudo muitos economistas acreditam que o mercado não altera a qualidade ou o caráter dos bens, é uma opinião verdadeira quando se trata de bens materiais. Como os aparelhos de televisão ou carros. Mas também não é verdadeira referindo-se a bens imateriais; por exemplo os valores sociais.

(B) De acordo com a crença de muitos economistas, o mercado não altera a qualidade ou o caráter dos bens. Essa opinião é verdadeira em relação aos bens materiais, tais como aparelhos de televisão ou carros; não é verdade, porém, quando se trata de bens imateriais, como são, por exemplo, os valores sociais.

(C) O mercado não altera a qualidade ou o caráter dos bens, diz a opinião verdadeira dos economistas que acreditam nela. Quando se trata de bens materiais, quer dizer, aparelhos de televisão ou carros; não é verdadeira porque se refere aos valores sociais, ou bens imateriais, por exemplo.

(D) Muitos economistas concordam com a crença que o mercado não altera a qualidade ou o caráter dos bens materiais; tal como os aparelhos de televisão ou os carros. Que é opinião verdadeira, porém não sendo assim quando se referem os bens imateriais, por exemplo, como valores sociais.

(E) A qualidade ou o caráter dos bens não altera o mercado, onde está a crença verdadeira de muitos economistas. Com a opinião que os bens materiais, aparelhos de televisão ou carros; não acreditando ser verdade para os bens imateriais, como valores sociais, por exemplo.

38) (Ministério Público do Estado do Amazonas — Agente Técnico Economista — FCC-Fundação Carlos Chagas)

Existem vários critérios para aferir a igualdade.
A igualdade é um conceito complexo.
A igualdade não se confunde com o igualitarismo.
O igualitarismo defende que todos devem ser iguais em tudo.
O igualitarismo rejeita a diversidade da condição humana.

As afirmativas acima estão articuladas com clareza e correção, mantendo-se o sentido original, em:

(A) A igualdade não se confunde com o igualitarismo, sendo um conceito complexo. Esse defende que todos devem ser iguais em tudo, apesar dos vários critérios para aferir a igualdade; porém, rejeitando a diversidade da condição humana.

(B) A igualdade é um conceito complexo, porque existem vários critérios para aferir-lhe. O igualitarismo, defendendo que todos devem ser iguais em tudo, não se confunde com eles, ao rejeitar a diversidade da condição humana.

(C) Por ser um conceito complexo, existem vários critérios para aferir a igualdade. Esta não se confunde com o igualitarismo, que defende que todos devem ser iguais em tudo, rejeitando, assim, a diversidade da condição humana.

(D) Conceito complexo, visto que existem vários critérios para aferir a igualdade, não se confunde com o igualitarismo, em que defende que todos devem ser iguais em tudo. Tal como o igualitarismo rejeita, portanto, a diversidade da condição humana.

(E) Defendendo que todos devem ser iguais em tudo, o igualitarismo rejeita a diversidade da condição humana, como a igualdade. Conceito complexo, por existirem vários critérios para aferir a igualdade, não se confundindo com o igualitarismo.

39) (ESPM — Escola Superior de Propaganda e Marketing — prova P — Vestibular)

Em uma das frases ocorre uma ambiguidade ou duplo sentido. Identifique-a:

(A) Ex-presidente recorreu ao Comitê da ONU acusando o juiz de violar seus direitos.

(B) Sem placa orientadora, taxistas evitam corredor de ônibus, mesmo após liberação pela Prefeitura.

(C) "Pokemon Go" leva jogadores à caça em cemitérios e igrejas no Brasil.

(D) Líderes governamentais com tensões e saias-justas na mala vão à China para o G20.

(E) O ministro do STF afirmou que os integrantes do Ministério Público Federal devem "calçar as sandálias da humildade".

40) (ENEM — 1.º dia — Caderno amarelo)

Segundo quadro

Uma sala da prefeitura. O ambiente é modesto. Durante a mutação, ouve-se um dobrado e vivas a Odorico, "viva o prefeito" etc. Estão em cena Dorotéa, Juju, Dirceu, Dulcinéa, o vigário e Odorico. Este último, à janela, discursa.

ODORICO — Povo sucupirano! Agoramente já investido no cargo do Prefeito, aqui estou a receber a confirmação, a ratificação, a autenticação e por que não dizer a sagração do povo que me elegeu.

Aplausos vêm de fora.

ODORICO — Eu prometi que o meu primeiro ato como prefeito seria ordenar a construção do cemitério.

Aplausos, aos quais se incorporam as personagens em cena.

ODORICO — (Continuando o discurso:) Botando de lado os entretantos e partindo pros finalmente, é uma alegria poder anunciar que prafrentemente vocês já poderão morrer descansados, tranquilos e desconstrangidos, na certeza de que vão ser sepultados aqui mesmo, nesta terra morna e cheirosa de Sucupira. E quem votou em mim, basta dizer isso ao padre na hora da extrema-unção, que tem enterro e cova de graça, conforme o prometido.

GOMES, Dias. *O bem amado*. Rio de Janeiro: Ediouro, 2012.

O gênero peça teatral tem o entretenimento como uma de suas funções. Outra função relevante do gênero, explícita nesse trecho de *O bem amado*, é

(A) criticar satiricamente o comportamento de pessoas públicas.

(B) denunciar a escassez de recursos públicos nas prefeituras do interior.

(C) censurar a falta de domínio da língua-padrão em eventos sociais.

(D) despertar a preocupação da plateia com a expectativa de vida dos cidadãos.

(E) questionar o apoio irrestrito de agentes públicos aos gestores governamentais.

41) (Poder Judiciário — Tribunal de Justiça de São Paulo — Fundação Vunesp)

A Polícia Militar prendeu, nesta semana, um homem de 37 anos, acusado de _____ de drogas e _____ à avó de 74 anos de idade. Ele foi preso em _____ com uma pequena quantidade de drogas no bairro Irapuá II, em Floriano, após várias denúncias de vizinhos. De acordo com o Comandante do 3.º BPM, o acusado era conhecido na região pela atuação no crime.

www.cidadeverde.com/floriano. Acesso em 23 jun. 2013. Adaptado.

De acordo com a norma-padrão da língua portuguesa, as lacunas do texto devem ser preenchidas, respectivamente, com:

(A) tráfico… mal-tratos… flagrante

(B) tráfego… maltratos… fragrante

(C) tráfego... maus-trato... flagrante

(D) tráfico... maus-tratos... flagrante

(E) tráfico... mau-trato... fragrante

42) (ANAC — Agência Nacional de Aviação Civil — Analista Administrativo — ESAF)

Em relação às estruturas linguísticas do texto, assinale a opção correta.

Não vamos discorrer sobre a pré-história da aviação, sonho dos antigos egípcios e gregos, que representavam alguns de seus deuses por figuras aladas, nem sobre o vulto de estudiosos do problema, como Leonardo da Vinci, que no século XV construiu um modelo de avião em forma de pássaro. Pode-se localizar o início da aviação nas experiências de alguns pioneiros que, desde os últimos anos do século XIX, tentaram o voo de aparelhos então denominados mais pesados do que o ar, para diferenciá-los dos balões, cheios de gases, mais leves do que o ar.

Ao contrário dos balões, que se sustentavam na atmosfera por causa da menor densidade do gás em seu interior, os aviões precisavam de um meio mecânico de sustentação para que se elevassem por seus próprios recursos. O brasileiro Santos Dumont foi o primeiro aeronauta que demonstrou a viabilidade do voo do mais pesado do que o ar. O seu voo no "14-Bis" em Paris, em 23 de outubro de 1906, na presença de inúmeras testemunhas, constituiu um marco na história da aviação, embora a primazia do voo em avião seja disputada por vários países.

<http://www/portalbrasil.net_historia.htm>. Acesso em: 13 dez. 2015. Com adaptações.

(A) O emprego de vírgula após "Vinci" (linha 3) justifica-se para isolar oração subordinada de natureza restritiva.

(B) Em "Pode-se" (linha 4) o pronome "se" indica a noção de condição.

(C) A substituição de "então" (linha 6) por "naquela época" prejudica as informações originais do texto.

(D) Em "se sustentavam" (linha 8) e "se elevassem" (linha 10) o pronome "se" indica voz reflexiva.

(E) O núcleo do sujeito de "constituiu" é 14-Bis (linha 13).

43) (CONSULPLAN — Câmara de Belo Horizonte — MG — Procurador)

Obs.: O texto (BRUM, Eliane. "O despreparo da geração mais preparada". Portal Raízes. Disponível em: <https://www.portalraizes.com/28-2/>.) de onde foi retirado o objeto desta questão não foi incluído no livro por não ser determinante para a resolução da mesma.

No título do texto ("O despreparo da geração mais preparada"), a autora utiliza palavras que são formadas a partir de um mesmo radical "despreparo" e "preparada". O prefixo empregado em uma delas possui o mesmo sentido expresso pelo destacado em:

(A) ateu, inativo.
(B) decair, decrescer.
(C) aversão, amovível.
(D) adventício, contrasselar.

44) (ENEM — Redação e linguagens, códigos e suas tecnologias, matemática e suas tecnologias)

Apesar de

Não lembro quem disse que a gente gosta de uma pessoa não por causa de, mas apesar de. Gostar daquilo que é gostável é fácil: gentileza, bom humor, inteligência, simpatia, tudo isso a gente tem em estoque na hora em que conhece uma pessoa e resolve conquistá-la. Os defeitos ficam guardadinhos nos primeiros dias e só então, com a convivência, vão saindo do esconderijo e revelando-se no dia a dia. Você então descobre que ele não é apenas gentil e doce, mas também um tremendo casca-grossa quando trata os próprios funcionários. E ela não é apenas segura e determinada, mas uma chorona que passa 20 dias por mês com TPM. E que ele ronca, e que ela diz palavrão demais, e que ele é supersticioso por bobagens, e que ela enjoa na estrada, e que ele não gosta de criança, e que ela não gosta de cachorro, e agora? Agora, convoquem o amor para resolver essa encrenca.

MEDEIROS, M. Revista *O Globo*, n.º 790, jun. 2011 (adaptado).

Há elementos de coesão textual que retomam informações no texto e outros que as antecipam. Nos trechos, o elemento de coesão sublinhado que antecipa uma informação do texto é

(A) "Gostar daquilo que é gostável é fácil [...]".
(B) "[...] tudo isso a gente tem em estoque [...]".
(C) "[...] na hora em que conhece uma pessoa [...]".
(D) "[...] resolve conquistá-la".
(E) "[...] para resolver essa encrenca".

45) (ESAF — Escola de Administração Fazendária — Analista de Planejamento e Orçamento)

Numere os fragmentos abaixo, de maneira a compor um texto coeso e coerente.

( ) Este parece ser um problema para um país que, a partir de 1992, quer-se dentro de um mundo globalizado.
( ) Um dos pontos dominantes é o grande número de resenhas de livros "clássicos" traduzidos pela primeira vez no Brasil.
( ) É verdade que o número de editoras citadas no Mais! é maior, mas o espaço é regionalizado, com a hegemonia dos lançamentos das editoras do eixo Rio-São Paulo.

(   ) Aqui há um rebaixamento de um procedimento modernista: sabemos que o intelectual modernista pode ser pensado como um tradutor, como um pedagogo, e o que acontece agora é que o suplemento retoma esse procedimento, porém, "deslumbrado".
(   ) O Mais! parece oferecer uma compensação para este "atraso", traduzindo e publicando grande quantidade de textos de autores estrangeiros de renome na cena intelectual, como Darton, Kurz, Bloom, Derrida e, ao mesmo tempo, oferecendo regularmente espaço para as traduções literárias dos Irmãos Campos.

Adaptado de Valdir Prigol, "Leituras do presente: narrativas de comemoração no Mais!" da *Folha de S.Paulo*, p. 31.

(A) (1), (5), (4), (3), (2)

(B) (2), (3), (5), (1), (4)

(C) (3), (2), (1), (5), (4)

(D) (5), (3), (1), (2), (4)

(E) (3), (5), (4), (1), (2)

46) (ENEM — Exame Nacional do Ensino Médio)

Riscar o chão para sair pulando é uma brincadeira que vem dos tempos do Império Romano. A amarelinha original tinha mais de cem metros e era usada como treinamento militar. As crianças romanas, então, fizeram imitações reduzidas do campo utilizado pelos soldados e acrescentaram numeração nos quadrados que deveriam ser pulados. Hoje as amarelinhas variam nos formatos geométricos e na quantidade de casas. As palavras "céu" e "inferno" podem ser escritas no começo e no final do desenho, que é marcado no chão com giz, tinta ou graveto.

Disponível em: www.biblioteca.ajes.edu.br. Acesso em: 20 maio 2015 (adaptado).

Com base em fatos históricos, o texto retrata o processo de adaptação pelo qual passou um tipo de brincadeira. Nesse sentido, conclui-se que as brincadeiras comportam o(a)

(A) caráter competitivo que se assemelha às suas origens.

(B) delimitação de regras que se perpetuam com o tempo.

(C) definição antecipada do número de grupos participantes.

(D) objetivo de aperfeiçoamento físico daqueles que a praticam.

(E) possibilidade de reinvenção no contexto em que é realizada.

47) (ENEM — Exame Nacional do Ensino Médio)

Rede social pode prever desempenho profissional, diz pesquisa

Pense duas vezes antes de postar qualquer item em seu perfil nas redes sociais. O conselho, repetido à exaustão por consultores de carreira por aí, acaba de ganhar um status, digamos, mais científico. De acordo com resultados da pesquisa, uma rápida análise do perfil nas redes sociais pode prever o desempenho profissional do candidato a uma oportunidade de emprego. Para chegar a essa conclusão, uma equipe de pesquisadores da Northern Illinois University, University of Evansville e Auburn University pediu a um professor universitário e dois alunos para analisarem perfis de um grupo de universitários.

Após checar fotos, postagens, número de amigos e interesses por 10 minutos, o trio considerou itens como consciência, afabilidade, extroversão, estabilidade emocional e receptividade. Seis meses depois, as impressões do grupo foram comparadas com a análise de desempenho feita pelos chefes dos jovens que tiveram seus perfis analisados. Os pesquisadores encontraram uma forte correlação entre as características descritas a partir dos dados da rede e o comportamento dos universitários no ambiente de trabalho.

Disponível em: http://exame.abril.com.br. Acesso em: 29 fev. 2012 (adaptado).

As redes sociais são espaços de comunicação e interação *on-line* que possibilitam o conhecimento de aspectos da privacidade de seus usuários. Segundo o texto, no mundo do trabalho, esse conhecimento permite

(A) identificar a capacidade física atribuída ao candidato.

(B) certificar a competência profissional do candidato.

(C) controlar o comportamento virtual e real do candidato.

(D) avaliar informações pessoais e comportamentais sobre o candidato.

(E) aferir a capacidade intelectual do candidato na resolução de problemas.

48) (ENEM — Exame Nacional do Ensino Médio)

A emergência da sociedade da informação está associada a um conjunto de profundas transformações ocorridas desde as últimas duas décadas do século XX. Tais mudanças ocorrem em dimensões distintas da vida humana em sociedade, as quais interagem de maneira sinérgica e confluem para projetar a informação e o conhecimento como elementos estratégicos, dos pontos de vista econômico-produtivo, político e sociocultural. A sociedade da informação caracteriza-se pela crescente utilização de técnicas de transmissão, armazenamento de dados e informações a baixo custo, acompanhadas por inovações organizacionais, sociais e legais. Ainda que tenha surgido motivada por um conjunto de transformações na base técnico-científica, ela se investe de um significado bem mais abrangente.

LEGEY, L.-R.; ALBAGLI, S. Disponível em: www.dgz.org.br. Acesso em: 4 dez. 2012 (adaptado).

O mundo contemporâneo tem sido caracterizado pela crescente utilização das novas tecnologias e pelo acesso à informação cada vez mais facilitado. De acordo com o texto, a sociedade da informação corresponde a uma mudança na organização social porque

(A) representa uma alternativa para a melhoria da qualidade de vida.

(B) associa informações obtidas instantaneamente por todos e em qualquer parte do mundo.

(C) propõe uma comunicação mais rápida e barata, contribuindo para a intensificação do comércio.

(D) propicia a interação entre as pessoas por meio de redes sociais.

(E) representa um modelo em que a informação é utilizada intensamente nos vários setores da vida.

49) (ENEM — Exame Nacional do Ensino Médio)

No ano de 1985 aconteceu um acidente muito grave em Angra dos Reis, no Rio de Janeiro, perto da aldeia guarani de Sapukai. Choveu muito e as águas pluviais provocaram deslizamentos de terras das encostas da Serra do Mar, destruindo o Laboratório de Radioecologia da Central Nuclear Almirante Álvaro Alberto, construída em 1970 num lugar que os índios tupinambás, há mais de 500 anos, chamavam de Itaorna. O prejuízo foi calculado na época em 8 bilhões de cruzeiros. Os engenheiros responsáveis pela construção da usina nuclear não sabiam que o nome dado pelos índios continha informação sobre a estrutura do solo, minado pelas águas da chuva. Só descobriram que Itaorna, em língua tupinambá, quer dizer "pedra podre", depois do acidente.

FREIRE, J. R. B. Disponível em: www.taquiprati.com.br. Acesso em: 1 ago. 2012 (adaptado).

Considerando-se a história da ocupação na região de Angra dos Reis mencionada no texto, os fenômenos naturais que a atingiram poderiam ter sido previstos e suas consequências minimizadas se:

(A) o acervo linguístico indígena fosse conhecido e valorizado.

(B) as línguas indígenas brasileiras tivessem sido substituídas pela língua geral.

(C) o conhecimento acadêmico tivesse sido priorizado pelos engenheiros.

(D) a língua tupinambá tivesse palavras adequadas para descrever o solo.

(E) o laboratório tivesse sido construído de acordo com as leis ambientais vigentes na época.

50) (ESAF — Analista Técnico-Administrativo, Arquiteto, Contador, Engenheiro e Pedagogo)

Em relação às ideias do texto, assinale a opção correta.

A consciência de defesa do meio ambiente está institucionalizada e felizmente é uma realidade que se espalha pela sociedade brasileira. Escolas, organizações não governamentais, instituições públicas e privadas, empresas, empresários, trabalhadores, todos são capazes de demonstrar preocupação com a preservação da vida no planeta para as populações de amanhã. Talvez não tanto quanto exige o problema, mas o suficiente para ver os sinais de que a depredação da natureza pode levar ao fim de todos. Essa é uma tarefa gigantesca quando olhamos para os enormes desafios — como promover o crescimento econômico sem agredir a natureza —, mas por serem tão evidentes os riscos comuns a todos, a questão passa a ser a rapidez com que temos que atuar. Os sinais estão aí, palpáveis: a agressão ambiental que compromete a natureza é visível a todos e o processo produtivo já acendeu o sinal amarelo e pode desencadear graves consequências para o mundo.

Jornal do Commercio, PE, Editorial, 8 jun. 2013 (com adaptações).

(A) A preocupação com a preservação da vida no planeta tem como exclusivo objetivo as populações de amanhã.

(B) A solução de problemas ambientais independe da velocidade com que serão desencadeadas as ações práticas.

(C) A sociedade moderna já venceu o desafio de promover o crescimento econômico sem agredir a natureza.

(D) A agressão ambiental que compromete a natureza não é percebida pela sociedade e pelos governantes.

(E) As formas do processo produtivo precisam ser revistas para evitar consequências negativas em relação à natureza.

D) Gabarito comentado

1) Gabarito: A. Comentário: O candidato pode tender a marcar a opção C, mas uma leitura mais atenta da afirmativa deste item o levará a perceber que a forma xampu é a adaptação gráfica para o português da forma inglesa *shampoo*, não a sua tradução. A opção A é a correta: a forma latina *curriculum* foi adaptada para o português "currículo".

2) Gabarito: E. Comentário: A ambiguidade é um vício de linguagem porque pela duplicidade de sentido da frase pode provocar interpretação equivocada por não apresentar clareza, o que na forma escrita da língua é fundamental. Esse recurso é usado muitas vezes para construção do humor, em histórias em quadrinhos, textos publicitários, etc., mas exceto no emprego intencional, com objetivos específicos, a ambiguidade deve ser evitada. No exemplo apresentado no enunciado da questão não fica claro se o delinquente foi preso na casa de quem o capturou ou se foi preso em sua própria casa.

3) Gabarito: B. Comentário: A forte inversão dos termos da oração denomina-se hipérbato, que é possível perceber logo nos primeiros versos da primeira estrofe: "Ouviram do Ipiranga as margens plácidas/ De um povo heroico o brado retumbante,/ E o sol da liberdade, em raios fúlgidos,/ Brilhou no céu da pátria nesse instante." (As margens plácidas do Ipiranga ouviram o brado retumbante de um povo heroico e, nesse instante, o sol da liberdade, em raios fúlgidos, brilhou no céu da pátria.) A prosopopeia, ou personificação, é a figura segundo a qual os seres inanimados ou irracionais agem e sentem como se fossem humanos, o que se pode observar, também, nos dois primeiros versos da primeira estrofe, quando as margens plácidas de um riacho são capazes de ouvir o brado retumbante de um povo heroico.

4) Gabarito: B. Comentário: A alternativa cujo vício de linguagem está de acordo com o exemplo é a B, uma vez que a ausência da vogal *i* em "adivinhou" é um erro de ortografia que — junto aos erros de pronúncia, de prosódia, de flexões, de significado, etc. — caracteriza o barbarismo.

5) Gabarito: C. Comentário: Ocorre pleonasmo vicioso nas orações dos exemplos I: "entrasse para dentro"; II: "todas as professoras foram unânimes"; III: "retornar novamente" e IV: "encarar seus problemas de frente".

6) Gabarito: A. Comentário: Na opção A há apenas um significado para a afirmativa, enquanto em B "tocar" pode significar "pegar" ou "fazer soar um instrumento"; em C "passageiro" pode ser "breve" ou "viajante em transporte coletivo"; em D e E "dentes" e "surdo" são catacreses e, ao mesmo tempo, personificações.

7) Gabarito: A. Comentário: O texto é narrativo, porque conta um fato que ocorreu em determinado tempo e espaço, envolvendo personagens (com apresentação, desenvolvimento e conclusão), o tempo verbal predominante é o pretérito, esse texto apresenta ainda traços descritivos por descrever em especial a personagem principal, a cadela Laika. Não foi mencionado em nenhuma opção de resposta, mas seu objetivo principal é a informação.

8) Gabarito: B. Comentário: A relação anafórica se dá pela retomada de um termo ou expressão mencionada anteriormente, portanto retomar o termo "cadela" pelo vocábulo "animal" é "uma relação de anáfora por meio de um hiperônimo", porque substitui uma palavra de sentido mais específico ("cadela") por outra de sentido mais genérico ("animal"), considerando a mesma relação semântica. Na opção B encontramos, entre os vocábulos, uma relação anafórica por meio de hiperônimo: "gelatina", termo mais restrito em sua significação, e "alimento", mais genérico.

9) Gabarito: A. Comentário: A conjunção *mas* tem sentido adversativo e, em ambas as ocorrências no texto, essa ideia é observada.

10) Gabarito: D. Comentário: A opção em que todas as palavras apresentam homônimos homófonos é a D, porque temos *taxa, tacha*; *cesta, sexta*; *assento, acento*. Nas demais opções há homônimos homófonos (palavras com grafias diferentes, mas com pronúncias iguais) em: A — apenas em *conserto, concerto*; B — *cheque, xeque*. *Manga* não é somente homófono, mas um homônimo perfeito (homófono e homógrafo), porque em todos os significados apresenta o mesmo som e a mesma grafia. *Descrição* e *discrição* são parônimos; C — apenas em *serrar, cerrar*. São parônimos: *ratificar, retificar*; *emergir, imergir*.

11) Gabarito: A. Comentário: Na opção: A) os significados dos parônimos estão corretos; B) os homônimos "cede" e "sede" têm os significados parcialmente adequados, porque "sede" está correto, mas "cede" é a 3.ª pessoa do presente do indicativo do verbo "ceder"; C) os parônimos "descrição" e "discrição" estão com os significados trocados. D) os parônimos "deferir" e "diferir" significam "atender" e "ser diferente; divergir; adiar", respectivamente; E) os parônimos "comprimento" e "cumprimento" estão com suas definições trocadas, uma vez que "comprimento" significa "extensão" e "cumprimento" é que é "saudação".

12) Gabarito: B. Comentário: Onomatopeia é a figura que consiste em criar palavras para tentar imitar sons ou até mesmo vozes dos animais. No exemplo destacado, o som do seletor de canais das antigas tevês é reproduzido por meio das palavras "clac, clac, clac".

13) Gabarito: D. Comentário: Essa questão tem como objetivo avaliar a capacidade de estruturar o pensamento com clareza, lógica, coerência. Dessa forma: o primeiro passo é encontrar o tópico frasal, isto é, a frase que apresenta o assunto a ser tratado: um estudo foi apresentado: frase 2; o segundo passo é buscar os pontos que explicam o tópico frasal: o estudo apresentou resultado: frase 1; na sequência, o resultado vai ser melhor explicado: frase 3; continuando: o que vai acontecer?: frase 5; conclusão: apresenta uma solução: frase 4.

Obs.: Cuidado com a armadilha! Três opções foram iniciadas com o número 4, o que pode criar a expectativa de que esta é a frase que provavelmente iniciará o texto.

14) Gabarito: B. Comentário: Para colocar os parágrafos em ordem sequencial de forma que garanta coesão e coerência, é fundamental identificar a ponta de onde se poderá começar a desatar esse nó.

O ponto de partida é identificar o tópico frasal, isto é: sobre o que o texto trata? A resposta está no terceiro trecho da redação: "Ter a iniciativa de propor e votar leis é uma das funções [...] papel" (Este é o n.º 1 da sequência).

O pronome demonstrativo "esse" conecta o segundo parágrafo ao primeiro, desenvolvendo o tema ao retomar o substantivo "legislativo": "Esse poder Legislativo" (A primeira lacuna é o n.º 2 da sequência).

O terceiro parágrafo conclui o segundo por meio de um conector conclusivo: "Por isso mesmo são bem-vindas [...] criminalidade". (A 5.ª lacuna é o n.º 3 da sequência).

O texto poderia ter sido encerrado aí, mas após a conclusão foi levantada uma questão: essa conclusão não é a ideal. A continuidade do texto se dá por meio de um ponto a ser questionado: As ações propostas na conclusão não serão satisfatórias porque a legislação apresenta falhas. (A 4.ª lacuna é o n.º 4 da sequência).

Por que não é possível combinar legislação e resultado prático? A grande questão é o menor infrator. (A última lacuna é o n.º 5 da sequência).

Não vem sendo possível harmonizar a legislação aos anseios da sociedade uma vez que não há uma posição definida da população quanto ao menor infrator. (A 2.ª lacuna é o n.º 6 da sequência). Logo a numeração que dá uma sequência coesa e coerente ao texto é 2, 6, 1, 4, 3, 5.

15) Gabarito: A. Comentário: A opção A é a única que atende à importância da língua como um produto cultural "que não pode ser (...) guardado e exposto em uma redoma de vidro".

16) Gabarito: E. Comentário: Essa questão tem como objetivo avaliar a capacidade de estruturar o pensamento com clareza, lógica, coerência. Dessa forma:

primeiro passo: Qual dos trechos introduz o tema do texto? De que o texto vai tratar? Bruna tem esclerose múltipla e foi aprovada no doutorado. O segundo trecho é o número 1;

segundo passo: Que termo "costura" o segundo parágrafo ao primeiro? A palavra "doença" retoma "esclerose múltipla". A doença é um problema para Bruna assumir o curso. O quarto trecho é o número 2;

terceiro passo: A expressão "a ponto de desistir do curso" retoma o problema de "tremores nas mãos" apresentado no trecho anterior. O terceiro trecho é o número 3;

quarto passo: A medicação foi efetiva? A resposta é iniciada pelo elemento coesivo "então". O quinto trecho é o número 4;

quinto passo: Conclusão da história: o uso de medicação resolve o problema apresentado inicialmente. O primeiro trecho é o número 5.

17) Gabarito: A. Comentário: Os trechos "Afamado por um sistema de nutrido reclame, mantido por um diretor (...) como os negociantes que liquidam para recomeçar com artigos de última remessa" e "o nome de Aristarco, inteiro e sonoro, oferecia-se (...) confins da pátria" deixam clara a ideologia mercantil da educação repercutida na vaidade pessoal de Aristarco, o diretor do Ateneu.

18) Gabarito: B. Comentário: A resposta a essa questão vem resumida nos versos: "Boa terra! Jamais negou a quem trabalha / O pão que mata a fome, o teto que agasalha... / Quem com o seu suor a fecunda e umedece, / Vê pago o seu esforço, e é feliz, e enriquece!" Aí está o ponto de vista do poeta: a prosperidade individual independe de políticas do governo, porque é concedida pela exuberância da terra.

19) Gabarito: A. Comentário: É importante observar no início do texto apresentado a presença do pronome demonstrativo "esse" ("só havia 10 cursos desse tipo") que é anafórico e, portanto, é imprescindível, para haver coerência textual, que haja uma palavra, expressão ou trecho que esse pronome retome. O tipo de curso a que o pronome se refere é o do "ensino a distância", portanto apenas a opção A apresenta o elemento que conecta a introdução (opção A) ao desenvolvimento do texto de forma coesa e coerente.

20) Gabarito: C. Comentário: Em questões desse tipo é importante identificar a opção que apresenta o tópico frasal do texto, isto é, sobre o que vai se tratar.

Número 1: o tópico frasal encontra-se no segundo trecho: "Se já não há muita dúvida de que os investimentos em educação são vitais para o Brasil avançar social e economicamente, ainda estão longe de ser um consenso quais as melhores medidas para fazer a qualidade do ensino progredir."

Número 2: no quinto trecho, o pronome anafórico "essa" ("O Ministério da Educação caminha na direção correta para essa qualidade...") retoma de forma coesa a expressão "qualidade de ensino".

Número 3: no quarto trecho, o texto continua a ser desenvolvido de forma coerente, usando-se mais uma vez, como recurso de coesão, o pronome demonstrativo: "Essa medida segue fórmula..." retomando "um sistema de bonificação para professores que se submetem a curso de aperfeiçoamento", no trecho número 2.

Número 4: no terceiro trecho, a coesão se dá por meio da expressão "A iniciativa é oportuna...", que retoma, no trecho anterior — o número 3 –, os "R$ 200 mensais".

Número 5: finalmente, no primeiro trecho está a conclusão do autor: "Diante de um incentivo pecuniário, é de supor que profissionais procurarão os cursos por conta própria, com efeitos melhores do que se o aperfeiçoamento fosse imposto a todos."

21) Gabarito: B. Comentário: O primeiro passo é buscar o tópico frasal, depois ir correlacionando os trechos a partir dos elementos coesivos que estabelecem a coerência textual até a conclusão do texto.

Número 1: Tópico frasal – segundo trecho: "Depois de um infarto do miocárdio (...) é impossível."

Número 2: O termo "recentemente" retoma a expressão "ao menos era o que se pensava até há pouco", portanto o quarto trecho.

Número 3: "O médico" costura o terceiro trecho ao anterior retomando o nome "Eduardo Marbán": terceiro trecho.

Número 4: "Por fim" é o elemento de coesão que aponta como o médico Eduardo Marbán concluiu, com sua equipe, a regeneração do músculo cardíaco dos 17 pacientes: primeiro trecho.

Número 5: "Um ano depois" conclui o texto, apontando a eficácia de todo o trabalho descrito anteriormente: quinto trecho.

22) Gabarito: E. Comentário: O candidato deve ficar muito atento para perceber qual elemento estabelece a coesão correta na continuação do texto. A expressão "sem competitividade" é a que "costura" de forma coesa e coerente a opção E ao parágrafo inicial, porque é um aprofundamento do exposto em "Incapaz de acompanhar o crescimento do mercado interno, a indústria de transformação [note que o pronome essa é anafórico: essa indústria – a indústria de transformação] perdeu espaço".

23) Gabarito: E. Comentário: Nesse tipo de questão é importante o candidato estar atento para perceber os elementos de coesão textual que "costurarão" o trecho a ser inserido entre os parágrafos apresentados de forma harmônica e coerente. É importante ler os parágrafos dados com atenção, a fim de buscar o elemento coesivo do texto. Este elemento é a palavra "instituição", no último parágrafo. É necessário encontrar em uma das opções uma instituição que estabelecerá a ligação entre os parágrafos. Apenas a opção E menciona uma instituição, a "criação de um banco de desenvolvimento". Aí está a expressão retomada pelo vocábulo "instituição" que liga o trecho E ao último parágrafo. "Avançar na criação de um banco de desenvolvimento" é o elemento de coesão com o primeiro parágrafo, porque retoma "uma atuação conjunta".

24) Gabarito: C. Comentário: A reescritura dos trechos não altera o sentido em quatro opções, apenas em C há alteração, porque o pronome relativo *cuja* não apresenta os mesmos antecedentes e consequentes do trecho original, provocando alteração de sentido na reescritura da frase. Vejamos: "Cujo" sempre tem função adjetiva, pede antecedente e consequente expressos e indica que o antecedente é possuidor do ser indicado pelo substantivo a que se refere: "países como o *México* (antecedente), cuja *indústria automobilística* (consequente do México)"; "nos *Estados Unidos e Japão* (antecedentes), cuja *indústria automobilística* (consequente – indústria automobilística dos Estados Unidos e Japão).

25) Gabarito: D. Comentário: Ao afirmar que "a linotipo (...) levou informação às massas, democratizou a informação. Promoveu uma revolução na educação", o texto dá ao candidato a base necessária para marcar a opção D.

26) Gabarito: B. Comentário: De forma sutil e refinada, o narrador é bastante irônico ao afirmar – logo após descrever o tratamento cruel que Cotrim dispensava aos escravos – que "não se pode honestamente atribuir à índole original de um homem o que é puro efeito de relações sociais".

27) Gabarito: D. Comentário: Para definir em qual das opções é possível encontrar o trecho que pode completar de forma coesa o texto, ligando com coerência o primeiro ao segundo, é importante o candidato perceber, por meio de uma leitura bem atenta, o caminho traçado pelo autor. É possível notar no primeiro trecho um breve histórico dos primórdios da Panair. "O primeiro voo": 1931; "nesta época"; "o primeiro piloto brasileiro": Coronel Luis Tenan, 1935; "antes disso, a Panair chegou até a Amazônia". Como prosseguir?

Opção A: o trecho fala em acidentes sérios que não conectam a trajetória inicialmente descrita ao trecho final no qual a trajetória de sucesso da empresa continua.

Opção B: o trecho não mantém qualquer relação de coerência com o segmento inicial.

Opção C: "esses tristes acontecimentos"? Não há também qualquer relação de coerência com o primeiro segmento.

Opção D: aqui se observa a continuação da trajetória da empresa que "depois de dominar o mercado interno" "volta-se, a partir de 1941, para as rotas internacionais, principalmente cruzando o Atlântico" e, nesse ponto, faz a "costura" perfeita com o terceiro segmento: "para fazer **essa** travessia". O pronome anafórico "essa" (no trecho final) é o elemento de coesão que retoma o voo "cruzando o Atlântico". Este é o trecho que completa de forma coesa e coerente o texto.

Opção E: transportaram a seleção brasileira não é "essa travessia", certo? Este trecho também não apresenta relação de coerência com o último segmento do texto.

28) Gabarito: C. Comentário: Especialmente no segundo e terceiro parágrafos fica clara a posição de Michael Sandel. A opção C é a que melhor resume o pensamento desse filósofo quanto a seu entendimento da economia de mercado.

29) Gabarito: B. Comentário: A fundamentação para responder a esta questão está no primeiro parágrafo, no trecho "estamos em uma época em que todas as relações, sejam emocionais, sejam cívicas, estão tendendo a ser tratadas pela lógica da economia de mercado".

30) Gabarito: E. Comentário: No segundo parágrafo, o autor coloca a questão: "Mas o que seria uma sociedade de mercado"?, para esclarecer o leitor, de forma bem sucinta a fim de que haja clara percepção, do perigo de a "sociedade de mercado" prevalecer sobre a "economia de mercado".

31) Gabarito: D. Comentário: A economia de mercado só pode ser o corolário (= situação decorrente de outra; desenvolvimento ou consequência natural de algo anterior) da democracia no campo das atividades produtivas porque se baseia na liberdade.

32) Gabarito: D. Comentário: A fundamentação para responder a esta questão está no final desse mesmo parágrafo: "Ele alerta para o fato de que, por ser tão eficiente na economia, a lógica econômica está invadindo todos os outros domínios da vida em sociedade."

33) Gabarito: A. Comentário: A relação de causa é estabelecida no período da opção A pela oração subordinada adverbial causal reduzida de infinitivo "por ser tão eficiente na economia", cuja correspondente desenvolvida pode ser "uma vez que é tão eficiente na economia".

34) Gabarito: B. Comentário: O candidato pode constatar que o trecho, no texto, foi transcrito entre aspas por se tratar da reprodução exata das palavras do filósofo Michael Sandel.

35) Gabarito: E. Comentário: Na opção: A) "o que" é um pronome interrogativo e não retoma a expressão "sociedade de mercado"; B) "a" é um pronome oblíquo que se refere a "prosperidade"; C) "em que" é um pronome relativo cujo antecedente é "uma época"; D) "que" é conjunção integrante que inicia uma oração subordinada substantiva objetiva direta; E) "a ela" é um pronome oblíquo tônico que se refere à expressão "sociedade de mercado". Este é, portanto, o gabarito.

36) Gabarito: C. Comentário: O verbo "chegamos" destacado no enunciado da questão está no pretérito perfeito do modo indicativo. É importante destacar que, no modo indicativo, nos verbos regulares, a primeira pessoa do plural do presente e do pretérito perfeito são homônimos perfeitos ficando, portanto, o contexto em que são empregados responsável pela identificação do tempo verbal. No caso em análise, o pretérito perfeito fica claro na forma verbal "chegamos", uma vez que o questionamento é se já foi alcançada a "sociedade de mercado". Nas opções A, B e E as formas verbais "vem", "estamos" e "são" estão no presente do modo indicativo. Na opção D foi empregado o presente do modo subjuntivo ("tenhamos"). Na opção C, o gabarito, temos o pretérito perfeito do modo indicativo na forma verbal "levou".

37) Gabarito: B. Comentário: A opção em que as afirmativas estão "costuradas" com os conectores adequados, de modo que mantêm a intencionalidade comunicativa, é a letra B.

38) Gabarito: C. Comentário: As afirmativas apresentadas no enunciado da questão foram adequadamente conectadas por pronomes e preposições – elementos de coesão textual empregados de forma tal que mantiveram a intencionalidade comunicativa na opção C.

39) Gabarito: A. Comentário: Na opção A, o pronome possessivo "seus" não deixa claro quem, afinal, teve os "seus" direitos violados: o "ex-presidente"?, o "Comitê da ONU"?, o "juiz"?

40) Gabarito: A. Comentário: Por meio do discurso demagógico e vazio de Odorico há uma crítica ao comportamento muito comum a pessoas públicas no Brasil.

41) Gabarito: D. Comentário: Algumas palavras em português apresentam grafias semelhantes ou pronúncias semelhantes. É preciso cuidado na hora de empregá-las, tanto na forma escrita quanto oralmente. De acordo com a norma-padrão apenas a opção D preenche adequadamente as lacunas.

42) Gabarito: D. Comentário: A opção D é o gabarito da questão, porque a palavra *se* é pronome reflexivo nos dois momentos, significando que o sujeito é ao mesmo tempo agente e paciente das ações de "sustentar" e "elevar". As demais estão incorretas porque: A) o emprego da vírgula isola uma oração subordinada adjetiva de natureza explicativa e não restritiva; B) a palavra *se* não indica noção de condição, isto é, não é uma conjunção subordinativa condicional, mas sim um pronome apassivador; C) a substituição não prejudica as informações originais do texto, uma vez que ambas apresentam ideia de tempo; E) o núcleo do sujeito de "constituiu" é *voo*.

43) Gabarito: A. Comentário: Na palavra "despreparo" há presença do prefixo "des", cujo significado é 'negação'. A opção em que os prefixos empregados correspondem ao prefixo "des" de "despreparo" é a opção A: "ateu" — prefixo "a" (= negação) — 'não acredita em Deus', e "inativo" — prefixo "in" (= negação) — 'não está ativo'. O candidato pode ficar em dúvida em relação à opção B: o prefixo "de", de "decair" e "decrescer", que aparenta ter o mesmo significado que "des" de "despreparo", trata-se de uma armadilha, uma vez que em "decair" e em "decrescer" o prefixo "de" indica 'movimento para baixo' e 'redução, diminuição'.

44) Gabarito: A. Comentário: O elemento coesivo que antecipa uma informação é "daquilo" (= "que é gostável"), os demais retomam informações: A) "tudo isso" (= "gentileza [...] simpatia"); B) "que" (= "na hora"); C) "la" (= uma pessoa); D) "essa" (= "ele não é apenas gentil e doce [...] não gosta de cachorro").

45) Gabarito: C. Comentário: Para um texto coeso e coerente, teremos:

3.º fragmento: apresentação do tema – "É verdade que o número de editoras citadas no Mais! é maior (...) Rio-São Paulo." – número 1;

2.º fragmento: desenvolvimento – "Um dos pontos dominantes [dessa hegemonia] é o grande (...) Brasil." – número 2;

1.º fragmento: continua o desenvolvimento – "Este parece ser um problema para um país [Brasil] que (...) globalizado." – número 3;

5.º fragmento: continua o desenvolvimento – "O Mais! parece oferecer uma compensação para esse 'atraso' [problema], traduzindo (...) Irmãos Campos". – número 4;

4.º fragmento: conclusão: – "Aqui há o rebaixamento de um procedimento modernista (...) o que acontece agora é que o suplemento retoma esse procedimento, porém: deslumbrado" – número 5.

46) Gabarito: E. Comentário: Se o texto explicita que a amarelinha foi modificada pelas crianças romanas para ser usada nas brincadeiras infantis, isto é, num contexto diametralmente oposto ao dos soldados romanos, a alternativa E é a que melhor atende ao proposto no enunciado da questão.

47) Gabarito: D. Comentário: O texto é claro em seu objetivo: uma pesquisa concluiu que a partir de "uma rápida análise do perfil nas redes sociais" é possível prever "o desempenho profissional do candidato a uma oportunidade de emprego"; portanto, se deseja avaliar informações pessoais e comportamentais sobre um candidato, acessar as redes sociais é um bom instrumento para "prever o desempenho profissional do candidato a uma oportunidade de emprego".

48) Gabarito: E. Comentário: O uso de novas tecnologias e o acesso à informação cada vez mais fácil viabilizam uma intensa troca de informações entre os vários setores da vida; portanto, o gabarito é a opção E.

49) Gabarito: A. Comentário: A partir da leitura do texto é possível depreender que, se o acervo linguístico indígena fosse mais valorizado, se reconheceria o significado de "Itaorna" (pedra podre) como um alerta para o perigo de deslizamento e, certamente, não se teria construído naquele local.

50) Gabarito: E. Comentário: A opção A deve ser observada com atenção, porque a presença da expressão "exclusivo objetivo" já nos leva a olhá-la com desconfiança por seu significado restritivo. A leitura atenta do texto nos permite perceber no trecho final como melhor resposta a opção E: "Os sinais estão aí, palpáveis: a agressão ambiental que compromete a natureza é visível a todos e o processo produtivo já acendeu o sinal amarelo e pode desencadear graves consequências para o mundo."

PARTE III - ESCREVER BEM

A) Concordância, regência e colocação

Em português a *concordância* consiste em se adaptar a palavra determinante ao gênero, número e pessoa da palavra determinada, neste último caso quando verbo. A concordância pode ser nominal ou verbal.

Diz-se **concordância nominal** a que se verifica em gênero e número entre o adjetivo e o pronome (adjetivo), o artigo, o numeral ou o particípio (palavras determinantes) e o substantivo ou pronome (palavras determinadas) a que se referem.

Diz-se **concordância verbal** a que se verifica em número e pessoa entre o sujeito (e, às vezes, o *predicativo*) e o verbo da oração.

A concordância pode ser estabelecida de *palavra* para *palavra* ou de *palavra* para *sentido*. A concordância de *palavra* para *palavra* será *total* ou *parcial* (também chamada *atrativa*), conforme se leve em conta a totalidade ou a mais próxima das palavras determinadas numa série de coordenação.

CONCORDÂNCIA NOMINAL

A — Concordância de palavra para palavra

1. Há uma só palavra determinada

A palavra determinante irá para o gênero e número da palavra determinada:

Eu estou *quite*. / Nós estamos *quites*.

2. Há mais de uma palavra determinada

a) Se as palavras determinadas forem do mesmo gênero, a palavra determinante irá para o plural e para o gênero comum, ou poderá concordar, principalmente se vier anteposta, em gênero e número com a mais próxima:

A língua e (a) literatura *portuguesas* ou A língua e (a) literatura *portuguesa*.

b) Se as palavras determinadas forem de gêneros diferentes, a palavra determinante irá para o plural masculino, ou concordará em gênero e número com a mais próxima:

"Vinha todo coberto de negro: *negros* o elmo, a couraça e o saio." [Alexandre Herculano]

"*Calada* a natureza, a terra e os homens." [Gonçalves Dias]

3. Há uma só palavra determinada e mais de uma determinante

A palavra determinada irá para o plural ou ficará no singular, sendo, neste último caso, facultativa a repetição do artigo:

As *séries* quarta e quinta.

A quarta e quinta *série* (ou *séries*).

B — Concordância de palavra para sentido (referência)

A palavra determinante pode deixar de concordar em gênero e número com a *forma* da palavra determinada para levar em consideração, apenas, a referência a que esta alude: *o* (vinho) *champanha*, *o* (rio) *Amazonas*.

Entre os diversos casos de concordância pelo sentido, aparecem os seguintes:

1. As expressões de tratamento do tipo de *V.Ex.ª*, *V.S.ª*, etc.

V. Ex.ª é { *atencioso* (referindo-se a homem)
atenciosa (referindo-se a mulher)

2. A expressão *a gente* aplicada a uma ou mais pessoas com inclusão da que fala.

"Pergunta *a gente* a si *próprio* (refere-se a pessoa do sexo masculino) quanto levaria o solicitador ao seu cliente por ter sonhado com o seu negócio." [Pinheiro Chagas *apud* Mário Barreto].

> **Obs.:** Está correto neste caso também o emprego da concordância com a forma gramatical da palavra determinada: "Com estes leitores assim previstos, o mais acertado e modesto é a gente ser sincera." [Camilo Castelo Branco *apud* Mário Barreto]

3. O termo determinado é um coletivo seguido de determinante em gênero ou número (ou ambos) diferentes:

Acocorada em torno, *alegres*, a meninada *entusiasmada* brincava.

4. A palavra determinada aparece no singular e mais adiante o determinante no plural em virtude de se subentender aquela no plural:

"Não compres *livro* somente pelo título: ainda que pareçam *bons*, são muitas vezes *péssimos*." [João Ribeiro]

C — Outros casos de concordância nominal

1. Um e outro, nem um nem outro, um e/ou outro

a) Um e outro

Determinado e verbo no singular ou no plural:

> "Alceu Amoroso Lima (...) teve a boa ideia de caracterizar e diferençar o ensaio e a crônica, dizendo que um e outro *gênero* se *afirmam* pelo estilo."

Modificado pelo adjetivo, este vai para o plural:

> "(...) e [Rubião] desceu outra vez, e o cão atrás, sem entender nem fugir, um e outro *alagados, confusos*." [Machado de Assis]

b) Nem um nem outro / Um e/ou outro

Verbo e substantivo no singular:

> Nem um nem outro *livro merece* ser lido.
> "Um e outro *soldado*, indisciplinadamente, *revidava*, disparando à toa, a arma para os ares." [Euclides da Cunha]

Havendo adjetivo, este vai para o plural:

> Nem um nem outro aluno *aplicados*.
> Um e/ou outro aluno *aplicados*.

2. Mesmo, próprio, só

Concordam com a palavra determinada em gênero e número:

> Ele *mesmo* disse a verdade.
> Elas *próprias* foram ao local.
> Nós não estamos *sós*.

3. Menos e somenos

Ficam invariáveis:

> Mais amores e *menos* confiança. (e não *menas*)
> "Há neles coisas boas e coisas más ou *somenos*." [Manuel Bandeira]

4. Leso

É adjetivo, por isso concorda com seu determinado em gênero e número:

> "Como se a substância não fosse já um crime de *leso-gosto* e *lesa-seriedade*, ainda por cima as pernas saíam sobre as botas." [Camilo Castelo Branco]

5. Anexo, apenso e incluso

Como adjetivos, concordam com a palavra determinada em gênero e número:

> Correm *anexos* (*inclusos, apensos*) aos processos vários documentos.
> Vai *anexa* (*inclusa, apensa*) a declaração solicitada.

> **Obs.:** Usa-se invariável *em anexo*, *em apenso*: Vai *em anexo* (*em apenso*) a declaração./ Vão *em anexo* (*em apenso*) as declarações.

6. Dado e visto

Usados adjetivamente, concordam em gênero e número com o substantivo determinado:

Dadas (*Vistas*) as circunstâncias, foram-se embora.

7. Meio

Com o valor de 'metade', usado adjetivamente, concorda em gênero e número com o termo determinado, claro ou oculto:

Era *meio-dia e meia*. (Isto é: e *meia hora*.)

8. Pseudo e todo

Usados em palavras compostas ficam invariáveis:

A *pseudo-harmonia* do universo o intrigava.
A fé *todo-poderosa* que nos guia é nossa salvação.

9. Tal e qual

Tal, como todo determinante, concorda em gênero e número com o determinado:

Tais razões não me movem.

Tal qual, combinados, também procedem à mesma concordância:

Ele não era *tal quais* seus primos.
Os filhos são *tais qual* o pai.

> **Obs.:**
>
> → Em lugar de *tal qual*, podem aparecer: *tal e qual*, *tal ou qual*.
>
> → Não confundir *tal qual* flexionáveis com *tal qual*, *tal qual como* invariáveis, que valem por 'como': "Descerra uns sorrisos discretos, sem mostrar os dentes, *tal qual como* as inglesas de primeiro sangue." [Camilo Castelo Branco]

10. Possível

Com *o mais possível*, *o menos possível*, *o melhor possível*, *o pior possível*, *quanto possível*, o adjetivo *possível* fica invariável, ainda que se afaste da palavra *mais*:

Paisagens o mais *possível* belas.

Com o plural *os mais*, *os menos*, *os piores*, *os melhores*, o adjetivo *possível* vai ao plural:

Paisagens as mais belas *possíveis*.

Fora destes casos, a concordância de *possível* se processa normalmente:

Sob todos os pontos de vista *possíveis*.

11. A olhos vistos

É tradicional o emprego da expressão *a olhos vistos* no sentido de 'claramente', 'visivelmente', em referência a nomes femininos ou masculinos:

"(...) padecia calada e definhava *a olhos vistos*." [Machado de Assis]

12. É necessário paciência

Com as expressões do tipo é *necessário, é bom, é preciso*, significando 'é necessário ter', o adjetivo pode ficar invariável, qualquer que seja o gênero e o número do termo determinado, quando se deseja fazer uma referência de modo vago ou geral. Pode-se também fazer normalmente a concordância:

> É *necessário* paciência.
> É *necessária* muita paciência.
> "Eram *precisos* outros três homens." [Aníbal Machado]

13. Adjetivo composto

Nos adjetivos compostos de dois ou mais elementos referidos a nacionalidades, a concordância em gênero e número com o determinado só ocorrerá no último adjetivo do composto:

> Lideranças *luso-brasileiras*.

14. Alguma coisa boa *ou* alguma coisa de bom

Em *alguma coisa boa*, e semelhantes, o adjetivo (*boa*) concorda com o termo determinado (*coisa*).

Em *alguma coisa de bom*, e semelhantes, o adjetivo (*bom*) não concorda com *coisa*, sendo empregado no masculino.

> **Obs.**: Por atração, pode-se fazer a concordância do adjetivo com o termo determinado que funciona como sujeito da oração: A vida nada tem de *trágica*.

15. Alternância entre adjetivo e advérbio

Há casos em que a língua permite usar ora o advérbio (invariável) ora o adjetivo ou pronome (variáveis):

> "Vamos a falar *sérios*." [Camilo Castelo Branco]
> Vamos a falar *sério*.
> "Os momentos custam *caros*." [Rebelo da Silva]
> Os momentos custam *caro*.
> "A vida custa tão *cara* aos velhos quanto é *barata* para os moços." [Marquês de Maricá]
> "Era esta a herança dos miseráveis, que ele sabia não escassearem na quase solitária e *meia* arruinada Carteia." [Alexandre Herculano]
> "A voz sumiu-se-lhe, *toda* trêmula." [Eça de Queirós]

Observe-se que a possibilidade de flexões é antiga na língua e, assim, não há razão para ser considerada errônea, como fazem alguns autores. A distinção entre adjetivos (e pronomes) e advérbios só se dá claramente quando a palavra determinada está no feminino ou no plural, caso em que a flexão nos leva a melhor interpretar o termo como adjetivo. Na língua-padrão atual, a tendência é para, nestes casos, proceder dentro da estrita regra da gramática e usar tais termos sem flexão, adverbialmente. Entram nesta possibilidade de flexão as construções de *tanto mais, quanto menos, pouco mais, muito mais*, em que o primeiro elemento pode concordar ou não com o substantivo:

> Com *quanto* mais *razão*, *muito* mais honra.
> Com *quanta* mais *razão*, *muita* mais honra.
> "*Poucas* mais *palavras* trocamos." [Camilo Castelo Branco]

Notemos que *alerta* é originariamente um advérbio e, assim, não aparece flexionado:

Estamos todos *alerta*.

Há uma tendência moderna para se usar desta palavra como adjetivo, podendo guardar a natureza da palavra invariável ou sofrer a flexão própria dos adjetivos. Junto de substantivo, *alerta* adquire significado e função de adjetivo:

"Ali, dia e noite, havia sempre duas espias *alerta*." [Bernardo Guimarães]
"A moça aguardava com inteligência curta, os sentidos *alertas*." [Carlos de Laet]

O adjetico *quite* (= livre de dívida, de obrigação) deve concordar com o termo a que se refere:

Estou *quite*./ Estamos *quites*.

16. Particípios que passaram a preposição e advérbio

Alguns particípios passaram a ter emprego equivalente a preposição e advérbio (por exemplo: *exceto, salvo, mediante, não obstante, tirante*, etc.) e, como tais, normalmente devem aparecer invariáveis. Entretanto, não se perdeu de todo a consciência de seu antigo valor, e muitos escritores procedem à concordância necessária:

"Os tribunais, *salvas* exceções honrosas, reproduziam... todos os defeitos do sistema." [Rebelo da Silva]
"A razão desta diferença é que a mulher (*salva* a hipótese do cap. CI e outras) entrega-se por amor..." [Machado de Assis]

Como bem pondera Epifânio Dias, flexionar tais termos "é expressar-se na verdade com correção gramatical, mas de modo desusado". Deste modo, a língua moderna dá preferência a dizer "*salvo* exceções", "*salvo* a hipótese".

17. A concordância com numerais

Quando se empregam os cardinais pelos ordinais, não ocorre a flexão:

Página *um* (ou *primeira* página). Figura *vinte e um* (ou *vigésima primeira* figura).

> **Obs.:** *Milhar* e *milhão* são masculinos e, portanto, não admitem seus adjuntos postos no feminino a concordar com o núcleo substantivo feminino:
>
> *Os milhares* de pessoas (e não: *As milhares* de pessoas).
> *Os milhões* de crianças (e não: *As milhões* de crianças).

18. A concordância com os adjetivos designativos de nomes de cores

Surgem as incertezas quando o nome de cor é constituído de dois adjetivos. Neste caso, a prática tem sido deixar o primeiro invariável na forma do masculino e fazer a concordância do segundo com o substantivo determinado:

bolsa *amarelo-clara*, calças *verde-escuras*, olhos *verde-claros*, onda *azul-esverdeada*

Exceções:

azul-marinho e *azul-celeste*, como adjetivo, ficam invariáveis: *jaquetas azul-marinho, olhos azul-celeste.*

Ambos os elementos ficam invariáveis nos adjetivos compostos que designam cores quando o segundo elemento é um substantivo:

> *olhos verde-água, lençol azul-turquesa, uniformes verde-oliva, paredes verde-abacate, bolsa amarelo-limão*

CONCORDÂNCIA VERBAL

A — Concordância de palavra para palavra

1. Há sujeito simples

a) Se o sujeito for simples e singular, o verbo irá para o singular, ainda que seja um coletivo:

> "Já no trem, o plano *estava* praticamente traçado." [João Ubaldo Ribeiro, *Diário do Farol*]
> "*Diz* o povo em Itaparica (...)." [João Ubaldo Ribeiro, *O conselheiro come*]

b) Se o sujeito for simples e plural, o verbo irá para o plural:
> "As mãos de alguém *taparam* os olhos de Bia." [Ana Maria Machado, *A audácia dessa mulher*]

2. Há sujeito composto

Se o sujeito for composto, o verbo irá, normalmente, para o plural, qualquer que seja a sua posição em relação ao verbo:

> "Na estação de Vassouras, *entraram* no trem Sofia e o marido, Cristiano de Almeida e Palha." [Machado de Assis, *Quincas Borba*]

Obs.:

→ Pode dar-se a concordância com o núcleo mais próximo, *se o sujeito vem depois do verbo*: "Foi neste ponto que *rompeu* o alarido, os choros e os chamados que ouvimos (...)." [Simão Lopes Neto, *Contos gauchescos e lendas do sul*]

→ Quando o núcleo é singular e seguido de dois ou mais adjuntos, pode ocorrer o verbo no plural, como se se tratasse na realidade de sujeito composto: "(...) ainda quando a *autoridade paterna e materna fossem delegadas...*" [Almeida Garrett]

A concordância do verbo no singular é a mais corrente na língua-padrão moderna.

→ Pode ocorrer o verbo no singular ainda nos casos seguintes:

a) se a sucessão dos substantivos indicar gradação de um mesmo fato:

"A censura, a autoridade, o poder público, inexorável, frio, grave, calculado, lá *estava*." [Alexandre Herculano]

b) se se tratar de substantivos sinônimos ou assim considerados:

"O ódio e a guerra que declaramos aos outros nos *gasta e consome* a nós mesmos." [Marquês de Maricá]

"A infeliz, a desgraçada, a empesteada da moléstia *se recusara* a lhe dizer uma palavra de consolo (...)." [João Ubaldo Ribeiro, *Miséria e grandeza do amor de Benedita*]

c) se o segundo substantivo exprimir o resultado ou a consequência do primeiro:

"A doença e a morte de Filipe II (...) *foi* como a imagem (...)" [Rebelo da Silva]

d) se os substantivos formam juntos uma noção única:

O fluxo e refluxo das ondas nos *encanta*.

B — Concordância de palavra para sentido

Quando o sujeito simples é constituído de nome ou pronome no singular que se aplica a uma coleção ou grupo, o verbo irá ao singular:

O povo *trabalha*.
A gente *vai*.

C — Outros casos de concordância verbal

1. Sujeito constituído por pronomes pessoais

Se o sujeito composto é constituído por diferentes pronomes pessoais em que entra eu ou nós, o verbo irá para a 1.ª pessoa do plural:

"*Vínhamos* da missa ela, o pai e eu." [Machado de Assis, *Memórias póstumas de Brás Cubas*]

Se na série entra *tu* ou *vós* e nenhum pronome de 1.ª pessoa, o verbo irá normalmente para a 2.ª pessoa do plural:

"E, assim, te repito, Carlota, que Francisco Salter voltará, será teu marido, e *tereis* [isto é, *tu* e *ele*] larga remuneração dos sofrimentos que *oferecerdes* a seus..." [Camilo Castelo Branco, *Carlota Ângela*]

Obs.: Ou porque avulta como ideia principal o último sujeito, ou porque, na língua contemporânea, principalmente entre brasileiros, vai desaparecendo o tratamento *vós*, nestes casos, a norma consagrou o verbo na 3.ª pessoa do plural: *Tu e os teus são dignos da nossa maior consideração*.

2. Sujeito ligado por série aditiva enfática

Se o sujeito composto tem os seus núcleos ligados por série aditiva enfática (*não só... mas, tanto... quanto, não só... como*, etc.), o verbo concorda com o mais próximo ou vai ao plural (o que é mais comum quando o verbo vem depois do sujeito):

"Tanto o lidador como o abade *haviam* seguido para o sítio que ele parecia buscar com toda a precaução." [Alexandre Herculano]

3. Sujeito ligado por *com*

Se o sujeito no singular é seguido imediatamente de outro termo no singular ou no plural mediante a preposição *com*, ou locução equivalente, pode o verbo ficar no singular ou ir ao plural *para realçar a participação simultânea na ação*:

> O presidente, com toda sua comitiva, *estava* presente / *estavam* presentes.

4. Sujeito ligado por *nem... nem*

O sujeito composto ligado pela série aditiva negativa *nem... nem* leva o verbo normalmente ao plural e, às vezes, ao singular:

> "Mas *nem* a tia *nem* a irmã *haviam almoçado*, à espera dele (...)"; "O silêncio era pior que a resposta; e *nem* o caso *nem* as pessoas *permitiam* tão grande pausa." [Machado de Assis, *Helena*]

Constituído o sujeito pela série *nem um nem outro*, fica o verbo no singular:

> *Nem* Pedro *nem* Luísa *ganhou* o prêmio de melhor atleta do colégio.
> "Alguns instantes decorreram em que *nem* um *nem* outro *falou*; ambos pareciam (...). [Machado de Assis, *A mão e a luva*]

5. Sujeito ligado por *ou*

O verbo concordará com o sujeito mais próximo se a conjunção indicar:

a) *exclusão*:

> "(...) a quem a doença *ou* a idade *impossibilitou* de ganharem o sustento..." [Alexandre Herculano]

b) *retificação de número gramatical*:

> Um *ou* dois livros *foram retirados* da estante.

c) *identidade* ou *equivalência*:

> O professor *ou* o nosso segundo pai *merece* o respeito da pátria.

Se a ideia expressa pelo predicado puder referir-se a toda a série do sujeito composto, o verbo irá para o plural; mais frequentemente, porém, pode ocorrer o singular.

> "A ignorância *ou* errada compreensão da lei não *eximem* de pena (...)." [Código Civil]
> "Mas aí, como se o destino *ou* o acaso, *ou* o que quer que fosse, se *lembrasse* de dar algum pasto aos meus arroubos possessórios (...)." [Machado de Assis, *Memórias póstumas de Brás Cubas*]

6. Sujeito representado por expressão como *a maioria dos homens*

Se o sujeito é representado por expressões do tipo de *a maioria de, a maior parte de, grande parte (número) de, parte de* e um nome no plural ou nome de grupo no plural, o verbo irá para o singular, ou plural, como se a determinação no plural fosse o sujeito:

> "(...) a maior parte deles *recusou* segui-lo com temor do poder da regente..." [Alexandre Herculano]
> "...e a maior parte dos esquadrões *seguiram*-nos..." [Alexandre Herculano]
> "Que quantidade de casas não *ruiu* [ou *ruíram*] com o temporal!" [José Gualda Dantas]

Entram neste caso expressões como *número, preço, custo* e outros seguidos de *de* + plural:

Número cada vez maior *de impostos prejudicam* a economia do homem comum.

Diferente destes é o caso em que o núcleo do sujeito não se refere à ideia de número. Nestas circunstâncias deve prevalecer a concordância do verbo no singular:

O nível das inadimplências *eleva* (e não: *elevam*) os cuidados dos comerciantes.

Obs.: Se se tratar de coletivo geral (e não partitivo como nos exemplos até aqui), o verbo ficará no singular: Uma *equipe* de médicos *entrou* em greve. / A *totalidade* dos feriados *caiu* na quinta-feira.

7. Sujeito representado por *cada um de* + plural

Neste caso, o verbo fica sempre no singular:

Cada um dos concorrentes deve preencher a ficha de inscrição (e não *devem preencher*!).

8. Concordância do verbo *ser*

O normal é que sujeito e verbo *ser* concordem em número:

José era um aluno aplicado.
Os dias de inverno são menores que os de verão.

Todavia, em alguns casos, o verbo *ser* se acomoda à flexão do predicativo:

a) quando um dos pronomes *isto, isso, aquilo, tudo, ninguém, nenhum* ou expressão de valor coletivo do tipo de *o resto, o mais* é sujeito do verbo ser:

"*Tudo eram* alegrias e cânticos." [Rebelo da Silva]

b) quando o sujeito é constituído pelos pronomes interrogativos *quem, que, o que*:

Quem eram os convidados?

c) quando o verbo *ser* está empregado na acepção de 'ser constituído por':

A provisão *eram alguns quilos* de arroz.

d) quando o verbo *ser* é empregado impessoalmente, isto é, sem sujeito, nas designações de horas, datas, distâncias, imediatamente após o verbo:

São dez horas? Ainda não *o são*.

Obs.: Precedido o predicativo plural de expressão avaliativa do tipo *perto de, cerca de* é ainda possível vir o verbo ser no singular: "*Era perto de* duas horas quando saiu da janela." [Machado de Assis]

e) quando o verbo *ser* aparece nas expressões *é muito, é pouco, é bom, é demais, é mais de, é tanto* e o sujeito é representado por termo no plural que denota preço, medida ou quantidade:

Dez reais *é pouco*.

Obs.: Se o sujeito está representado por pronome pessoal, o verbo *ser* concorda com o sujeito, qualquer que seja o número do termo que funciona como predicativo:

Ela era as preocupações do pai.

Se o sujeito está representado por nome próprio de pessoa ou lugar, o verbo *ser*, na maioria dos exemplos, concorda com o predicativo:

"Santinha *eram* dois olhos míopes, quatro incisivos claros à flor da boca." [Manuel Bandeira]

Na expressão que introduz narrações, do tipo de *era uma princesa*, o verbo *ser* é intransitivo, com o significado de 'existir', funcionando como sujeito o substantivo seguinte, com o qual concorda:

"*Eram quatro irmãs tatibitates* e a mãe delas tinha muito desgosto com esse defeito." [Câmara Cascudo]

Com a expressão *era uma vez uma princesa*, continua o verbo *ser* como intransitivo e o substantivo seguinte como sujeito; todavia, como diz A.G. Kury, "a atração fortíssima que exerce *uma* da locução *uma vez*" leva a que o verbo fique no singular ainda quando o sujeito seja um plural:

"*Era uma vez* três moças muito bonitas e trabalhadeiras." [Câmara Cascudo]

A moderna expressão *é que*, de valor reforçativo de qualquer termo oracional, aparece em geral com o verbo *ser* invariável em número:

Nós **é que** somos brasileiros.

Afastado do *que* e junto do termo no plural, aparece às vezes o verbo *ser* no plural:

São de homens assim *que* depende o futuro da pátria. / De homens assim *é que* depende o futuro da pátria.

Nas expressões que denotam operação aritmética do tipo *um e um, um mais um, um com um*, que funcionam como sujeito do verbo *ser* (*fazer, somar*, etc.), o verbo vai ao plural concordando normalmente com o sujeito:

Sete e sete são catorze.

9. A concordância com *mais de um*

O verbo é em geral empregado no singular, sendo raro o aparecimento de verbo no plural:

"(...) *mais de um* poeta *tem* derramado..." [Alexandre Herculano]

Se se tratar de ação recíproca, ou se a expressão vier repetida ou, ainda, se o sujeito for coletivo acompanhado de complemento no plural, o verbo irá para o plural:

Mais de um *se xingaram*.

10. A concordância com *quais de vós*

Se o sujeito for constituído de um pronome plural de sentido partitivo (*quais, quantos, algumas, nenhuns, muitos, poucos*, etc.), o verbo concorda com a expressão partitiva introduzida por *de* ou *dentre*:

"*Quais de vós sois*, como eu, desterrados no meio do gênero humano?" [Alexandre Herculano]

11. A concordância com os pronomes relativos

a) Se o sujeito da oração é o pronome relativo *que*, o verbo concorda com o antecedente, desde que este não funcione como predicativo de outra oração:

"Ó tu, *que tens* de humano o gesto e o peito." [Luís de Camões]

b) Se o antecedente do sujeito *que* for um pronome demonstrativo, o verbo da oração adjetiva vai para a 3.ª pessoa:

Aquele que trabalha acredita num futuro melhor.

c) Se o antecedente do pronome relativo funciona como predicativo, o verbo da oração adjetiva pode concordar com o sujeito de sua principal ou ir para a 3.ª pessoa:

"Sou eu o primeiro que não *sei* classificar este livro." [Alexandre Herculano]
Fui o primeiro que *conseguiu* sair.
"Éramos dois sócios, que *entravam* no comércio da vida com diferente capital." [Machado de Assis]

d) É de rigor a concordância do verbo com o sujeito de *ser* nas expressões do tipo *sou eu que, és tu que, foste tu que*, etc.:

"*Foste tu que* me buscaste." [Alexandre Herculano]

e) Se ocorrer o pronome *quem*, o verbo da oração subordinada vai para a 3.ª pessoa do singular, qualquer que seja o antecedente do relativo ou indefinido, ou concorda com o antecedente:

És tu quem me dá alegria de viver. / *És tu quem me dás* alegria de viver.

f) Em linguagem do tipo *um dos... que*, o verbo da oração adjetiva pode ficar no singular (concordando com o seletivo *um*) ou no plural (concordando com o termo sujeito no plural):

"*Um dos* nossos escritores modernos *que* mais *abusou* do talento, e que mais portentos auferiu do sistema..." [Alexandre Herculano]
"Demais, *um dos que* hoje *deviam* estar tristes, eras tu." [Carlos de Laet]

O singular é de regra quando o verbo da oração só se aplica ao seletivo *um*. Assim nos dizeres "foi *um* dos teus filhos que *jantou* ontem comigo", "é *uma* das tragédias de Racine que se *representará* hoje no teatro", será incorreto o emprego do número plural; o singular impõe-se imperiosamente pelo sentido do discurso. [Ernesto Carneiro Ribeiro]

12. A concordância com os verbos impessoais

Nas orações sem sujeito, o verbo assume a forma de 3.ª pessoa do singular:

Há vários nomes aqui.
Deve haver cinco premiados.
Irei já, *haja* os empecilhos que *houver*.
Não o vejo *há* três meses.
Não o vejo *faz* três meses.
Já *passa* das dez horas.
Basta de tantas travessuras!
Trata-se de casos absurdos.

Note que, havendo locução verbal, o auxiliar também fica no singular:

Deve haver vários premiados.
Deve-se tratar de casos absurdos.

13. A concordância com *dar* (e sinônimos) aplicado a horas

Se aparece o sujeito *relógio*, com ele concorda o verbo da oração:

O relógio deu duas horas.

Não havendo o sujeito *relógio*, o verbo concorda com o sujeito representado pela expressão numérica:

Deram três horas.

14. A concordância com o verbo na reflexiva de sentido passivo

A língua-padrão pede que o verbo concorde com o termo que a gramática aponta como sujeito:

Alugam-se casas.
Vendem-se apartamentos.
Fazem-se chaves.

15. A concordância na locução verbal

Chama-se *locução verbal* a combinação das diversas formas de um verbo auxiliar com o infinitivo, gerúndio ou particípio de outro verbo que se chama *principal*. Na locução verbal, é somente o auxiliar que recebe as flexões de pessoa, número, tempo e modo: *haveremos de fazer, estavam por sair, iam trabalhando, tinham visto*.

Portanto, havendo locução verbal, cabe ao verbo auxiliar a flexão, concordando com a indicação do sujeito:

"Bem sei que me *podem vir* (sujeito indeterminado) com duas objeções que (sujeito explícito) geralmente se *costumam fazer*." [Antônio Feliciano de Castilho]

Com *poder* e *dever* seguidos de infinitivo, a prática mais generalizada é considerar a presença de uma locução verbal, isto é, fazendo-se que *poder* e *dever* concordem com o sujeito plural:

Podem-se dizer essas coisas. / *Devem-se* fazer esses serviços.

Todavia aparece o singular, corretamente:

"Não é com a embriaguez que se *deve celebrar os sucessos* felizes (...)" [Marquês de Maricá]

São ambas construções corretas e correntes que se distinguem por apresentar diferentemente a ênfase sobre o sujeito da oração. Quando, porém, o sentido determinar exatamente o sujeito verdadeiro, a concordância não pode ser arbitrária.

16. A concordância com a expressão *não (nunca)... senão* e sinônimas

O verbo que se interpõe na expressão exceptiva *não... senão* (ou *não... mais que*) concorda com o sujeito:

"Ao aparecer o dia, por quanto os olhos podiam alcançar, *não se viam senão* cadáveres" [Alexandre Herculano].

O mesmo ocorre com *não (nunca)... mais que (mais do que)*:

Não se viam mais do que cadáveres. / *Não me couberam mais que* alegrias na vida.

17. A concordância com títulos no plural

Em geral se usa o verbo no plural, principalmente com artigo no plural:

"Por isso, *as Cartas Persas anunciam* o Espírito das Leis." [Mário Barreto]

Com o verbo *ser* e predicativo no singular pode ocorrer o singular:

"(...) *as Cartas Persas é* um livro genial..." [Mário Barreto]

> **Obs.**: Em referência a topônimos como os Estados Unidos, os Andes, as Antilhas, as Bahamas, etc., em que a presença do artigo é comum, é frequente verbos e determinantes no plural:
>
> "— Mas se *os Estados Unidos achassem* que não convinha ceder?" [Ana Maria Machado, Tropical sol da liberdade]
>
> Com o verbo *ser* há possibilidade normal da concordância com o predicativo:
>
> *Os Estados Unidos é* (ou: *são*) *um país* de história muito nova.
> *Os Andes é uma cordilheira.*

18. A concordância no aposto

Quando a um sujeito composto se seguem, como apostos, expressões de valor distributivo como *cada um, cada qual*, o verbo, posposto a tais expressões, concorda com elas:

"Pai e filho *cada um seguia* por seu caminho." [Epifânio Dias]

Se o verbo vem anteposto a essas expressões, dá-se normalmente a concordância no plural com o sujeito composto ou no plural:

"(...) não era possível que os aventureiros *tivessem cada um* o seu cubículo" [José de Alencar].
Eles *saíram cada um* com sua bicicleta.

Se o sujeito aparece ampliado por um aposto, permanece a obrigatoriedade da concordância do verbo com o sujeito:

Muitos aspectos, *a maioria* talvez, *são* bem diversos.

19. A concordância com *haja vista*

A construção mais natural e frequente da expressão *haja vista*, com o valor de *veja*, é ter invariável o verbo, qualquer que seja o número do substantivo seguinte:

"*Haja vista* os exemplos disso em Castilho." [Rui Barbosa]

Pode, entretanto, ocorrer o plural, considerando-se o substantivo no plural como sujeito:

"*Hajam vista* os seguintes exemplos." [Cândido de Figueiredo]

Ocorre, ainda, a construção com o verbo no singular e substantivo precedido das preposições *a* ou *de*:

"*Haja vista* às tangas." [Camilo Castelo Branco]

Não é correta a expressão *haja visto* (por exemplo: *Haja visto* o ocorrido).

20. A concordância do verbo com sujeito oracional

Fica no singular o verbo que tem por sujeito uma oração, que, tomada materialmente, vale por um substantivo do número singular e do gênero masculino:

Parece que tudo vai bem.
É bom que compreendas estas razões.
Ainda *falta* entregar a prova aos alunos retardatários (e não *faltam*!).
Basta ver os últimos resultados da pesquisa.
Falta apurar os votos de duas urnas.
Eis os fatos que me *compete* explicar a vocês.
Não são poucos os casos que me *falta* elucidar.
Esses crimes *cabe* à polícia averiguá-los.

Permanece no singular o verbo que tem como sujeito duas ou mais orações coordenadas entre si:

"Que Sócrates nada escreveu e que Platão expôs as doutrinas de Sócrates *é sabido*." [João Ribeiro]
Fumar e utilizar celulares não *será permitido* até a parada total da aeronave.

Por isso deve-se evitar o plural em casos como este retirado de jornal:

"Tirar a roupa e pichar o traseiro não *parecem* atos libertários" (e sim: não *parece* atos libertários).

21. Concordância nas expressões de porcentagem

A tendência é fazer concordar o verbo com o termo preposicionado que especifica a referência numérica:

Trinta por cento *do Brasil assistiu* à transmissão dos jogos da Copa.
Trinta por cento *dos brasileiros assistiram* aos jogos da Copa.

Se for *um* o numeral que entra na expressão de porcentagem, o verbo irá para o singular:

Um por cento dos erros *foi* devido a distrações.

Se o termo preposicionado não estiver explícito na frase, a concordância se faz com o número existente:

Cinquenta por cento *aprovaram* a mudança. (Diferentemente de: Cinquenta por cento do público *aprovou* a mudança.)

Se a porcentagem for particularizada por artigo ou pronome, o verbo concordará com ela:

Os tais 10% do empréstimo *estarão* (e não *estará*) embutidos no valor total.
Esses 20% da turma *deverão* (e não: *deverá*) submeter-se à nova prova.

Se o verbo vier antes da expressão de porcentagem, ou se o termo preposicionado estiver deslocado, a concordância se fará com o número existente:

Ficou excluído 1% dos candidatos.
Foram admitidos este mês *10%* da lista.
Da turma, *10% faltaram* às aulas.

22. Concordância em *Vivam os campeões!*

Unidades como *viva!*, *morra!* e similares podem guardar seu significado lexical e aparecer como verbos, ou, esvaziado esse valor, ser tratadas como formas interjetivas.

No primeiro caso, se fará normalmente a concordância com seu sujeito:

"*Vivam* os meus dois jovens, disse o conselheiro, *vivam* os meus dois jovens, que não esqueceram o amigo velho." [Machado de Assis]

Todavia, a língua moderna revela acentuada tendência para usar, nestes casos, tais unidades no singular, dada a força interjetiva da expressão: *Viva* os campeões! A língua-padrão prefere que seja observada a regra geral de concordância com o sujeito.

Salve!, como pura interjeição de aplauso, não se flexiona; portanto:

Salve os campeões!

Como flexão do verbo *salvar* (= livrar de dificuldade, de perigo), a concordância é feita normalmente:

Salvem os animais silvestres! Eles correm perigo de extinção.

23. Concordância com *ou seja, como seja*

A norma exemplar recomenda atender à concordância do verbo com o seu sujeito:

"Para que uma mina fosse boa, era preciso que desse pelo menos duas oitavas de ouro de 'cada bateada' — *ou sejam* 35.000 em moeda de hoje." [Carlos Góis]

Mas facilmente as expressões *ou seja, como seja* podem ser gramaticalizadas como unidade de significação explicativa e, assim, tornarem-se invariáveis:

Todos os três irmãos já chegaram, *como seja*, Everaldo, João e Janete.

24. Concordância com *a não ser*

Faz-se a concordância normal com o sujeito do verbo:

"Nesta Lisboa onde viveu e morreu, *a não serem* os raros apreciadores do seu talento, poucos o conheciam..." [José Joaquim Nunes]

25. Concordância nas expressões *perto de*, *cerca de* e equivalentes

O verbo concorda com seu sujeito:

> Já *votaram cerca de* mil eleitores.
> *Em torno de* dez dias *se passaram* sem que houvesse distúrbios.
> *Perto de* dois terços de sua vida *foram perdidos* no jogo.

Se o sujeito está no singular, o verbo vai para o singular:

> *Apodreceu* cerca de uma tonelada de carne.

> **Obs.**: Vale mencionar que o verbo *ser* impessoal, nas designações de horas, datas, distâncias, precedido o predicativo plural de expressão avaliativa do tipo *perto de*, *cerca de*, pode vir no singular ou no plural:
> "*Era perto de duas horas* quando saiu da janela." [Machado de Assis] / "*Eram perto de oito horas*." [Idem]

26. Concordância com a expressão *que é de*

Ocorrendo a expressão *que é de*, com o valor de 'que é feito de', o verbo aparecerá sempre no singular:

> *Que é dos* papéis que estavam aqui?

27. Concordância com a expressão *que dirá*

Com a expressão *que dirá*, em construções comparativas opositivas com valor aproximado de 'quanto mais / menos', fica invariável o verbo em número e pessoa:

> Se você errou, *que dirá* eu.
> Se você não é feliz, *que dirá* eles.

REGÊNCIA

É o processo sintático em que uma palavra determinante subordina uma palavra determinada. A marca de subordinação é expressa, nas construções analíticas, pela preposição.

1. A preposição comum a termos coordenados

A preposição que serve a dois termos coordenados pode vir repetida ou calada junto ao segundo (e aos demais termos), conforme haja ou não desejo de enfatizar o valor semântico da preposição:

> As alegrias *de* infância e *de* juventude. / As alegrias *de* infância e juventude.

A omissão da preposição parece ser mais natural quando não se combina com artigo.

2. Está na hora da onça beber água

A possibilidade de se pôr o sujeito de infinitivo antes ou depois desta forma verbal nos permite dizer:

>Está na hora de beber a onça água. (posição rara)
>Está na hora de a onça beber água. (posição mais frequente)

Este último meio de expressão aproxima dois vocábulos (a preposição *de* e o artigo *a*) que a tradição do idioma contrai em *da*, surgindo assim um terceiro modo de dizer: *Está na hora da onça beber água*, construção normal que não tem repugnado os ouvidos dos que melhor falam e escrevem a língua portuguesa.

Outros exemplos: "Sabe como eu sempre apreciei essa espécie de escritos, e o que pensei deste livro antes *dele sair* do prelo." [Machado de Assis]; "A febre, já começada antes *dela sair*, tomara conta enfim da pobre moça." [Idem]; É tempo *da gente rir*; Está na hora *dela chegar*, etc.

3. Eu gosto de tudo, exceto isso ou exceto disso

Pode-se tanto dizer corretamente *Eu gosto de tudo, exceto isso* ou *Eu gosto de tudo, exceto disso*.

4. Migrações de preposição

Com muita frequência vê-se a preposição que deveria aparecer com o relativo migrar para junto do antecedente deste pronome:

>*Lisboa e Porto, das quais cidades venho agora* por *Lisboa e Porto, cidades das quais venho agora*. [José Leite de Vasconcelos]

5. Repetição de prefixo e preposição

Sem atentar para a tradição do idioma e de suas raízes latinas, alguns autores condenam a concorrência de prefixo com preposição em usos como: *concorrer* **com**, *deduzir de*, *depender de*, *incluir em*, *aderir a*, *concordar com*, *coincidir com*, etc. Daí repudiarem, por exemplo, a construção *consentâneo com*, recomendando que se diga *duas coisas consentâneas* em vez de *uma coisa consentânea com outra*. Também substituem *uma coisa coincide com outra* por *uma coisa incide na outra*. Consideramos excessiva esta prática, visto que a repetição tem a consagração do uso dos melhores escritores da língua.

6. Complementos de termos de regências diferentes

O rigor gramatical exige que não se dê complemento comum a termos de regência de natureza diferente. Assim não podemos dizer, de acordo com este preceito:

>*Entrei e saí de casa*, em vez de *Entrei em casa e dela saí* (ou equivalente), porque *entrar* pede a preposição *em* e sair a preposição *de*.

Salvo as situações de ênfase e de encarecimento semântico de cada preposição, a língua dá preferência às construções abreviadas que a gramática insiste em condenar, sem, contudo, obter grandes vitórias.

7. Termos preposicionados e pronomes átonos

Tanto se pode dizer *não fujas de mim* como não *me fujas*.

8. Pronomes relativos preposicionados ou não

O pronome relativo exerce função sintática na oração a que pertence:

a) *Sujeito*: O livro *que* está em cima da mesa é meu.

b) *Objeto direto*: O livro *que* eu li encerra uma bonita história.

c) *Predicativo*: Dividimos o pão como bons amigos *que* éramos.

d) *Complemento relativo*: O livro *de que* precisamos esgotou-se.

e) *Objeto indireto*: Este é o aluno *a que* dei o livro.

f) *Adjunto adverbial*: O livro *por que* aprendeste a ler é antigo. / A casa *em que* moro é espaçosa.

g) *Agente da passiva*: Este é o autor *por que* a novela foi escrita.

As três primeiras funções sintáticas dispensam preposição, enquanto as quatro últimas a exigem.

9. Verbos a cuja regência se há de atender na língua-padrão

1) *Abraçar*: pede objeto direto: Eu *o* abracei pelo seu aniversário.

2) *Acudir*: pede complemento preposicionado ou *lhe* quando significa 'socorrer', 'ajudar', 'lembrar', 'responder': O irmão sempre acudia *ao filho*. / O médico *lhe* acudiu na hora certa.

Nestes dois primeiros empregos, também é possível a construção com objeto direto: O irmão sempre acudia *o filho* (acudia-o) e O médico *o* acudiu na hora certa.

Não *lhe* acudia no momento o endereço da loja. / A aluna acudirá *ao professor* quando ele a arguir.

3) *Adorar*: pede objeto direto: Ela *o* adorava.

4) *Agradar*: pede objeto direto quando significa 'acariciar', 'fazer carinhos': O pai *a* agradava.

No sentido de 'ser agradável', exige objeto indireto com a preposição *a*: A resposta não agradou *ao juiz*. / A resposta não *lhe* agradou.

5) *Ajudar*: pede objeto direto ou indireto: Ajudava *os / aos* necessitados.

6) *Aspirar*: pede objeto direto quando significa 'sorver', 'chupar', 'atrair o ar aos pulmões': Aspiramos *o perfume* das flores.

No sentido de 'pretender com ardor', 'desejar', pede complemento preposicionado: Sempre aspirava *a uma boa colocação*.

7) *Assistir*: pede complemento preposicionado iniciado pela preposição *a* quando significa 'estar presente a', 'presenciar'; 'ver e/ou ouvir': Assistir *ao acidente*. / Assistir *ao concerto*.

No sentido de 'ajudar', 'prestar socorro' ou 'assistência', 'servir', 'acompanhar', pede *indiferentemente* objeto direto ou complemento preposicionado: Assistir *o / ao* doente.

No sentido de 'morar', 'residir' — emprego que é clássico e popular — constrói-se com a preposição *em*: "Entre os que assistiam *em* Madri..." [Augusto Rebelo da Silva]

No sentido de 'ser da competência ou atribuição de alguém' (assistir o direito), pede complemento preposicionado de pessoa: Não *lhe* assiste o direito de reclamar.

8) Atender: pede objeto direto ou complemento preposicionado: atender *os* / *aos* pedidos; atender *as* / *às* vítimas; atender *o* / *ao* telefone; atender *os* / *aos* ministros, etc.

9) Atingir: não se constrói com a preposição *a*: A quantia atingiu *cinco mil reais*. (E não: *a cinco mil reais*.)

10) Chamar: no sentido de 'solicitar a presença de alguém', pede objeto direto: Eu chamei *José*. / Eu *o* chamei.

No sentido de 'dar nome', 'apelidar' pede objeto direto ou complemento preposicionado e predicativo do objeto, com ou sem preposição: Chamam-*lhe* herói. / Chamam-*lhe de herói*. / Nós *o* chamamos *herói*. / Nós *o* chamamos *de herói*.

No sentido de 'invocar pedindo auxílio ou proteção', rege objeto direto com a preposição *por* como posvérbio: Chamava *por todos os santos*.

11) Chegar: pede a preposição *a* junto à expressão locativa: Cheguei *ao* colégio com pequeno atraso.

> **Obs.**: Em *cheguei na hora exata*, a preposição *em* está usada corretamente porque indica tempo, e não lugar.

12) Conhecer: pede objeto direto: Ele *a* conheceu na festa.

13) Convidar: pede objeto direto: Não *o* convidaram à festa.

14) Custar: no sentido de 'ser difícil', 'ser custoso', tem por sujeito aquilo que é difícil: Custam-me *estas respostas*.

15) Ensinar: constrói-se com objeto indireto de pessoa e direto da coisa ensinada: Quero ensinar-*lhe* esse caminho.

16) Esperar: pede objeto direto puro ou precedido da preposição *por*, como posvérbio (marcando interesse): Todos esperavam (*por*) Antônio.

17) Esquecer: pede objeto direto da coisa esquecida: Esqueci *os livros* na escola.

Esquecer-se, pronominal, pede complemento preposicionado encabeçado pela preposição *de*: Esqueci-me *dos livros*.

18) Impedir: constrói-se com objeto direto de pessoa e é regida da preposição *de* a coisa impedida: Impediu-*o de sair cedo*. Inversamente, pode construir-se com objeto indireto de pessoa e direto da coisa impedida: Impedi *ao José* (impedi-*lhe*) sair cedo.

19) Implicar: no sentido de 'produzir como consequência', 'acarretar', pede objeto direto: Tal atitude não implica *desprezo*.

> **Obs.**: Deve-se evitar, na língua-padrão, o emprego da preposição *em* neste sentido (*implica em* desprezo), apesar de uso divulgado.

20) **Informar**: pede tanto objeto direto da pessoa informada e preposicionado de coisa (com *de* ou *sobre*) quanto, inversamente, objeto indireto de pessoa e direto da coisa informada: Informei-*o do* (ou: *sobre o*) *andamento do processo*. Ou: Informei *ao peticionário* (informei-*lhe*) *o andamento do processo*.

21) **Ir**: pede a preposição *a* ou *para* junto à expressão de lugar: Fui *à* cidade. / Foram *para* Paris.

A construção *Fui na cidade* é registro coloquial, informal, popular.

22) **Lembrar**: pede objeto direto na acepção de 'recordar': As vozes lembram *o pai*.

No sentido de 'trazer algo à lembrança de alguém', constrói-se com objeto direto da coisa lembrada e indireto da pessoa: Lembrei-*lhe o aniversário da prima*.

Na acepção de 'algo que vem à memória', tem como sujeito a coisa que vem à memória e objeto indireto de pessoa, mas neste sentido é mais comum o emprego do verbo como pronominal: O filho pouco *se lembra das feições* do pai.

23) **Morar**: pede a preposição *em* junto à expressão de lugar. É ainda esta preposição que se emprega com *residir, situar* e derivados.

24) **Obedecer**: pede complemento preposicionado: obedecer *às* normas de trânsito; obedecer *ao* guarda.

25) **Obstar** (= criar obstáculo a; opor-se): pede complemento preposicionado: "É certo que outros entendiam serem úteis os castigos materiais para obstar *ao progresso* das heresias..." [Alexandre Herculano]

26) **Pagar**: pede objeto direto do que se paga e indireto de pessoa a quem se paga: Paguei-*lhe a consulta*.

27) **Perdoar**: pede objeto direto de coisa perdoada e indireto de pessoa a quem se perdoa: Eu *lhe* perdoei *os erros*. / Não *lhe* perdoamos.

No português atual vem sendo empregado objeto direto de pessoa: Não *o* perdoo.

28) **Pesar**: na expressão *em que pese a* no sentido de 'ainda que (algo) seja pesaroso, custoso ou incômodo (para alguém)', usa-se o verbo no singular seguido de preposição: *Em que pese aos* meus pais, desta vez não poderei fazer o que me pedem.

O mesmo ocorre com o sentido de 'apesar de; não obstante': *Em que pese aos* seus erros, vou perdoar-lhe.

Diferente desta construção é o emprego da locução conjuntiva concessiva *em que* (= ainda que), seguida do verbo *pesar* no seu sentido próprio. Neste caso não temos a locução *em que pese a*, e o verbo *pesar* concorda com seu sujeito: *Em que pesem os novos argumentos*, mantive a decisão.

29) **Preferir**: pede a preposição *a* junto ao seu objeto indireto: Prefiro a praia *ao campo* (e não: *do que o campo*). / Preferia estudar *a não fazer nada* (e não: *do que não fazer nada*).

Os gramáticos pedem ainda que não se construa este verbo com os advérbios *mais* e *antes* (prefiro *mais*, *antes* prefiro).

30) Presidir: pede complemento sem preposição ou indireto com a preposição *a*: presidir *a sessão* ou presidir *à sessão*.

31) Proceder: no sentido de 'iniciar', 'executar alguma coisa', pede complemento preposicionado com a preposição *a*: O juiz vai proceder *ao* julgamento.

32) Querer: no sentido de 'desejar', pede objeto direto: A criança queria *uma bicicleta nova*.

Significando 'querer bem', 'gostar', pede objeto indireto de pessoa: Despede-se do amigo que muito *lhe* quer.

33) Requerer: nos seus diversos sentidos pede objeto direto da coisa requerida e objeto indireto de pessoa a quem se requer: Requeri *minhas férias ao diretor*. / Requeri-*lhe minhas férias*. (Em lugar da preposição *a* pode aparecer a preposição *de*, neste caso é sinônimo de 'reclamar', 'exigir': Requeri *de todos* a devida atenção.)

34) Responder: pede, na língua-padrão, objeto indireto de pessoa ou coisa a que se responde e direto do que se responde: Ela respondeu *aos seguidores*. / "O marido respondia *a tudo* com as necessidades políticas." [Machado de Assis]. / "— Viu-a, e não se lembrou de nada, observou Palha, sem responder *à pergunta*." [Idem] / "Agora mesmo, custava-me responder *alguma coisa*, mas enfim contei-lhe o motivo da minha ausência..." [Idem].

Obs.: A construção *responder a pergunta, o* e-mail (com objeto direto) é corrente no português do Brasil, apesar de condenada por alguns gramáticos.

Admite ser construído na voz passiva: "... um violento panfleto contra o Brasil que foi vitoriosamente *respondido por De Angelis*." [Eduardo Prado]

35) Satisfazer: pede objeto direto ou complemento preposicionado: Satisfaço *o seu pedido*. / Satisfaço *ao seu pedido*.

36) Servir: no sentido de 'estar ao serviço de alguém', 'pôr sobre a mesa uma refeição', pede objeto direto: Este criado há muito que *o* serve. / Ela acaba de servir *o almoço*.

No sentido de 'prestar serviço', pede complemento com a preposição *a*: Sempre servia *aos* amigos. / Ele agora serve *ao* Exército.

No sentido de 'oferecer alguma coisa a alguém', se constrói com objeto direto de coisa oferecida e indireto de pessoa: Ela *nos* (obj. ind.: *a nós*) serviu *gostosos bolinhos* (obj. direto).

No sentido de 'ser de utilidade', pede objeto indireto iniciado por *a* ou *para* ou representado por pronome (átono ou tônico): Isto não *lhe* serve; só serve *para ela*.

37) Socorrer: no sentido de 'prestar socorro', pede objeto direto de pessoa: Todos correram para *socorrê-lo*.

Pronominalmente, com o sentido de 'valer-se de', pede complemento iniciado pelas preposições *a* ou *de*: Socorreu-se *ao empréstimo*. / Socorremo-nos *dos amigos* nas dificuldades.

38) Suceder: no sentido de 'substituir', 'ser o sucessor de', pede complemento preposicionado da pessoa substituída: D. Pedro I sucedeu *a D. João VI*.

Também ocorre, com menos frequência, acompanhado de objeto direto de pessoa: O filho sucedeu *o pai*.

No sentido de 'acontecer algo a alguém ou com alguém', teremos sujeito como a coisa acontecida e complemento de pessoa precedido de *a* ou *com*: Sucederam *horrores a mim* (ou *comigo*).

39) **Ver**: pede objeto direto: Nós *o* vimos na cidade (e não: *lhe* vimos!).

40) **Visar**: no sentido de 'mirar', 'dar o visto em alguma coisa', pede objeto direto: Visavam *o chefe da rebelião*. / O diretor visou *o diploma*.

No sentido de 'pretender', 'aspirar', 'propor-se', pede de preferência complemento preposicionado iniciado pela preposição *a*: Estas lições visam *ao estudo da linguagem*. / Estas lições visam *a estudar a linguagem*.

41) **Visitar**: pede objeto direto: Visitamos *a exposição de arte*.

COLOCAÇÃO

Sintaxe de colocação ou de ordem

É aquela que trata da maneira de dispor os termos dentro da oração e as orações dentro do período.

A *colocação*, dentro de um idioma, obedece a tendências variadas, quer de ordem estritamente gramatical, quer de ordem rítmica, psicológica e estilística, que se coordenam e completam. O maior responsável pela ordem favorita numa língua ou grupo de línguas parece ser a entonação oracional.

A ordem considerada *direta*, *usual* ou *habitual* consiste em enunciar, no rosto da oração, o sujeito, depois o verbo e em seguida os seus complementos.

A ordem que saia do esquema *svc* (*sujeito — verbo — complemento*) se diz *inversa* ou *ocasional*.

Chama-se *anástrofe* a ordem inversa da colocação do termo subordinado preposicionado antes do termo subordinante: *De teus olhos a cor vejo eu agora.* (por: *A cor de teus olhos.*)

Quando a colocação chega a prejudicar a clareza da mensagem, pela disposição violenta dos termos, diz-se que há um *hipérbato*: "*a grita se levanta ao céu da gente* por *a grita da gente se levanta ao céu.*" [Mattoso Câmara Jr.]

Quando a deslocação cria a ambiguidade ou mais de uma interpretação do texto, alguns autores dão à forma o nome *sínquise*. É prática a ser evitada.

Quase sempre essa deslocação violenta dos termos oracionais exige, para o perfeito entendimento da mensagem, nosso conhecimento sobre as coisas e saber de ordem cultural: *Abel matou Caim*.

Pronomes pessoais átonos e o demonstrativo *o*

A colocação dos pronomes pessoais átonos e do demonstrativo *o* é questão de fonética sintática.

O pronome átono pode assumir três posições em relação ao vocábulo tônico, do grupo de força a que pertence: *ênclise, próclise* e *mesóclise* (ou *tmese*).

Ênclise é a posposição do pronome átono (vocábulo átono) ao vocábulo tônico a que se liga: Deu-*me* a notícia.

Próclise é a anteposição ao vocábulo tônico: Não *me* deu a notícia.

Mesóclise ou *tmese* é a interposição ao vocábulo tônico: Dar-*me*-á a notícia.

Critérios para a colocação dos pronomes pessoais átonos e do demonstrativo *o* a serem seguidos na língua-padrão

1. Em relação a um só verbo

1.º) Não se inicia *período* por pronome átono: "Deu-*me* as costas e voltou ao camarote." [Machado de Assis]

2.º) Não se pospõe, em geral, pronome átono a verbo flexionado em oração subordinada: "Confesso que tudo aquilo *me* pareceu obscuro." [Machado de Assis]

3.º) Não se pospõe pronome átono a verbo modificado diretamente por advérbio (isto é, sem pausa entre os dois, indicada ou não por vírgula) ou precedido de palavra de sentido negativo, bem como de pronome ou quantitativo indefinidos, enunciados sem pausa (*alguém, outrem, qualquer, muito, pouco, todo, tudo, quanto*, etc.): Sempre *me* recebiam bem./ Ninguém *lhe* disse a verdade./ Alguém *me* ama./ Todos *o* querem como amigo.

Se houver pausa, o pronome pode vir antes ou depois do verbo: "O poeta muitas vezes se delicia em criar poesia, não tirando-*a* de si (...)" [Marquês de Maricá]

4.º) Não se pospõe pronome átono a verbo no futuro do presente e futuro do pretérito. Se não forem contrariados os princípios anteriores, ou se coloca o pronome átono proclítico ou mesoclítico ao verbo: "A leitora, que ainda *se lembrará* das palavras, dado que me tenha lido com atenção (...)" [Machado de Assis, Dom Casmurro] / "Teodomiro *recordar-se-á* ainda de qual foi o desfecho do amor de Eurico..." [Alexandre Herculano]

5.º) Não se pospõe ou intercala pronome átono a verbo flexionado em oração iniciada por palavra interrogativa ou exclamativa: "Quantos *lhe* dá?" [Machado de Assis] / Como *te* perseguem!

6.º) Não se antepõe pronome átono a verbo no gerúndio inicial de oração reduzida: Encontrei-o na condução, *cumprimentando-o* cordialmente.

2. Em relação a uma locução verbal

Temos de considerar dois casos:

a) Auxiliar + infinitivo: quero falar

OU

Auxiliar + gerúndio: estou falando

Se os princípios já expostos não forem contrariados, o pronome átono poderá aparecer:

1) Proclítico ao auxiliar: Eu *lhe quero* falar. / Eu *lhe estou* dizendo.

2) Enclítico ao auxiliar (ligado ou não por hífen): Eu *quero-lhe* falar. / Eu *estou-lhe* dizendo. Ou: Eu quero *lhe* falar. / Eu estou *lhe* dizendo.

A segunda maneira de dizer, isto é, deixar o pronome não hifenizado, é a mais comum entre brasileiros, porque está de acordo com nosso ritmo frasal.

> **Obs.:** Não se usa a ênclise ao auxiliar da construção *haver de* + infinitivo. Neste caso se dirá *Havemos de ajudá-lo* ou *Havemos de o ajudar*.

3) Enclítico ao verbo principal (ligado por hífen): Eu quero *falar-lhe*. / Eu estou *dizendo-lhe*.

b) Auxiliar + particípio: tenho falado

Não contrariando os princípios iniciais, o pronome átono pode vir:

1) Proclítico ao auxiliar: Eu *lhe tenho* falado.

2) Enclítico ao auxiliar (ligado ou não por hífen): Eu *tenho-lhe* falado. / Eu *tenho lhe* falado.

Jamais se pospõe pronome átono a particípio: Eu tenho *falado-lhe*.

Entre brasileiros é mais frequente a próclise ao verbo principal em todos os exemplos dados: Eu tenho *lhe falado*.

Depois do particípio usamos a forma tônica do pronome oblíquo, precedida de preposição: Eu tenho *falado a ele*.

Posições fixas

A tradição fixou a próclise ainda nos seguintes casos:

1) Com o gerúndio precedido da preposição *em*: *Em me vendo*, gritou zangado.

2) Nas orações exclamativas e optativas, com o verbo no subjuntivo e sujeito anteposto ao verbo: Deus *te* ajude!

B) Ortografia, novo Acordo Ortográfico e pontuação

Semivogais e encontros vocálicos (ditongos, tritongos e hiatos)

Chamam-se *semivogais* os fonemas vocálicos /y/ e /w/ (orais ou nasais) que acompanham a vogal numa mesma sílaba. Os encontros de vogais e semivogais dão origem aos *ditongos* e *tritongos*, ao passo que o encontro de vogais dá origem aos *hiatos*.

Graficamente, a semivogal /y/ é representada pelas letras *i* (*cai, lei, fui, Uruguai*, etc.) nos ditongos e tritongos orais, e pela letra *e* (*mãe, pães*, etc.) nos ditongos nasais; a semivogal /w/ é representada pela letra *u* (*pau, céu, viu, guaucá*) nos ditongos e tritongos orais, e pela letra *o* (*pão, mão, saguão*, etc.) nos ditongos e tritongos nasais.

Ditongo é o encontro de uma vogal e de uma semivogal, ou vice-versa, na mesma sílaba: p*ai*, *mã*e, á*gua*, cá*rie*, mág*oa*, rei.

Os ditongos podem ser:

a) *crescentes* (gló*ria*, q*ua*ndo) ou decrescentes (b*ai*xo, be*m*).

Diz-se crescente quando começa pela semivogal: *ua* (ág*ua*), *ia* (gló*ria*). Diz-se decrescente quando começa pela vogal: *ai* (b*ai*xo), bem (= bẽi).

b) *orais* (equestre) ou *nasais* (muito). Os ditongos nasais são sempre fechados, enquanto os orais podem ser *abertos* (pai, céu, rói, ideia) ou *fechados* (meu, doido, veia).

Nos ditongos nasais, são nasais a vogal e a semivogal, mas só se coloca o til sobre a vogal: mãe.

Os principais **ditongos crescentes** são:

Orais:

1) /ya/: *glória, pátria, diabo, área, nívea*

2) /ye/: (= yi): *cárie, calvície*

3) /yɛ/: *dieta*

4) /yo/: *vário, médio, áureo, níveo*

5) /yɔ/: *mandioca*

6) /yo/: *piolho*

7) /yu/: *miudeza*

8) /wa/: *água, quase, dual, mágoa, nódoa*

9) /wi/: *linguiça, tênue*

10) /wɔ/: *quiproquó*

11) /wo/: *aquoso, oblíquo*

12) /we/: *coelho*

13) /wɛ/: *equestre, goela*

> **Obs.**: A divisão silábica obedecerá às normas ortográficas, isto é, serão sempre *di-a-bo, man-di-o-ca, pi-o-lho, mi-ú-do, du-al, má-goa, sé-rie, gló-ria*. Este descompasso entre a realidade fonética e a ortografia só não será observado na divisão de sílabas métricas dos versos.

Nasais:

1) /ỹã/: *criança*

2) /ỹẽ/: *paciência*

3) /ỹõ/: *biombo*

4) /ỹũ/: *médium*

5) /w̃ã/: *quando*

6) /w̃ẽ/: *frequente, quinquênio, depoente*

7) /w̃ĩ/: *arguindo, quinquênio, moinho*

Os principais **ditongos decrescentes** são:

Orais:

1) /ay/: *pai, baixo*

2) /aw/: *pau, cacaus, ao*

3) /ɛy/: *réis, coronéis*

4) /ey/: *lei, jeito, fiquei*

5) /ɛw/: *céu, chapéu*

6) /ew/: *leu, cometeu*

7) /iw/: *viu, partiu*

8) /ɔy/: *herói, anzóis*

9) /oy/: *boi, foice*

10) /ow/: *vou, roubo, estouro*

11) /uy/: *fui, azuis*

Nasais:

1) /ãỹ/: *alemães, cãibra* (= ãỹ), *faina, paina, andaime*
2) /ãw̃/: *pão, amaram* (= amárão)
3) /ẽỹ/: *bem* (= bẽi), *ontem* (= ontẽi)
4) /õỹ/: *põe, senões*
5) /ũỹ/: *mui* (= mũi), *muito* (= mũito)

Obs.: Nos ditongos nasais decrescentes /ẽỹ/, /ãỹ/ e /ãw̃/, a semivogal pode não vir representada na escrita. Escrevemos a interjeição *hem!* ou *hein!*, sendo que, a rigor, a primeira grafia é mais recomendável.

Tritongo é o encontro de uma vogal entre duas semivogais numa mesma sílaba. Os tritongos podem ser orais e nasais.

Orais:

1) /way/: *quais, paraguaio*
2) /wey/: *enxaguei, averigueis*
3) /wiw/: *delinquiu*
4) /wow/: *apaziguou*

Nasais:

1) /w̃ãw̃/:: *mínguam, saguão, quão*
2) /w̃ẽỹ/: *delinquem, enxáguem*
3) /w̃õỹ/: *saguões*

Obs.: Nos tritongos nasais /w̃ãw̃/ e /w̃ẽỹ/ a última semivogal pode não vir representada graficamente: *mínguam, enxáguem*.

Hiato é o encontro de duas vogais em sílabas diferentes por guardarem sua individualidade fonética: *sa*í*da, ca*a*tinga, m*oi*nho*.

Nos encontros vocálicos costumam ocorrer dois fenômenos: a *diérese* e a *sinérese*.

Chama-se **diérese** a passagem de semivogal a vogal, transformando, assim, o ditongo num hiato: *trai-ção = tra-i-ção; vai-da-de = va-i-da-de*.

Chama-se **sinérese** a passagem de duas vogais de um hiato a um ditongo crescente: *su-a-ve = sua-ve; pi-e-do-so = pie-do-so; lu-ar = luar*.

De acordo com a Nomenclatura Gramatical Brasileira (NGB) classificam-se as consoantes segundo quatro critérios:

a) Quanto ao *modo de articulação*: as consoantes podem ser *oclusivas, constritivas* e *nasais*. As constritivas se subdividem em *fricativas, laterais* e *vibrantes*.

b) Quanto à *zona de articulação*: as consoantes podem ser *bilabiais; labiodentais; linguodentais; alveolares; palatais; velares*.

c) Quanto ao papel das *cordas vocais*: as consoantes podem ser *surdas* e *sonoras*.

d) Quanto ao papel das *cavidades bucal e nasal*: as consoantes podem ser *orais* e *nasais*.

Encontro consonantal e dígrafo

Chamamos de **encontro consonantal** o seguimento imediato de duas ou mais consoantes de um mesmo vocábulo. Há encontros consonânticos pertencentes à mesma sílaba ou a sílabas diferentes.

O encontro consonantal /cs/ é representado graficamente pela letra x: *anexo, fixo*.

Não se deve confundir *dígrafo* ou *digrama* com encontro consonantal.

Dígrafo é o emprego de duas letras para a representação gráfica de um só fonema, já que uma delas é letra diacrítica (aquela que se junta a outra para lhe dar valor fonético especial e constituir um dígrafo. Em português, as letras diacríticas são *h, r, s, c, ç, u* para os dígrafos consonantais e *m* e *n* para os dígrafos vocálicos).

Há dígrafos para representar consoantes e vogais nasais. Os dígrafos para consoantes são os seguintes, todos inseparáveis, com exceção de *rr* e *ss, sc, sç, xc, xs*:

ch: chá   *xs*: exsudar /essu/ ('transpirar')
lh: malha   *rr*: carro
nh: banha   *ss*: passo
sc: nascer   *qu*: quero
sç: nasça   *gu*: guerra
xc: exceto

Para as vogais nasais:

am ou *an*: campo, canto

em ou *en*: tempo, vento

im ou *in*: limbo, lindo

om ou *on*: ombro, onda

um ou *un*: tumba, tunda

Ortoepia

Ortoepia ou *ortoépia* é a parte da gramática que trata da correta pronúncia dos fonemas.

Preocupa-se não apenas com o conhecimento exato dos valores fonéticos dos fonemas, mas ainda com o ritmo, a entoação e expressão convenientes à boa elocução. A leitura em voz alta é excelente exercício para desenvolver tais competências.

Certos hábitos de grafia tendentes a preservar letras gregas e latinas que não constituem fonemas em português acabaram levando a que tais letras passassem a ser incorretamente proferidas. É o caso do dígrafo *sc* de *nascer, piscina*, etc.

Outras más soluções do sistema gráfico favorecem pronúncias, como ocorre com *sublinhar* (b-li), *ab-rogar* (ab-r), *ab-rupto* (ab-r), que já se ouvem como se aí estivesse grupo consonantal: *su-bli-nhar, a-brup-to*.

Prosódia

Prosódia é a parte da fonética que trata do correto conhecimento da sílaba predominante, chamada *sílaba tônica*.

Sílaba é um fonema ou grupo de fonemas emitido num só impulso expiratório.

Em português, o elemento essencial da sílaba é a *vogal*.

Quanto ao número de sílabas, dividem-se os vocábulos em:

a) *monossílabos* (se têm uma sílaba): *é, há, mar, de, dê*;

b) *dissílabos* (se têm duas sílabas): *casa, amor, darás, você*;

c) *trissílabos* (se têm três sílabas): *cadeira, átomo, rápido, cômodo*;

d) *polissílabos* (se têm mais de três sílabas): *fonética, satisfeito, camaradagem, inconvenientemente*.

Numa palavra nem todas as sílabas são proferidas com a mesma intensidade e clareza.

Há uma sílaba que se sobressai às demais por ser proferida com mais esforço muscular e mais nitidez e, por isso, se chama *tônica*. As outras sílabas se dizem *átonas* e podem estar antes (*pretônicas*) ou depois (*postônicas*) da tônica. Nas sílabas fortes repousa o acento tônico do vocábulo (*acento da palavra ou acento vocabular*).

Em português, quanto à posição do acento tônico, os vocábulos de duas ou mais sílabas podem ser:

a) *oxítonos*: o acento tônico recai na última sílaba: ma**ter**ial, princi**pal**, ca**fé**;

b) *paroxítonos*: o acento tônico recai na penúltima sílaba: **bar**ro, pode**ro**so, **Pe**dro;

c) *proparoxítonos*: o acento tônico recai na antepenúltima sílaba: **só**lida, feli**cís**simo.

Incluem-se entre os oxítonos os monossílabos tônicos, como já faziam os gregos.

ORTOGRAFIA E NOVO ACORDO ORTOGRÁFICO

Acentuação gráfica

A — Monossílabos ditos tônicos

Levam acento agudo ou circunflexo os monossílabos terminados em:

a) -a, -as: *já, lá, vás*;

b) -e, -es: *fé, lê, pés*;

c) -o, -os: *pó, dó, pós, sós*.

B — Vocábulos de mais de uma sílaba

1) Oxítonos (ou agudos)

Levam acento agudo ou circunflexo os oxítonos terminados em:

a) -a, -as: *cajás, vatapá, ananás, carajás*;

b) -e, -es: *você, café, pontapés*;

c) -o, -os: *cipó, jiló, avô, carijós*;

d) -em, -ens: *também, ninguém, vinténs, armazéns*.

Daí sem acento: *aqui, caqui, poti, caju, urubus*.

2) Paroxítonos (ou graves)

Levam acento agudo ou circunflexo os paroxítonos terminados em:

a) -i, -is: *júri, cáqui, beribéri, lápis, tênis*;

b) -us: *vênus, vírus, bônus*;

c) -r: *caráter, revólver, éter*;

d) -l: *útil, amável, nível, têxtil* (não *têxtil*);

e) -x: *tórax, fênix, ônix*;

f) -n: *éden, hífen* (mas: *edens, hifens*, sem acento);

g) -um, -uns: *álbum, álbuns, médium*;

h) -ão, -ãos: *órgão, órfão, órgãos, órfãos*;

i) -ã, -ãs: *órfã, imã, órfãs, imãs*;

j) -ps: *bíceps, fórceps*;

k) -on(s): *rádon, rádons*.

> **Obs.**: Devem ser acentuados os nomes técnicos terminados em *-om*: *iândom, rádom* (variante de *rádon*).

3) Proparoxítonos (ou esdrúxulos)

Levam acento agudo ou circunflexo todos os proparoxítonos: *cálido, tépido, cátedra, sólido, límpido, cômodo*.

C — Casos especiais

a) São sempre acentuadas as palavras oxítonas com os ditongos abertos grafados -*éis*, -*éu(s)* ou -*ói(s)*: *anéis, batéis, fiéis, papéis; céu(s), chapéu(s), ilhéu(s), véu(s); corrói(s)* (flexão de *corroer*), *herói(s), remói(s)* (flexão de *remoer*), *sói(s)* (flexão de *soer*), *sóis* (plural de *sol*).

b) Não são acentuadas as palavras paroxítonas com os ditongos abertos -*ei* e -*oi*, uma vez que existe, no espaço lusófono, oscilação em muitos casos entre a pronúncia aberta e fechada: *assembleia, boleia, ideia*, tal como *aldeia, baleia, cadeia, cheia, meia; coreico, epopeico, onomatopeico, proteico; alcaloide, apoio* (do verbo *apoiar*), tal como *apoio* (substantivo), *Azoia, boia, boina, comboio* (substantivo), tal como *comboio, comboias*, etc. (do verbo *comboiar*), *dezoito, estroina, heroico, introito, jiboia, moina, paranoico, zoina*.

> **Obs.:** Receberá acento gráfico a palavra que, mesmo incluída neste caso, se enquadrar em regra geral de acentuação, como ocorre com *blêizer, contêiner, destróier, gêiser, Méier*, etc., porque são paroxítonas terminadas em -*r*.

c) Não se acentuam os encontros vocálicos fechados: *pessoa, patroa, coroa, boa, canoa; teu, judeu, camafeu; voo, enjoo, perdoo, coroo*.

> **Obs.:** Será acentuada a palavra que, mesmo incluída neste caso, se enquadrar em regra geral de acentuação gráfica, como ocorre com *herôon* (Br.) / *heróon* (Port.), paroxítona terminada em -*n*.

d) Não levam acento gráfico as palavras paroxítonas que, tendo respectivamente vogal tônica aberta ou fechada, são homógrafas de artigos, contrações, preposições e conjunções átonas. Assim, não se distinguem pelo acento gráfico: *para* (á) [flexão de *parar*] e *para* [preposição]; *pela(s)* (é) [substantivo e flexão de *pelar*] e *pela(s)* [combinação de *per* e *la(s)*]; *pelo* (é) [flexão de *pelar*] e *pelo(s)* (ê) [substantivo e combinação de *per* e *lo(s)*]; *pera* (ê) [substantivo] e *pera* (é) [preposição antiga]; *polo(s)* (ó) [substantivo] e *polo(s)* [combinação antiga e popular de *por* e *lo(s)*], etc.

> **Obs.:** Seguindo esta regra, também perde o acento gráfico a forma *para* (do verbo *parar*) quando entra num composto separado por hífen: *para-balas, para-brisa(s), para-choque(s), para-lama(s)*, etc.

e) Levam acento agudo o *i* e *u* quando representam a segunda vogal tônica de um hiato, desde que não formem sílaba com *r, l, m, n, z* ou não estejam seguidos de *nh*: *saúde, viúva, saída, caído, faísca, aí, Grajaú; juiz* (mas *juízes*), *raiz* (mas *raízes*), *paul, ruim, ruins, rainha, moinho*.

f) Não leva acento a vogal tônica dos ditongos *iu* e *ui*: *caiu, retribuiu, tafuis, pauis*.

g) Não são acentuadas as vogais tônicas *i* e *u* das palavras paroxítonas quando estas vogais estiverem precedidas de ditongo decrescente: *baiuca, bocaiuva, boiuno, cauila* (var. *cauira*), *cheiinho* (de *cheio*), *feiinho* (de *feio*), *feiura, feiudo, maoismo, maoista, saiinha* (de *saia*), *taoismo, tauismo*.

> **Obs.:**
> → Na palavra *eoípo* (= denominação dos primeiros ancestrais dos cavalos), a pronúncia normal assinala hiato (e-o), razão por que tem acento gráfico.
>
> → A palavra paroxítona *guaíba* não perde o acento agudo porque a vogal tônica *i* está precedida de ditongo crescente.

h) Serão acentuadas as vogais tônicas *i* e *u* das palavras oxítonas quando mesmo precedidas de ditongo decrescente estão em posição final, sozinhas na sílaba, ou seguidas de *s*: *Piauí, teiú, teiús, tuiuiú, tuiuiús*.

> **Obs.:** Se, neste caso, a consoante final for diferente de *s*, tais vogais não serão acentuadas: *cauim, cauins*.

i) Grafa-se a 3.ª pessoa de alguns verbos da seguinte maneira:

1. quando termina em *-em* (monossílabos):

3.ª pess. sing.	3.ª pess. pl.
-em	-êm
ele tem	eles têm
ele vem	eles vêm

2. quando termina em *-ém*:

3.ª pess. sing.	3.ª pess. pl.
-ém	-êm
ele contém	eles contêm
ele convém	eles convêm

3. quando termina em *-ê* (*crê, dê, lê, vê* e derivados):

3.ª pess. sing.	3.ª pess. pl.
-ê	-eem
ele crê	eles creem
ele revê	eles reveem

j) Levam acento agudo ou circunflexo os vocábulos paroxítonos terminados por ditongo oral átono, quer decrescente, quer crescente: *ágeis, devêreis, jóquei, túneis, área, espontâneo, ignorância, imundície, lírio, mágoa, régua, tênue*.

k) Leva acento agudo ou circunflexo a forma verbal terminada em *a, e, o* tônicos, seguida de *lo, la, los, las*: *fá-lo, fá-los, movê-lo-ia, sabê-lo-emos, trá-lo-ás*.

> **Obs.:** Pelo último exemplo, vemos que se o verbo estiver no futuro poderá haver dois acentos: *amá-lo-íeis, pô-lo-ás, fá-lo-íamos*.

l) Também leva acento agudo a vogal tônica *i* das formas verbais *oxítonas* terminadas em *-air* e *-uir*, quando seguidas de *-lo(s), -la(s)*, caso em que perdem o *r* final, como em: *atraí-lo(s)* [de *atrair-lo(s)*]; *atraí-lo(s)-ia* [de *atrair-lo(s)-ia*]; *possuí-la(s)* [de *possuir-la(s)*]; *possuí-la(s)-ia* [de *possuir-la(s)-ia*].

> **Obs.**: Tradicionalmente na imprensa, as formas paroxítonas e oxítonas com duplicação da vogal *i* são grafadas sem acento gráfico: *xiita, tapiira, tapii*.

m) Não levam acento os prefixos paroxítonos hifenados terminados em *-r* e *-i*: *inter-helênico, super-homem, semi-histórico*.

> **Obs.**:
> → Os verbos *arguir* e *redarguir* não levam acento agudo na vogal tônica *u* nas formas rizotônicas (aquelas cuja sílaba tônica está no radical): *arguo, arguis, argui, arguem; argua, arguas*, etc.
>
> → Os verbos do tipo de *aguar, apaniguar, apaziguar, apropinquar, averiguar, desaguar, enxaguar, obliquar, delinquir* e afins podem ser conjugados de duas formas: ou têm as formas rizotônicas (cuja sílaba tônica recai no radical) com o *u* do radical tônico, mas sem acento agudo; ou têm as formas rizotônicas com *a* ou *i* do radical com acento agudo: *averiguo* (ou *averíguo*), *averiguas* (ou *averíguas*), *averigua* (ou *averígua*), etc.; *averigue* (ou *averígue*), *averigues* (ou *averígues*), etc.; *delinquo* (ou *delínquo*), *delinques* (ou *delínques*), etc.; *delinqua* (ou *delínqua*), *delinquas* (ou *delínquas*), etc.
>
> → O verbo *delinquir*, tradicionalmente dado como defectivo (ou seja, verbo que não é conjugado em todas as pessoas), é tratado como verbo que tem todas as suas formas. O Acordo também aceita duas possibilidades de pronúncia, quando a tradição padrão brasileira na gramática para este verbo só aceitava sua conjugação nas formas arrizotônicas. Assim, com a tonicidade na vogal *i*, mais comum no Brasil — presente do indicativo: *delínquo, delínques, delínque, delinquimos, delinquis, delínquem*; presente do subjuntivo: *delínqua, delínquas, delínqua, delinquamos, delinquais, delínquam*. Ou com a tonicidade na vogal *u*, mais comum em Portugal — presente do indicativo: *delinquo* (/ú/), *delinques* (/ú/), *delinque* (/ú/), *delinquimos, delinquis, delinquem* (/ú/); presente do subjuntivo: *delinqua* (/ú/), *delinquas* (/ú/), *delinqua* (/ú/), *delinquamos, delinquais, delinquam* (/ú/).
>
> → Em conexão com os casos citados acima, é importante mencionar que os verbos em *-ingir* (*atingir, cingir, constringir, infringir, tingir*, etc.) e os verbos em *-inguir* sem a pronúncia do *u* (*distinguir, extinguir*, etc.) têm grafias absolutamente regulares (*atinjo, atinja, atinge, atingimos*, etc.; *distingo, distinga, distingue, distinguimos*, etc.).

n) Não leva trema o *u* dos grupos *gue, gui, que, qui*, mesmo quando for pronunciado e átono: *aguentar, arguição, eloquência, frequência, tranquilo*.

o) Leva acento circunflexo diferencial a sílaba tônica da 3.ª pessoa do singular do pretérito perfeito *pôde*, para distinguir-se de *pode*, forma da mesma pessoa do presente do indicativo.

p) Não se usa acento gráfico para distinguir as palavras oxítonas homógrafas (que possuem a mesma grafia), mas heterofônicas (pronunciadas de formas diferentes), do tipo de *cor* (ô) (substantivo) e *cor* (ó) (elemento da locução *de cor*); *colher* (ê) (verbo) e *colher* (é) (substantivo).

> **Obs.**: A forma verbal *pôr* continuará a ser grafada com acento circunflexo para se distinguir da preposição átona *por*.

q) Não é acentuada nem recebe apóstrofo a forma monossilábica *pra*, redução de *para*. Ou seja, são **incorretas** as grafias *prá* e *p'ra*.

r) Pode ser ou não acentuada a palavra *fôrma* (substantivo), distinta de *forma* (substantivo; 3.ª pessoa do singular do presente do indicativo ou 2.ª pessoa do singular do imperativo do verbo formar). A grafia *fôrma* (com acento gráfico) deve ser usada apenas nos casos em que houver ambiguidade, como nos versos do poema "Os sapos": "Reduzi sem danos / A fôrmas a forma." [Manuel Bandeira]

O emprego do acento grave

Emprega-se o acento grave nos casos de crase e como acento diferencial:

a) na contração da preposição *a* com as formas femininas do artigo ou pronome demonstrativo *o*: à (de *a* + *a*), às (de *a* + *as*). *Entregou o livro à criança.* (preposição *a* + artigo definido *a*) / *Não me refiro a sua carta, mas à de Mariana.* (preposição *a* + pronome demonstrativo *a*)

b) na contração da preposição *a* com o *a* inicial dos demonstrativos *aquele, aquela, aqueles, aquelas* e *aquilo* ou ainda da mesma preposição com os compostos *aqueloutro* e suas flexões: àquele(*s*), àquela(*s*), àquilo; àqueloutro(*s*), àqueloutra(*s*).

c) na contração da preposição *a* com os pronomes relativos *a qual, as quais*: à qual, às quais.

O trema

O trema não é usado em palavras portuguesas ou aportuguesadas.

> **Obs.:**
> → O trema ocorre em palavras derivadas de nomes estrangeiros que o possuem: *hübneriano*, de *Hübner*; *mülleriano*, de *Müller*, etc.
>
> → O trema poderá ser usado para indicar, quando for necessário, a pronúncia do *u* em vocabulários ortográficos e dicionários: *lingueta* (gü), *líquido* (qü ou qu), *linguiça* (gü), *equidistante* (qü ou qu).
>
> → Com o fim do trema em palavras portuguesas ou aportuguesadas, não houve modificação na pronúncia dessas palavras.

O hífen

A — Nos compostos

1) Emprega-se o hífen nos compostos sem elemento de ligação quando o 1.º termo, por extenso ou reduzido, está representado por forma substantiva, adjetiva, numeral ou verbal: *ano-luz, arco-íris.*

> **Obs.:**
> → As formas empregadas adjetivamente do tipo *afro-, anglo-, euro-, franco-, indo-, luso-, sino-* e assemelhadas continuarão a ser grafadas sem hífen em empregos em que só há uma etnia: *afrodescendente, anglofalante, anglomania, eurocêntrico, eurodeputado, lusofonia, sinologia,* etc. Porém escreve-se com hífen quando houver mais de uma etnia: *afro-brasileiro, anglo-saxão, euro-asiático,* etc.

→ Com o passar do tempo, alguns compostos perderam a noção de composição e passaram a se escrever aglutinadamente, como é o caso de: *girassol, madressilva, pontapé*, etc. Já se escrevem aglutinados: *paraquedas, paraquedistas* (e afins, *paraquedismo, paraquedístico*) e *mandachuva*.

→ Os outros compostos com a forma verbal *para-* seguirão sendo separados por hífen conforme a tradição lexicográfica: *para-brisa(s), para-choque, para-lama(s)*, etc.

→ Os outros compostos com a forma verbal *manda-* seguirão sendo separados por hífen conforme a tradição lexicográfica: *manda-lua, manda-tudo*.

→ A tradição ortográfica também usa o hífen em outras combinações vocabulares: *abaixo-assinado, assim-assim, ave-maria, salve-rainha*.

→ Os compostos formados com elementos repetidos, com ou sem alternância vocálica ou consonântica, por serem compostos representados por formas substantivas sem elemento de ligação, ficarão: *blá-blá-blá, lenga-lenga, reco-reco, tico-tico, zum-zum-zum, pingue-pongue, tique-taque, trouxe-mouxe, xique-xique* (= chocalho; cf. *xiquexique* = planta), *zás-trás, zigue-zague*, etc. Os derivados, entretanto, não serão hifenizados: *lengalengar, ronronar, zunzunar*, etc.

→ Não se separam por hífen as palavras com sílaba reduplicativa oriundas da linguagem infantil: *babá, titio, vovó, xixi*, etc.

2) Emprega-se o hífen nos compostos sem elemento de ligação quando o 1.º elemento está representado pelas formas *além, aquém, recém, bem* e *sem*: *além-Atlântico, aquém--Pireneus, recém-casado, bem-vindo, sem-cerimônia*.

Obs.: Em muitos compostos o advérbio *bem* aparece aglutinado ao segundo elemento, quer este tenha ou não vida à parte quando o significado dos termos é alterado: *bendito* (= abençoado), *benfazejo, benfeito* [subst.] (= benefício); cf. *bem-feito* [adj.] = feito com capricho, harmonioso, e *bem feito!* [interj.], *benfeitor, benquerença* e afins: *benfazer, benfeitoria, benquerer, benquisto, benquistar*.

3) Emprega-se o hífen nos compostos sem elemento de ligação quando o 1.º elemento está representado pela forma *mal* e o 2.º elemento começa por vogal, *h* ou *l*: *mal-afortunado, mal-entendido, mal-estar, mal-humorado, mal-informado, mal-limpo*. Porém: *malcriado, malvisto*, etc.

Obs.: *Mal* com o significado de 'doença' grafa-se com hífen: *mal-caduco* (= epilepsia), *mal-francês* (= sífilis), desde que não haja elemento de ligação. Se houver, não se usará hífen: *mal de Alzheimer*.

4) Emprega-se o hífen nos nomes geográficos compostos pelas formas *grã, grão*, ou por forma verbal ou, ainda, naqueles ligados por artigo: *Grã-Bretanha, Abre-Campo, Baía de Todos-os-Santos*.

> **Obs.:**
> → Serão hifenizados os adjetivos gentílicos (ou seja, adjetivos que se referem ao lugar onde se nasce) derivados de nomes geográficos compostos que contenham ou não elementos de ligação: *belo-horizontino, mato-grossense-do-sul, juiz-forano, cruzeirense-do-sul, alto-rio-docense*.
>
> → Escreve-se com hífen *indo-chinês*, quando se referir à Índia e à China, ou aos indianos e chineses, diferentemente de *indochinês* (sem hífen), que se refere à Indochina.

5) Emprega-se o hífen nos compostos que designam espécies botânicas (planta e fruto) e zoológicas, estejam ou não ligadas por preposição ou qualquer outro elemento: *abóbora-menina, andorinha-do-mar, andorinha-grande, bem-me-quer* (mas *malmequer*).

> **Obs.:** Os compostos que designam espécies botânicas e zoológicas grafados com hífen pela norma acima não serão hifenizados quando tiverem aplicação diferente dessas espécies. Por exemplo: *não-me-toques* (com hífen), quando se refere a certas espécies de plantas, e *não me toques* (sem hífen) com o significado de 'melindres'.

B — Nas locuções

Não se emprega o hífen nas locuções, sejam elas substantivas, adjetivas, pronominais, adverbiais, prepositivas ou conjuncionais, salvo algumas exceções já consagradas pelo uso (como é o caso de *água-de-colônia, arco-da-velha, cor-de-rosa, mais-que-perfeito, pé-de-meia, ao deus-dará, à queima-roupa*). Vale lembrar que, se na locução há algum elemento que já tenha hífen, será conservado este sinal: *à trouxe-mouxe, cara de mamão-macho, bem-te-vi de igreja*.

> **Obs.:**
> → Expressões com valor de substantivo, do tipo *deus nos acuda, salve-se quem puder, um faz de contas, um disse me disse, um maria vai com as outras, bumba meu boi, tomara que caia, aqui del rei* ('pedido de ajuda'), devem ser grafadas sem hífen. Da mesma forma serão usadas sem hífen locuções como: *à toa* (adjetivo e advérbio), *dia a dia* (substantivo e advérbio), *arco e flecha, calcanhar de aquiles, comum de dois, general de divisão, tão somente, ponto e vírgula*.
>
> → Não se emprega o hífen nas locuções latinas usadas como tais, não substantivadas ou aportuguesadas: *ab initio, ab ovo, ad immortalitatem, ad hoc, data venia, de cujus, carpe diem, causa mortis, habeas corpus, in octavo, pari passu, ex libris*. Mas: o *ex-libris*, o *habeas-corpus*, o *in-oitavo*, etc.

C — Nas sequências de palavras

Emprega-se o hífen para ligar duas ou mais palavras que ocasionalmente se combinam, formando não propriamente vocábulos, mas encadeamentos vocabulares, como: a divisa *Liberdade-Igualdade-Fraternidade*, a ponte *Rio-Niterói*; e nas combinações históricas ou até mesmo ocasionais de topônimos, como: *Áustria-Hungria, Alsácia-Lorena, Angola-Brasil, Tóquio-Rio de Janeiro*, etc.

D — Nas formações com prefixos

1) Emprega-se o hífen quando o 1.º elemento termina por vogal igual à que inicia o 2.º elemento: *anti-infeccioso, anti-inflamatório, contra-almirante, eletro-ótica, micro-ondas*.

> **Obs.:**
> → Incluem-se neste princípio geral todos os prefixos terminados por vogal: *agro-* (= terra), *albi-, alfa-, ante-, anti-, ântero-, arqui-, áudio-, auto-, bi-, beta-, bio-, contra-, eletro-, euro-, ínfero-, infra-, íntero-, iso-, macro-, mega-, multi-, poli-, póstero-, pseudo-, súpero-, neuro-, orto-, sócio-*, etc. Então, se o 1.º elemento terminar por vogal diferente daquela que inicia o 2.º elemento, escreve-se junto, sem hífen: *anteaurora, antiaéreo, aeroespacial, agroindustrial*.
>
> → Nas formações com os prefixos *co-, pro-, pre-* e *re-*, estes unem-se ao segundo elemento, mesmo quando iniciado por *o* ou *e*: *coautor, coedição; proativo* (ou *pró--ativo*), *procônsul, propor; preeleito* (ou *pré-eleito*), *preembrião* (ou *pré-embrião*), *preeminência, preenchido; reedição, reedificar, reeducação, reelaborar, reeleição*.

2) Emprega-se o hífen quando o 1.º elemento termina por consoante igual à que inicia o 2.º elemento: *ad-digital, inter-racial, sub-base, super-revista*, etc.

> **Obs.:** Formas como *abbevilliano, addisoniano, addisonismo, addisonista* se prendem a nomes próprios estrangeiros: *Abbeville, Addison*.

3) Emprega-se o hífen quando o 1.º elemento termina acentuado graficamente, *pós-, pré-, pró-*: *pós-graduação, pós-tônico; pré-datado, pré-escolar; pró-africano, pró-europeu*.

> **Obs.:** Pode haver, em certos usos, alternância entre *pre-* e *pré-, pos-* e *pós-*; neste último caso, deve-se usar o hífen: *preesclerótico/pré-esclerótico, preesclerose/ pré-esclerose, preeleito/pré-eleito, prerrequisito/pré-requisito; postônico/pós-tônico*.

4) Emprega-se o hífen quando o 1.º elemento termina por *m* ou *n* e o 2.º elemento começa por *vogal, h, m* ou *n*: *circum-escolar, circum-hospitalar, circum-murado, circum--navegação, pan-africano, pan-harmônico, pan-mágico, pan-negritude*.

5) Emprega-se o hífen quando o 1.º elemento é um dos prefixos *ex-* (anterioridade ou cessação), *sota-, soto-, vice-, vizo-*: *ex-almirante, sota-almirante, soto-almirante, vice--presidente, vizo-rei*.

> **Obs.:** Em *sotavento* e *sotopor* os prefixos não têm o mesmo significado de *vice-, vizo-*, daí não se enquadrarem na regra anterior.

6) Emprega-se o hífen quando o 1.º elemento termina por *vogal, r* ou *b* e o 2.º elemento se inicia por *h*: *anti-herói, hiper-hidrose, sub-humano*.

> **Obs.:**
> → Nos casos em que não houver perda do som da vogal final do 1.º elemento, e o elemento seguinte começar com *h*, serão usadas as duas formas gráficas: *carbo-hidrato* e *carboidrato*; *zoo-hematina* e *zooematina*. Já quando houver perda do som da vogal final do 1.º elemento, consideraremos que a grafia consagrada deve ser mantida: *cloridrato, cloridria, clorídrico, quinidrona, sulfidrila, xilarmônica, xilarmônico*. Devem ficar como estão as palavras que, fugindo a este princípio, já são de uso consagrado, como *reidratar, reumanizar, reabituar, reabitar, reabilitar* e *reaver*.
>
> → Não se emprega o hífen com prefixos *des-* e *in-* quando o 2.º elemento perde o *h* inicial: *desumano, inábil, inumano*, etc.
>
> → Embora não tratado no Acordo, pode-se incluir neste caso o prefixo *an-* (por exemplo: *anistórico, anepático, anidrido*). Na sua forma reduzida *a-*, quando seguido de *h*, a tradição manda hifenizar e conservar o *h* (por exemplo: *a-histórico, a-historicidade*).
>
> → Não se emprega o hífen com as palavras *não* e *quase* com função prefixal: *não agressão, não fumante; quase delito, quase equilíbrio*, etc.

7) Emprega-se o hífen quando o 1.º elemento termina por *b* (ab-, ob-, sob-, sub-) ou *d* (ad-) e o 2.º elemento começa por *r*: *ab-rupto, ob-rogar, sob-roda, sub-rogar*.

> **Obs.:** *Adrenalina, adrenalite* e afins já são exceções consagradas pelo uso.

8) Quando o 1.º elemento termina por vogal e o 2.º elemento começa por *r* ou *s*, não se usa hífen, e estas consoantes devem duplicar-se: *antessala, antirreligioso, autorregulamentação, biorritmo*.

> **Obs.:** Excepcionalmente, para garantir a integridade do nome próprio usado como tal, recomenda-se a grafia com hífen em casos como *anti-Stalin, anti-Iraque, anti-Estados Unidos*, usos frequentes na imprensa, mas não lembrados no texto do Acordo. As formas derivadas seguem a regra dos prefixos, como em: *antistalinismo/ antiestalinismo, desestalinização*.

E — Nas formações com sufixos

Emprega-se hífen apenas nas palavras terminadas por sufixos de origem tupi-guarani que representam formas adjetivas, como *–açu* (= grande), *-guaçu* (= grande), *-mirim* (= pequeno), quando o 1.º elemento termina por vogal acentuada graficamente ou quando a pronúncia exige a distinção gráfica dos dois elementos: *amoré-guaçu, anajá-mirim, andá-açu, capim-açu, Ceará-Mirim*. Por isso, sem hífen: *Mojiguaçu, Mojimirim*.

F — O hífen nos casos de ênclise, mesóclise e com o verbo *haver*

1) Emprega-se o hífen na ênclise e na mesóclise: *amá-lo, dá-se, deixa-o, partir-lhe; amá--lo-ei, enviar-lhe-emos*.

2) Não se emprega o hífen nas ligações da preposição *de* às formas monossilábicas do presente do indicativo do verbo *haver*: *hei de, hás de, hão de*, etc.

> **Obs.:**
>
> → Embora estejam consagradas pelo uso as formas verbais *quer* e *requer*, dos verbos *querer* e *requerer*, ao lado de *quere* e *requere*, estas últimas formas conservam-se, no entanto, nos casos de ênclise: *quere-o(s), requere-o(s)*.
>
> → Usa-se também o hífen nas ligações de formas pronominais enclíticas ao advérbio *eis* (*eis-me, ei-lo*) e ainda nas combinações de formas pronominais do tipo *no-lo* (nos + [l]o), *no-las* (nos + [l]as), quando em próclise ao verbo (por exemplo: Esperamos que *no-lo* comprem).

O apóstrofo

São os seguintes os casos de emprego do apóstrofo:

a) para cindir graficamente uma contração ou aglutinação vocabular quando um elemento ou fração respectiva pertence propriamente a um conjunto vocabular distinto: *d'Os Lusíadas; d'Os Sertões; n'Os Lusíadas*.

b) para fazer uma contração ou aglutinação vocabular quando um elemento ou fração respectiva é forma pronominal e se lhe quer dar realce com o uso da maiúscula: *d'Ele; n'Ele*.

c) nas ligações das formas *santo* e *santa* a nomes do hagiológio quando importa representar a elisão das vogais finais *o* e *a*: *Sant'Ana*.

d) para assinalar, no interior de certas formações, a elisão do *e* da preposição *de*, em combinação com substantivos: *borda-d'água; cobra-d'água; copo-d'água*.

e) para indicar a supressão de uma letra ou letras no verso, por exigência da metrificação: *c'roa; esp'rança*.

f) para reproduzir certas pronúncias populares: *'tá; 'teve*, etc.

> **Obs.:**
>
> → Evite-se a repetição do artigo: por *O Globo* (em vez de pelo *O Globo*), em *A Ordem*, em vez de na *A Ordem*, etc.
>
> → Deve-se evitar a prática: *dos Lusíadas, na Ordem* porque altera o título da obra ou da publicação.
>
> → Os tratados de ortografia, bem como alguns gramáticos modernos, têm condenado o emprego da combinação de preposição, especialmente *de*, com artigo, pronome e vocábulo iniciado por vogal pertencente a sujeito, em construções do tipo sintático *Está na hora da onça beber água; É tempo do inverno chegar*.
>
> Mas essas construções pertencem à tradição literária de todos os tempos, além de serem eufonicamente mais naturais. Por isso devem ser válidas as construções com ou sem a combinação referida.

Apêndice: Palavras e expressões que merecem atenção

1. Abaixo / A baixo

a) Abaixo:

1) interjeição; grito de indignação ou reprovação: *Abaixo o orador!*

2) advérbio = embaixo; em categoria inferior; depois: *Abaixo de Deus, os pais.* / *Pegue lá abaixo.*

b) A baixo = contrário a "de alto": *Rasgou as roupas de alto a baixo.*

2. Acerca de / Cerca de / A cerca de / Há cerca de

a) Acerca de = a respeito de: *Falamos acerca de futebol.*

b) Cerca de = durante; aproximadamente: *Falamos cerca de duas horas.*

c) A cerca de = ideia de distância: *Fiquei a cerca de três metros de distância.*

d) Há cerca de = existe aproximadamente; aproximadamente no passado: *Há cerca de mil alunos lá fora.* / *Falamos há cerca de uma hora.*

3. Acima / A cima

a) Acima:

1) em lugar precedente ou na parte superior: *Veja o exemplo citado acima.* / *A criança pulou para alcançar a gaveta acima.*

2) em categoria, posição, situação, etc. superior a; com idade superior a: *Sua inteligência está acima da média.* / *Quem está acima de ti na empresa?* / *Muito acima dos bens materiais, a paz de espírito.* / *A entrada era permitida para pessoas acima de 21 anos.*

3) expressão de estímulo; avante (interjeição): *Acima, companheiros! Ainda podemos vencer o jogo!*

b) A cima — contrário a "de baixo": *Costurou a roupa de baixo a cima.*

4. Afim / A fim de

a) Afim = semelhança; parentesco; afinidade: *São duas pessoas afins.*

b) A fim de = com o propósito de; com o objetivo de; com a finalidade de: *Estudou a fim de passar no vestibular.* (Ou: *Estudou a fim de que passasse no vestibular.*)

5. Afora / A fora

a) Afora = fora; à exceção de; exceto: *Todos irão, afora você.*

b) A fora = para fora. Também se usa apenas *fora*: *Pela vida a fora.* (Ou: *Pela vida fora.*)

6. Aparte / À parte

a) Aparte

1) verbo = separar: *Não aparte os animais.*

2) substantivo = interrupção: *O orador recebeu um aparte.*

b) À parte — locução adverbial = em separado; separadamente; particularmente: *Isso será marcado à parte.*

7. À toa

a) locução adjetiva = ordinário; desprezível; sem valor: *Ele é um homem à toa.*

b) locução adverbial = ao acaso; sem rumo; sem razão: *Andava à toa na rua. / Ele é um homem que reclama à toa.*

8. À vontade

a) locução substantiva = informalidade; sem-cerimônia: *Não me agrada esse à vontade com que você fala.*

b) locução adverbial = sem preocupação; livremente: *Fique à vontade. / Sirva-se à vontade.*

9. Apedido / A pedido

a) Apedido — substantivo = publicação especial em jornal: *Li, no jornal, violento apedido do candidato.*

b) A pedido — locução adverbial = conforme pedido, solicitação: *Aceite o cargo a pedido do diretor.*

10. Bem-feito / Benfeito / Bem feito!

a) Bem-feito — adjetivo = feito com capricho; elegante: *Foi um trabalho bem-feito. / A modelo tinha um corpo bem-feito.*

b) Benfeito — substantivo = benfeitoria: *Fizeram benfeitos no apartamento.*

c) Bem feito! — interjeição = expressa contentamento diante de algo negativo acontecido a alguém: *O gato a arranhou? Bem feito! Não devia tê-lo maltratado.*

11. Bem-posto / Bem posto

a) Bem-posto = elegante: *O noivo apresentou-se muito bem-posto.*

b) Bem posto = posto corretamente: *O botão está bem posto.*

12. Boa-vida / Boa vida

a) Boa-vida = pessoa que não tem o hábito de trabalhar e busca viver bem sem se esforçar, ou que tem uma vida tranquila, sem precisar se preocupar com nada: *Acorda sempre ao meio-dia? Você é um boa-vida!*

b) Boa vida = vida tranquila; vida boa: *Aposentado, o empresário passou a ter boa vida.*

13. Abaixo-assinado / Abaixo assinado

a) Abaixo-assinado = documento coletivo: *Os alunos entregaram o abaixo-assinado ao diretor.*

b) Abaixo assinado = que apôs, embaixo, a sua assinatura; que assinou um documento coletivo: *Os moradores abaixo assinados solicitam um efetivo da polícia.*

14. Conquanto / Com quanto

a) Conquanto = embora; se bem que; ainda que: *Li tudo, conquanto não me interessasse o assunto.*

b) Com quanto = indicação de quantidade: *Com quanto dinheiro você veio? / Não sabe com quanto amigo conta.*

15. Contanto / Com tanto

a) Contanto = dado que; sob condição de que; uma vez que: *Contanto que você chegue cedo, fico feliz.*

b) Com tanto = indicação de quantidade: *Já não posso com tanto barulho.*

16. Contudo / Com tudo

a) Contudo = não obstante; porém; todavia: *Poderia falar, contudo preferi ficar calado.*

b) Com tudo — preposição + pronome = total: *Fui embora, e ele ficou com tudo.*

17. Dantes / De antes

a) Dantes — advérbio = antigamente: *Dantes se vivia melhor.*

b) De antes — preposição + advérbio = em tempo anterior: *Os problemas já vêm de antes da guerra.*

18. Debaixo / De baixo

a) Debaixo

1) em situação inferior: *Será bom que caia quando ninguém estiver debaixo.*

2) na dependência; em decadência: *Ficamos debaixo e tivemos que nos entregar.*

3) sob: *Jaz agora debaixo da terra.*

4) no tempo de; por ocasião de: *Caíram estes sucessos debaixo de outro governo.*

5) em situação inferior a: *Escondem-se debaixo da cama.*

b) De baixo

1) a parte inferior: *Comprei roupa de baixo.*

2) contrário a "a cima": *Olhou-o de baixo a cima.*

19. Demais / De mais

a) Demais

1) pronome indefinido = outros: *Chame os demais alunos.*

2) advérbio de intensidade = excessivamente: *Ele fala demais.*

3) palavra continuativa = além disso: *Demais, quem trabalhou fui eu.*

b) De mais — locução adjetiva = muito. (Opõe-se a "de menos".): *Comi pão de mais. / Não tem nada de mais sair cedo.*

20. Detrás / De trás

a) Detrás = na parte posterior; em seguida, depois: *Ali fica a casa; detrás, a piscina. / Chegaram um detrás do outro.* (Por detrás — pela retaguarda: *Dizer mal de alguém por detrás.*)

b) De trás = atrás: *Boa educação vem de trás.* / *O brincalhão cutucou o colega da frente e o de trás.*

21. Devagar / De vagar

a) Devagar = lentamente; sem pressa: *Devagar se vai ao longe.*

b) De vagar = de descanso: *Pinto nos momentos de vagar.*

22. Dia a dia (sem hífen)

a) locução substantiva = a vida cotidiana: *O dia a dia é que preocupa.*

b) locução adverbial = dia após dia: *Fazemos tarefas dia a dia.* / *A planta crescia dia a dia.*

23. Em vez de / Ao invés de

a) Em vez de = em lugar de: *Em vez de comprar um sítio, comprou três.*

b) Ao invés de = ao contrário de: *O elevador, ao invés de subir, desceu.*

24. Enfim / Em fim

a) Enfim = afinal; finalmente: *Enfim você chegou.*

b) Em fim = no fim: *Ele está em fim de carreira.*

25. Enquanto / Em quanto

a) Enquanto — conjunção = ao passo que: *Tu dormes, enquanto ele trabalha.*

b) Em quanto — preposição + pronome = qual; por quanto: *Em quanto tempo você vai?* / *Em quanto pode ficar o conserto?*

26. Malcriado / Mal criado

a) Malcriado = sem educação: *Repreendeu a criança malcriada.*

b) Mal criado = tratado mal: *É um cafezal mal criado.*

27. Malgrado / Mau grado

a) Malgrado = apesar de (se não estiver seguido de preposição): *Malgrado o edital, passei.*

b) Mau grado

1) contra a vontade: *Ele trabalha de mau grado.*

2) apesar de (se estiver seguido de preposição): *Mau grado ao tempo, sairei.*

28. Nenhum / Nem um

a) Nenhum — pronome indefinido usado para reforçar a negativa *não*, podendo ser substituído pelo indefinido *algum* posposto: *Não tínhamos nenhuma dívida até aquele momento.* (= Não tínhamos dívida *alguma* até aquele momento). Sem ênfase, nenhum vem geralmente anteposto ao substantivo: *Você não tem nenhum parente na polícia?*

b) Nem um = um só que fosse: *Não fabricamos, ainda, nem um carro.*

29. Porquanto / Por quanto

a) Porquanto — conjunção = visto que: *Apresso-me, porquanto o tempo voa.*

b) Por quanto = que total de; a quantidade de; por que preço: *Não sei por quanto tempo posso contar com sua ajuda.* / *Por quanto venderam a casa?*

30. Porquê / Porque / Por quê / Por que

a) Porquê — substantivo = equivalente a "o motivo"; "a causa": *Sei o porquê do choro.*

b) Porque — conjunção = a oração equivale a "por esta razão": *Faltei porque estava doente.*

c) Por quê — no fim de período ou seguido de pausa: *Você faltou por quê?* / *Se não entendeste por quê, a obrigação era perguntar.*

d) Por que

1) nas interrogativas diretas: *Por que faltaste à aula ontem?*

2) nas interrogativas indiretas: *Perguntaram por que faltaste à aula ontem.*

3) quando igual a 'motivo pelo qual'; 'por qual razão': *Bem sabes por que não compareci.* / *A avaliação é negativa e não há por que esperar qualquer reversão.* / *Por que praticar esportes.*

4) quando igual a 'por qual': *Bem sabes por que motivo não compareci.*

5) quando ocorre preposição mais conjunção integrante: *Anseio por que venhas logo.*

31. Portanto / Por tanto

a) Portanto = por conseguinte: *Nada fazes, portanto nada podes esperar.*

b) Por tanto = por este preço; designa quantidade: *Compro, mas por tanto.* / *Fique com o livro por tanto tempo quanto necessário.*

32. Porventura / Por ventura

a) Porventura = por acaso: *Avise-me se porventura sair.*

b) Por ventura = por sorte: *Não estudei; passei por ventura feliz!*

33. Sem-cerimônia / Sem cerimônia

a) Sem-cerimônia = descortesia: *A sua sem-cerimônia foi excessiva.*

b) Sem cerimônia = à vontade: *Sirva-se sem cerimônia.*

34. Sem-fim / Sem fim

a) Sem-fim = número ou quantidade indeterminada: *Foi um sem-fim de bebidas e doces.*

b) Sem fim = sem término: *É uma estrada sem fim.*

35. Sem-número / Sem número

a) Sem-número = inumerável; sem conta: *Tenho um sem-número de novidades.*

b) Sem número = ausência de numeração: *Esta folha está sem número.*

36. Se não / Senão

a) Se não

1) conjunção + advérbio = caso não: *Se não pagas, não entras.* / *Lia diariamente dois jornais, se não [lia] três.*

2) pronome + advérbio: se não = não se: *O que se não deve dizer.*

b) Senão

1) substantivo = defeito: *Ela não tem um senão de que possa falar.*

2) conjunção = mas também: *Era a melhor da turma, senão de toda a escola.*

3) preposição (palavra de exclusão) = exceto: *A quem, senão a meu pai, devo recorrer?*

4) depois de palavra negativa ou como segundo elemento dos pares aditivos *não... senão, não só... senão* (também): *Nada me dói, senão procuraria médico.* / *Ninguém te viu, senão todos já saberiam.* / *Não me amoles senão eu grito.* / *Não só me ajudou, senão também me hospedou.*

5) conjunção = caso contrário: *Estude, senão não passará no concurso.*

37. Sobretudo / Sobre tudo

a) Sobretudo

1) especialmente; principalmente: *Estudei muito, sobretudo porque estou querendo passar no colégio.*

2) casacão, capa: *O frio nos obrigou a usar sobretudo.*

b) Sobre tudo = a respeito de tudo: *Eles conversam sobre tudo.*

38. Tampouco / Tão pouco

a) Tampouco = também não; nem: *Ele não estuda tampouco trabalha.*

b) Tão pouco = muito pouco: *Ele estudou tão pouco que não passou.*

39. Ao nível de / Em nível de

a) Ao nível de = à altura de; no mesmo plano de: *O barco estava ao nível do mar.*

b) Em nível de (ou no nível de) — indica uma esfera de ação ou pensamento e pode ser substituída pelas expressões "em termos de", "no que diz respeito a", "em relação a": *Isso foi resolvido em nível de governo estadual.* / *"Algo para se lidar no nível da intuição apenas, da aceitação sem perguntas."* [Ana Maria Machado]

Obs.: Nestes usos, a expressão "a nível de" não atende à norma-padrão da língua.

40. Ao encontro de / De encontro a

a) Ao encontro de — indica aproximação: *As minhas ideias vão ao encontro das suas.*

b) De encontro a — indica posição contrária: *As minhas ideias, infelizmente, vão de encontro às suas.*

41. Em princípio / A princípio

a) Em princípio = de maneira geral, sem entrar em particularidades: *Em princípio, concordo com tudo isso.*

b) A princípio = no início: *A princípio, eu lecionava inglês; agora, leciono francês.*

42. Através de (= por dentro de, por entre; de um lado a outro; no decorrer de)

Só use através de, e não através a: *A luz do sol passou através da vidraça. / Através dos séculos, dos anos.*

PONTUAÇÃO

O enunciado não se constrói com um amontoado de palavras e orações. Estas se organizam segundo princípios gerais de dependência e independência sintática e semântica, recobertos por unidades melódicas e rítmicas que sedimentam estes princípios. Proferidas as palavras e orações sem tais aspectos melódicos e rítmicos, o enunciado estaria prejudicado na sua função comunicativa. Os sinais de pontuação, que já vêm sendo empregados desde muito tempo, procuram garantir no texto escrito esta solidariedade sintática e semântica. Por isso, uma pontuação errônea produz efeitos tão desastrosos à comunicação quanto o desconhecimento dessa solidariedade a que nos referimos. Imaginem os prejuízos de comunicação causados por má interpretação de frases como estas, por exemplo: *Não pode passar* e *Não, pode passar.*

Ponto

O ponto simples final, que é dos sinais o que denota maior pausa, serve para encerrar períodos que terminem por qualquer tipo de oração que não seja a interrogativa direta, a exclamativa e pelas reticências.

É empregado ainda, sem ter relação com a pausa oracional, para acompanhar muitas palavras abreviadas: *p.*, *2.ª*, etc.

Quando o período, oração ou frase termina por abreviatura, não se coloca o ponto final adiante do ponto abreviativo, pois este, quando coincide com aquele, tem dupla serventia. Exemplo: "O ponto abreviativo põe-se depois das palavras indicadas abreviadamente por suas iniciais ou por algumas das letras com que se representam, v.g.: *V.S.ª*; *Il.^{mo}*; *Ex.ª*, etc." [Ernesto Carneiro Ribeiro]

Com frequência, aproxima-se das funções do ponto e vírgula e do travessão, que às vezes aparecem em seu lugar.

Ponto parágrafo

Um grupo de períodos cujas orações se prendem pelo mesmo centro de interesse é separado por ponto. Quando se passa de um para outro centro de interesse, impõe-se-nos o emprego do ponto parágrafo, iniciando-se a escrever, na outra linha, com a mesma distância da margem com que começamos o escrito.

Na linguagem oficial dos artigos de lei, o parágrafo é indicado por um sinal especial (§).

Ponto de interrogação

Põe-se no fim da oração enunciada com entonação interrogativa ou de incerteza, real ou fingida, também chamada retórica. Enquanto a interrogação conclusa de final de enunciado requer maiúscula inicial da palavra seguinte, a interrogação interna, quase sempre fictícia, não exige essa inicial maiúscula da palavra seguinte:

"Pensas que eu e meus avós ganhamos o dinheiro em casas de jogos ou a vadiar pelas ruas? Pelintra!" [Machado de Assis]
"— Nhonhô, diga a estes senhores como é que se chama seu padrinho.
— Meu padrinho? é o Excelentíssimo Senhor coronel Paulo Vaz Lobo Cesar de Andrade e Sousa Rodrigues de Matos." [Machado de Assis]

O ponto de interrogação, à semelhança dos outros sinais, não pede que a oração termine por ponto final, exceto, naturalmente, se for interna.

"— Esqueceu alguma cousa? perguntou Marcela de pé, no patamar." [Machado de Assis]

A interrogação indireta, não sendo enunciada em entonação especial, dispensa ponto de interrogação (por exemplo: *Gostaria de saber se você esqueceu alguma coisa*). No nosso sistema gráfico, o ponto de interrogação da pergunta cuja resposta seria "sim" ou "não" é o mesmo usado na pergunta de resposta completa.

No diálogo pode aparecer sozinho ou acompanhado do de exclamação para indicar o estado de dúvida do personagem diante do fato:

"— Esteve cá o homem da casa e disse que do próximo mês em diante são mais cinquenta...
— ?!..." [Monteiro Lobato]

Ponto de exclamação

Põe-se no fim da oração enunciada com entonação exclamativa:

"Mas, na morte, que diferença! Que liberdade!" [Machado de Assis]

Põe-se o ponto de exclamação depois de uma interjeição:

"Olé! exclamei." [Machado de Assis]
"Ah! brejeiro!" [*Idem*]

Aplicam-se ao ponto de exclamação as mesmas observações feitas ao ponto de interrogação, no que se refere ao emprego do ponto final e ao uso da maiúscula ou minúscula inicial da palavra seguinte.

Há escritores que denotam a gradação da surpresa através da narração com aumento progressivo do ponto de exclamação ou de interrogação:

"E será assim até que um senhor Darwin surja e prove a verdadeira origem do *Homo sapiens*...
— ?!
— Sim. Eles nomear-se-ão *Homo sapiens* apesar do teu sorriso, Gabriel, e ter-se-ão como feitos por mim de um barro especial e à minha imagem e semelhança.
— ?!!" [Monteiro Lobato]

Reticências

Denotam interrupção ou incompletude do pensamento (ou porque se quer deixar em suspenso, ou porque os fatos se dão com breve espaço de tempo intervalar, ou porque o nosso interlocutor nos toma a palavra), ou hesitação em enunciá-lo. Vejamos alguns exemplos retirados de obras de Machado de Assis:

> "Ao proferir estas palavras havia um tremor de alegria na voz de Marcela; e no rosto como que se lhe espraiou uma onda de ventura..."
> "Não imagina o que ela é lá em casa; fala na senhora a todos os instantes, e aqui parece uma pamonha. Ainda ontem... Digo, Maricota?"
> "— Moro na rua...
> — Não quero saber onde mora, atalhou Quincas Borba."

Postas no fim do enunciado, as reticências dispensam o ponto final, como se pode ver nos exemplos acima.

Se as reticências servem para indicar uma enumeração inconclusa, podem ser substituídas por *etc*.

Na transcrição de um diálogo, as reticências indicam a não resposta do interlocutor.

Numa citação, as reticências podem ser colocadas no início, no meio ou no fim, para indicar supressão no texto transcrito, em cada uma dessas partes. Quando há supressão de um trecho de certa extensão, costuma-se usar uma linha pontilhada. Depois de um ponto de interrogação ou exclamação podem aparecer as reticências.

Vírgula

Emprega-se a vírgula:

a) para separar termos coordenados, ainda quando ligados por conjunção (no caso de haver pausa).

> "Sim, eu era esse garção bonito, airoso, abastado." [Machado de Assis]
> "— Ah! brejeiro! Contanto que não te deixes ficar aí inútil, obscuro, e triste." [*Idem*]

> **Obs.:**
> → Na série de sujeitos seguidos imediatamente de verbo, o último sujeito da série não é separado do verbo por vírgula: "Carlos Gomes, Vítor Meireles, Pedro Américo, José de Alencar tinham-nas começado." [Carlos de Laet]
>
> → Não se usa vírgula na enunciação de numerais por extenso: Trezentos e cinquenta e três mil quatrocentos e oitenta e cinco (353.485).

b) para separar orações coordenadas aditivas, ainda que sejam iniciadas pela conjunção *e*, proferidas com pausa:

> "Gostava muito das nossas antigas dobras de ouro, e eu levava-lhe quanta podia obter." [Carlos de Laet]
> "No fim da meia hora, ninguém diria que ele não era o mais afortunado dos homens; conversava, chasqueava, e ria, e riam todos." [*Idem*]

c) para separar orações coordenadas alternativas (*ou, quer,* etc.), quando proferidas com pausa:

Ele sairá daqui logo, *ou eu me desligarei do grupo.*

> **Obs.**: Vigora esta norma quando *ou* exprimir retificação: "Teve duas fases a nossa paixão, *ou* ligação, *ou* qualquer outro nome, que eu de nomes não curo (...)." [Machado de Assis] Se denota equivalência, não se separa por vírgula o *ou* posto entre dois termos: Solteiro *ou* solitário se prende ao mesmo termo latino.

d) nas aposições, exceto no especificativo, principalmente quando o aposto está representado por uma expressão de certa extensão:

"(...) ora enfim de uma casa que ele meditava construir, para residência própria, *casa de feitio moderno,* porque a dele era das antigas, (...)" [Machado de Assis]
Pedro II, *imperador do Brasil,* teria gostado de ser professor.

Mas

Pedro *o Cru* passou para a história como um grande apaixonado.

e) para separar, em geral, os pleonasmos e as repetições (quando não têm efeito superlativante):

"*Nunca, nunca,* meu amor!" [Machado de Assis]

Mas

A casa é *linda linda.* (= lindíssima).

> **Obs.**: É facultativo o emprego da vírgula para marcar o complemento verbal transposto (topicalizado) quando aparece repetido por pronome oblíquo:
>
> O lobo, viu-o o caçador. (Ou: O lobo viu-o o caçador.)
> Ao rico, não lhe devo. (Ou: Ao rico não lhe devo.)

f) para separar ou intercalar vocativos; nas cartas a pontuação é vária (em geral, vírgula) e na redação oficial usam-se dois-pontos.

João, onde comprou esse livro?

> **Obs.**: Não se põe vírgula nas expressões interjetivas e enfáticas *sim senhor(a), não senhor(a),* que denotam espanto, perplexidade:
>
> "A infelicidade deu um pulo medonho: notei que Madalena namorava os caboclos da lavoura. Os caboclos, *sim senhor.*" [Graciliano Ramos].
>
> Não confundir com as expressões "sim, senhor(a)" ou "não, senhor(a)", que são meras respostas afirmativas (de concordância) ou negativas (de discordância).

g) para separar as orações adjetivas de valor explicativo:

"(...) perguntava a mim mesmo por que não seria melhor deputado e melhor marquês do que o Lobo Neves — eu, *que valia mais,* muito mais do que ele — (...)" [Machado de Assis]

h) para separar, quase sempre, as orações adjetivas restritivas de certa extensão, principalmente quando os verbos de duas orações diferentes se juntam:

"No meio da confusão *que produzira por toda a parte este acontecimento inesperado e cujo motivo e circunstâncias inteiramente se ignoravam*, ninguém reparou nos dois cavaleiros..." [Alexandre Herculano]

> **Obs.**: Esta pontuação pode ocorrer ainda que separe por vírgula o sujeito expandido pela oração adjetiva: "*Os que falam em matérias que não entendem*, parecem fazer gala da sua própria ignorância." [Marquês de Maricá]. Embora nas expressões de maior número de elementos possa haver uma pausa de enunciação, é preferível, em respeito à norma-padrão, estender mesmo nestes casos o **não** emprego da vírgula entre termos sintaticamente complementares (p.ex.: sujeito e predicado, verbo e complemento).

i) para separar o pronome relativo de oração adjetiva restritiva do termo mais próximo, já que seu antecedente é o termo mais distante:

"O juiz tem de ser pontual no exame dos dados da informação, *que* [isto é, os dados] *não lhe permitam erro ao aplicar a sentença*." [Mário de Alencar]

j) para separar as orações intercaladas:

"Não lhe posso dizer com certeza, *respondi eu*; mas se me dá licença, (...)." [Machado de Assis]

k) para separar, em geral, adjuntos adverbiais que precedem o verbo e as orações adverbiais que vêm antes ou no meio da sua principal:

"Eu mesmo, *até então*, tinha-vos em má conta (...)" [Machado de Assis]
"(...) mas, *como as pestanas eram rótulas*, o olhar continuava o seu ofício (...)" [*Idem*]

l) para separar, nas datas, o nome do lugar:

Rio de Janeiro, 8 de agosto de 1961.

m) para separar as partículas e expressões de explicação, correção, continuação, conclusão, concessão:

"(...) e, *não obstante*, havia certa lógica, certa dedução (...)" [Machado de Assis]
Sairá amanhã, *aliás*, depois de amanhã.

n) para separar as conjunções e advérbios adversativos (*porém, todavia, contudo, entretanto*), principalmente quando pospostos:

"A proposta, *porém*, desdizia tanto das minhas sensações últimas (...)" [Machado de Assis]

o) para indicar, às vezes, a elipse do verbo:

Ele sai agora; eu, logo mais. (eu *saio* logo mais)

p) para assinalar a interrupção de um seguimento natural das ideias e se intercalar um juízo de valor ou uma reflexão subsidiária:

"Estava tão agastado, *e eu não menos*, que entendi oferecer um meio de conciliação: dividir a prata." [Machado de Assis]

q) para desfazer possível má interpretação resultante da distribuição irregular dos termos da oração, separa-se por vírgula a expressão deslocada:

"De todas as revoluções, *para o homem*, a morte é a maior e a derradeira." [Marquês de Maricá]

Dois-pontos

Usam-se dois-pontos:

a) na enumeração, explicação, notícia subsidiária:

Comprou dois presentes: um livro e uma caneta.
"(Viegas) padecia de um reumatismo teimoso, de uma asma não menos teimosa e de uma lesão de coração: era um hospital concentrado." [Machado de Assis]
"Queremos governos perfeitos com homens imperfeitos: disparate." [Marquês de Maricá]

> **Obs.**: A imprensa moderna usa e abusa dos dois-pontos para resumir, às vezes numa síntese de pensamento difícil de ser acompanhada, certas notícias:
>
> *Verão: cidade desprotegida das chuvas.*

b) nas expressões que se seguem aos verbos *dizer, retrucar, responder* (e semelhantes) e que encerram a declaração textual, ou que assim julgamos, de outra pessoa:

"Não me quis dizer o que era; mas, como eu instasse muito:
— Creio que o Damião desconfia alguma coisa." [Machado de Assis]

Às vezes, para caracterizar textualmente o discurso do interlocutor, vem acompanhada de aspas a transcrição, e raras vezes de travessão:

"Ao cabo de alguns anos de peregrinação, atendi às súplicas de meu pai: — Vem, dizia ele na última carta; se não vieres depressa acharás tua mãe morta!" [Machado de Assis]

c) nas expressões que, enunciadas com entonação especial, sugerem, pelo contexto, causa, explicação ou consequência:

"Explico-me: o diploma era uma carta de alforria." [Machado de Assis]

d) nas expressões que apresentam uma quebra da sequência das ideias:

"Sacudiu o vestido, ainda molhado, e caminhou para a alcova.
— Não! bradei eu; não hás de entrar... não quero... Ia a lançar-lhe as mãos: era tarde; ela entrara e fechara-se." [Machado de Assis]

Ponto e vírgula

Representa uma pausa mais forte que a vírgula e menos que o ponto, e é empregado:

a) num trecho longo, onde já existam vírgulas, para enunciar pausa mais forte:

"Enfim, cheguei-me a Virgília, que estava sentada, e travei-lhe da mão; D. Plácida foi à janela." [Machado de Assis]

b) para separar as adversativas em que se quer ressaltar o contraste:

"Não se disse mais nada; mas de noite Lobo Neves insistiu no projeto." [Machado de Assis]

c) na redação oficial, para separar os diversos itens de um considerando, lei ou outro documento.

Travessão

Não confundir o travessão com o traço de união ou hífen e com o traço de divisão empregado na partição de sílabas (*ab-so-lu-ta-men-te*) e de palavras no fim de linha.

O travessão pode substituir vírgulas, parênteses, colchetes, para assinalar uma expressão intercalada:

"(...) e eu falava-lhe de mil cousas diferentes — do último baile do Catete, da discussão das câmaras, de berlindas e cavalos —, de tudo, menos dos seus versos ou prosas." [Machado de Assis]

Usa-se simples se a intercalação termina o texto; em caso contrário, usa-se o travessão duplo:

"Duas, três vezes por semana, havia de lhe deixar na algibeira das calças — umas largas calças de enfiar —, ou na gaveta da mesa, ou ao pé do tinteiro, uma barata morta." [Machado de Assis]

Obs.: Como se vê pelo exemplo, pode haver vírgula depois de travessão.

Pode denotar uma pausa mais forte:

"(...) e se estabelece uma cousa que poderemos chamar — solidariedade do aborrecimento humano." [Machado de Assis]

Pode indicar ainda a mudança de interlocutor, na transcrição de um diálogo:

"— Ah! respirou Lobo Neves, sentando-se preguiçosamente no sofá.
— Cansado? perguntei eu.
— Muito; aturei duas maçadas de primeira ordem (...)" [Machado de Assis]

Neste caso, pode, ou não, combinar-se com as aspas.

Parênteses e colchetes

Os parênteses assinalam um isolamento sintático e semântico mais completo dentro do enunciado, além de estabelecer maior intimidade entre o autor e o seu leitor. Em geral, a inserção do parêntese é assinalada por uma entonação especial.

Quando uma pausa coincide com o fim da construção parentética, o respectivo sinal de pontuação deve ficar depois dos parênteses, mas, estando a proposição ou a frase inteira encerrada pelos parênteses, dentro deles se põe a competente notação:

"Não, filhos meus (deixai-me experimentar, uma vez que seja, convosco, este suavíssimo nome); não: o coração não é tão frívolo, tão exterior, tão carnal, quanto se cuida." [Rui Barbosa]

"A imprensa (quem o contesta?) é o mais poderoso meio que se tem inventado para a divulgação do pensamento." (Carta inserta nos Anais da Biblioteca Nacional, vol. I) [Carlos de Laet]

Intimamente ligados aos parênteses pela sua função discursiva, os colchetes são utilizados quando já se acham empregados os parênteses, para introduzirem uma nova inserção.

Também se usam para preencher lacunas de textos ou ainda para introduzir, principalmente em citações, adendos ou explicações que facilitam o entendimento do texto. Nos dicionários e gramáticas, explicitam informações como a ortoépia, a prosódia, etc., no que também podem ser usados os parênteses.

Aspas

De modo geral, usamos como aspas o sinal [" "]; mas pode haver, para empregos diferentes, as aspas simples [' ']. Nos trabalhos científicos sobre línguas, as aspas simples referem-se a significados ou sentidos: *amare* lat., 'amar' port. Às vezes, usa-se nesta aplicação o sublinhado (cada vez menos frequente no texto impresso) ou o itálico. As aspas também são empregadas para abrir e fechar citações, indicar ironia, citar título de poema ou conto, dar a certa expressão sentido particular (na linguagem falada é em geral proferida com entoação especial), ressaltar uma expressão dentro do contexto ou para apontar uma palavra como estrangeirismo ou gíria.

> **Obs.**: Escrevendo, ressaltamos a expressão também com o sublinhado, o que, nos textos impressos, corresponde ao emprego de tipo diferente:
>
> "— Sim, mas percebo-o agora, porque só agora nos surgiu a ocasião de enriquecer. Foi uma sorte grande que Deus nos mandou.
> — *Deus...*
> — Deus, sim, e você o ofendeu afastando-a com o pé." [Monteiro Lobato]
> "Você já reparou Miloca, na 'ganja' da Sinhazinha? Disse uma sirigaita de 'beleza' na testa." [Monteiro Lobato]

Quando uma pausa coincide com o final da expressão ou sentença que se acha entre aspas, coloca-se o competente sinal de pontuação depois delas, se encerram apenas uma parte da proposição; quando, porém, as aspas abrangem todo o período, sentença, frase ou expressão, a respectiva notação fica abrangida por elas:

"Aí temos a lei", dizia o Florentino. "Mas quem as há de segurar? Ninguém." [Rui Barbosa]

Alínea

Tem a mesma função do parágrafo, pois denota diversos centros de assuntos e, como este, exige mudança de linha. Geralmente vem *indicada por número* ou *letra seguida de um traço curvo*, semelhante ao que fecha parêntese, para assinalar subdivisão da matéria tratada:

Os substantivos podem ser:

a) próprios

b) comuns

Chave

A chave [{ }] tem aplicação maior em obras de caráter científico.

Asterisco

O asterisco (*) é colocado depois e em cima de uma palavra do trecho para se fazer uma citação ou comentário qualquer sobre o termo ou o que é tratado no trecho (neste caso o asterisco se põe no fim do período).

Emprega-se ainda um ou mais asteriscos depois de uma inicial para indicar uma pessoa cujo nome não se quer ou não se pode declinar: o Dr.*, B.**, L.***.

Em estudos de linguagem, o asterisco indica etimologia hipotética, ou, ainda, serve para assinalar palavra, expressão ou frase agramatical.

C) Seleção de questões

1) (Analista de Finanças e Controle — AFC/STN — ESAF)

Assinale a opção em que o termo sublinhado está gramaticalmente correto: O Brasil vem gradativamente progredindo no que diz respeito <u>à</u> (1) administrar o bem público. No século passado, estava arraigado <u>à</u> (2) comportamentos administrativos viciosos, <u>aos quais</u> (3) priorizavam os interesses do administrador e de quem mais lhe <u>conveniesse</u> (4), ficando de lado a real finalidade do serviço público, que é servir <u>o</u> (5) público.

(A) 1

(B) 2

(C) 3

(D) 4

(E) 5

2) (CONSESP — Advogado — Pref. Euclides da Cunha / SP)

Em "... no relógio deu quatro horas", há um erro de:

(A) Concordância

(B) Regência

(C) Emprego de tempos verbais

(D) De reticências

3) (CONSULPLAN — Técnico de Laboratório — Informática — Prefeitura de Congonhas — MG)

Quanto à regência, assinale a afirmativa INCORRETA:

(A) Os amigos foram ao teatro.

(B) João namora com Maria.

(C) Prefiro cinema a teatro.

(D) Lá em casa, somos três.

(E) Nós aspiramos a uma boa faculdade.

4) (SEE/SP — Professor de Educação Básica II / Língua portuguesa / SP — FGV — Superior)

Assinale a alternativa que indica um posicionamento diferente dos demais quanto ao emprego de preposição com verbos de movimento.

(A) "Depois voltou em casa, fechou muito bem as janelas e portas..." [Guimarães Rosa]

(B) "Quando chegaram na pensão era noitinha e todos já estavam desesperados." [Mário de Andrade]

(C) "D. Francisquinha deixara até de vir, após meses de assiduidade, na minha casa." [J.L. do Rego]

(D) "... baleou o outro bem na nuca e correu em casa, onde o cavalo o esperava..." [Guimarães Rosa]

(E) "Quando Macunaíma voltou à praia, se percebia que brigara muito lá no fundo." [Mário de Andrade]

5) (CONSESP — Advogado — Pref. Euclides da Cunha/SP)

Tendo como referência as normas de regência dos verbos da gramática normativa, assinale a oração que apresenta desvio.

(A) Basta que obedeçam aos conselhos do professor.

(B) O ar que aspiramos em São Paulo é muito poluído.

(C) Informo o senhor da minha profunda repugnância ao ato.

(D) O aluno cujo nome não me lembro colou na prova.

6) (ESAF — Escola de Administração Fazendária — Analista de Planejamento e Orçamento)

Assinale a opção que contém erro gramatical.

(A) Mais do que a linha dos prédios espelhados na Avenida Paulista, a imagem que os visitantes têm de São Paulo é a de duas vias castigadas com congestionamentos diários, seguindo o curso de rios infestados de poluição e emparedados pelo concreto.

(B) Não é de se estranhar, portanto, que o prefeito da capital tenha criado uma celeuma quando resolveu diminuir o limite de velocidade das marginais Tietê e Pinheiros, as mais importantes da cidade.

(C) A seção paulista da Ordem dos Advogados do Brasil (OAB) entrou com ação civil pública na Justiça e o Ministério Público abriu inquérito contra a mudança.

(D) As marginais já são vias seguras em comparação com o restante da cidade. Campeãs de movimento e de acidentes fatais no município, em termos proporcionais, no entanto, a figura é diferente. Estima-se que 1 milhão de veículos passem por lá diariamente.

(E) Em 2010, foi proibido a entrada de motos na pista expressa da Marginal Tietê — apesar de muitos motociclistas desobedecerem a regra.

(Adaptação da reportagem "Uma medida que para São Paulo", revista *IstoÉ*, n. 2383, 5.8.2015)

7) (Eletrobras Eletrosul — Eletrosul Centrais Elétricas S.A — Administração de Empresas — FCC)

Obs.: O texto (VERISSIMO, Luis Fernando. *O mundo é bárbaro: e o que nós temos a ver com isso*. Rio de Janeiro: Objetiva, 2008, p. 19) de onde foi retirado o objeto desta questão não foi incluído no livro por não ser determinante para a resolução da mesma.

As normas de concordância verbal encontram-se plenamente atendidas na seguinte frase:

(A) Não cabe aos responsáveis pelo mau funcionamento do mundo quaisquer tipos de sanção, uma vez que sequer logramos identificá-los.

(B) O desleixo e a improvisação, que na ordem humana constitui um defeito incorrigível, estão perversamente implicados na política e na economia.

(C) Torna-se difícil projetar as imagens de um mundo natural que fosse administrado pela consciência humana, à qual se devem as decisões mais injustas.

(D) Acabam por tornar visíveis as falhas do mundo natural o desequilíbrio injusto na distribuição dos favores e das desgraças que acometem a humanidade.

(E) Os liberais dizem que se devem confiar nas vantagens do livre mercado, cujo funcionamento por si só se responsabilizariam pela estabilidade da economia.

8) (Eletrobras Eletrosul — Eletrosul Centrais Elétricas S.A — Administração de Empresas — FCC)

Obs.: O texto (VERISSIMO, Luis Fernando. *O mundo é bárbaro: e o que nós temos a ver com isso*. Rio de Janeiro: Objetiva, 2008, p. 19) de onde foi retirado o objeto desta questão não foi incluído no livro por não ser determinante para a resolução da mesma.

Há adequada correlação entre os tempos e os modos verbais presentes na seguinte frase:

(A) A responsabilidade pelos defeitos do mundo só seria nossa caso já não estivessem prontos os elementos que constituem essa imensa infraestrutura, à qual todos estamos submetidos.

(B) Nenhum de nós terá qualquer responsabilidade na injusta distribuição dos males e benefícios do mundo, a menos que a algum de nós caberia a tomada de todas as decisões.

(C) Provavelmente o mundo natural apresentaria ainda mais falhas, se viermos a tomar as decisões que implicassem uma profunda alteração na ordem dos fenômenos.

(D) Quem ousará remanejar os ventos e suprimir correntes marítimas, se tais poderes estivessem à disposição dos nossos interesses e caprichos?

(E) Na opinião do autor do texto, o síndico ideal seria aquele cujos serviços sequer se notem, pois ele manterá com discrição sua eficiência e sua dedicação ao trabalho.

9) (Universidade de São Paulo — USP — Vice-Reitoria Executiva de Administração — Bibliotecário)

A única frase em que a concordância nominal está adequada à norma escrita culta é:

(A) Estamos quite com as obrigações trabalhistas.

(B) Viram paisagens as mais belas possível.

(C) As milhares de pessoas moravam felizes ali.

(D) Os arquivos seguem anexos às mensagens.

10) (Câmara Municipal do Recife — Arquiteto — FGV Projetos)

Um texto publicitário de um plano de saúde emprega a seguinte frase: "Você quer um plano de saúde para seus pais e nenhum te atende?"
Se quiséssemos reescrever essa mesma frase dentro das regras da norma culta, deveríamos:

(A) omitir o termo "você" no início da frase;

(B) trocar o pronome possessivo "seus" por "teus";

(C) trocar o pronome "te" por "lhe";

(D) trocar o pronome "te" por "se";

(E) colocar "você quer" no plural: "vocês querem".

11) (Ministério Público do Estado do Amazonas — Agente Técnico Economista — FCC-Fundação Carlos Chagas)

Obs.: O texto (QUINTANA, Mário. *Poesia completa*. Rio de Janeiro: Nova Aguilar, 1.ª ed., 2005, p. 654) de onde foi retirado o objeto desta questão não foi incluído no livro por não ser determinante para a resolução da mesma.

As normas de concordância verbal e nominal estão inteiramente respeitadas em:

(A) Alguns dos aspectos mais desejáveis de uma boa leitura, que satisfaça aos leitores e seja veículo de aprimoramento intelectual, estão na capacidade de criação do autor, mediante palavras, sua matéria-prima.

(B) Obras que se considera clássicas na literatura sempre delineia novos caminhos, pois é capaz de encantar o leitor ao ultrapassar os limites da época em que vivem seus autores, gênios no domínio das palavras, sua matéria-prima.

(C) A palavra, matéria-prima de poetas e romancistas, lhe permitem criar todo um mundo de ficção, em que personagens se transformam em seres vivos a acompanhar os leitores, numa verdadeira interação com a realidade.

(D) As possibilidades de comunicação entre autor e leitor somente se realiza plenamente caso haja afinidade de ideias entre ambos, o que permite, ao mesmo tempo, o crescimento intelectual deste último e o prazer da leitura.

(E) Consta, na literatura mundial, obras-primas que constitui leitura obrigatória e se tornam referências por seu conteúdo que ultrapassa os limites de tempo e de época.

12) (ESPM — Escola Superior de Propaganda e Marketing — Prova P — Vestibular)

Assinale a opção em que há uma transgressão às normas de Concordância (nominal ou verbal):

(A) Já passava do meio-dia e meia, quando muitas competições já tinham sido iniciadas.

(B) Valor de bens de candidatos à Prefeitura da Capital superam o declarado à Justiça Eleitoral.

(C) Segundo a defesa, é necessário existência de crime de responsabilidade.

(D) Fizeram críticas meio exageradas ao desempenho da política externa.

(E) Após confrontos, uso de "burquíni", mistura de burca com biquíni, é proibido em 12 cidades francesas.

13) (Administrador Especialista em Administração Hospitalar — COSEAC — UFF)

Leia as frases abaixo.

I. Enquanto houver leitores, haverá livros.
II. Mais de um terço dos jovens no Brasil nunca desliga o celular.
III. Vossa Senhoria tomou posse de seu mandato em dia auspicioso.
IV. Hoje são 08 de março, dia da mulher.

Sobre a concordância verbal empregada nas frases, assinale a afirmativa **INCORRETA**.

(A) O verbo *haver* no sentido de 'existir' flexiona-se somente na 3.ª pessoa do singular, como ocorre em I.

(B) Em II, o verbo *desligar* deveria ser pluralizado, visto que a expressão *mais de* é indicativa de plural.

(C) Com pronomes de tratamento, a concordância verbal se dá na 3.ª pessoa; em III, no singular, pois o pronome está no singular.

(D) Em IV, o verbo *ser* concorda com o numeral, mas também poderia concordar com a palavra *dia*, subentendida antes do numeral.

14) (Papiloscopista — FUNCAB — PC — PA)

Obs.: O texto (PALOMBA, Guido Arturo. Rev. *Psique*: n.º 100 [ed. comemorativa], p. 82) de onde foi retirado o objeto desta questão não foi incluído no livro por não ser determinante para a resolução da mesma.

Ao substituir-se "um fato" por "fatos", em: "existe um fato na Psicologia-Psiquiatria forense que é 100% de certeza", preserva-se a norma de concordância verbal com a seguinte construção modalizadora:

(A) devem haver fatos.

(B) deve existir fatos.

(C) deve haverem fatos.

(D) devem existirem fatos.

(E) deve haver fatos.

15) (Médico — Posto de Saúde — IESES — Prefeitura de São José do Cerrito — SC)

Obs.: O texto (POSSENTI, Sírio. "Línguas mudam". *Ciência Hoje*, 21 dez. 2015. Disponível em: <http://cienciahoje.org. br/coluna/linguas-mudam/>.) de onde foi retirado o objeto desta questão não foi incluído no livro por não ser determinante para a resolução da mesma.

Assinale a alternativa em que a flexão nominal esteja correta.

(A) Qualquer viagem é ótimo para descansar.

(B) Permitida passagem de bicicletas.

(C) Maçã é boa para a digestão.

(D) Proibida a entrada.

16) (Prefeitura Municipal de Campo Bom — RS — Arquiteto — FUNDATEC — Fundação Universidade Empresa de Tecnologia e Ciências)

Assinale a alternativa cujas palavras NÃO sejam acentuadas graficamente por causa das mesmas regras que prescrevem a grafia, respectivamente, de *país*, *insônia* e *até*.

(A) baú — anágua — sofá

(B) juízes — memória — café

(C) faísca — história — está

(D) raízes — infâmia — rodapé

(E) índole — difíceis — chapéu

17) (SAMAE de Caxias do Sul-RS — Assistente de Planejamento — Objetiva)

Em relação à acentuação viciosa, analisar os itens abaixo, considerando-se a exata pronúncia das palavras e sua classificação quanto ao acento tônico, evitando-se uma silabada, denominação dada ao erro de prosódia:

I — São oxítonas: "ruim", "mister", "Nobel", "ureter", etc.
II — São paroxítonas: "ibero", "rubrica", "avaro", "ciclope", "misantropo", etc.

III — São proparoxítonas: "ômega", "ágape", "aerólito", "ínterim", "arquétipo", etc.

Está(ão) CORRETO(S):

(A) Todos os itens.

(B) Somente o item III.

(C) Somente os itens I e II.

(D) Somente os itens I e III.

(E) Somente os itens II e III.

18) (Prefeitura Municipal de Indiaporã — Coordenador / Professor — Projeto Esporte Social)

Está *incorretamente* escrito:

(A) Papisa

(B) Agiotagem

(C) Alfanje

(D) Pichar

(E) Girau

19) (UFPR — Prefeitura Municipal de Colombo — Professor)

Em que frase estão corretos o uso e a grafia da expressão sublinhada?

(A) É fácil compreender o por que de terem se separado.

(B) Não querem tratar da doença por que não podem.

(C) Ele gostaria de saber por que sua mãe se separou de seu pai.

(D) Cuidar da mente desde sempre é bom por que então as doenças da velhice se revelam mais fáceis de tratar.

(E) E não vão assistir ao filme por que?

20) (Universidade de São Paulo — USP — Vice-Reitoria Executiva de Administração — Bibliotecário)

A frase em que todas as palavras estão corretamente grafadas é:

(A) Fazia juz ao obsequio, mas quis evitar quaisquer maledicencias.

(B) Os não-fumantes queriam tão somente garantir seu direito a saude.

(C) Em apoio ao colega, o exequente logo pôs fim à querela.

(D) Foi mal-sucedido na última prova, porisso não lhe coube o trofeu.

21) (Contador Júnior — IESES — Gas-Brasiliano)

Assinale a alternativa em que haja ERRO quanto ao emprego das regras de acentuação gráfica.

(A) Os fatos sobrevém às exigências da assembleia.

(B) A boia inflável, em náutica, é importantíssima.

(C) Os indivíduos não têm necessidade de destacar a feiura das coisas.

(D) O androide é um autômato que tem figura de homem e imita seus movimentos.

22) (Auxiliar em Administração — COMVEST UFAM — UFAM)

Leia o texto a seguir:

Foi na minha última viagem ao Perú que entrei em uma baiúca muito agradável. Apesar de simples, era bem frequentada. Isso podia ser constatado pelas assinaturas (ou simples rúbricas) dispostas em quadros afixados nas paredes do estabelecimento, algumas delas de pessoas famosas. Insisti com o garçom para também colocar a minha assinatura, registrando ali a minha presença. No final, o ônus foi pesado: a conta veio muito salgada. Tudo seria perfeito se o tempo ali passado, por algum milagre, tivesse sido gratuíto.

Assinale a alternativa que apresenta palavra em que a acentuação está CORRETA, de acordo com a Reforma Ortográfica em vigor:

(A) gratuíto

(B) Perú

(C) ônus

(D) rúbricas

(E) baiúca

23) (Economista Júnior — IESES — Gas-Brasiliano)

Assinale a alternativa INCORRETA de acordo com as regras vigentes sobre a aplicação ou não do hífen:

(A) Sabiá-da-serra, dia a dia, mão de obra.

(B) Pan-americano, recém-chegado, ex-presidente.

(C) Portacopos, superresistente, subraça.

(D) Infravermelho, sub-base, antissemita.

24) (Economista Júnior — IESES — Gas-Brasiliano)

Obs.: O texto (BIZZOCCHI, Aldo. A "língua" do pensamento. *Língua Portuguesa*, ano 7, n.º 75, jan. 2012, p. 54-55) de onde foi retirado o objeto desta questão não foi incluído no livro por não ser determinante para a resolução da mesma.

Assinale a alternativa que contenha as palavras que completem corretamente os espaços nas proposições a seguir:

I. O caminho _____ venho é mais longo.
II. Não há nenhum _____ que não tenha resposta.
III. As razões _____ falou não ficaram claras.
IV. Ninguém falou, não se sabe _____.

(A) I. por que; II. por quê; III. porque; IV. porquê.

(B) I. por que; II. porquê; III. por que; IV. por quê.

(C) I. porque; II. por que; III. porque; IV. por que.

(D) I. porque; II. porquê; III. por que; IV. porque.

25) (Agente Fiscal de Posturas — MS CONCURSOS — Prefeitura de Piraúba — MG)

Com referência às palavras "mas" (conjunção), "más" (adjetivo) e "mais" (advérbio), assinale a alternativa incorreta:

(A) A espada vence, mais não convence.

(B) Fiz tudo muito calmamente: devagar se chega mais depressa.

(C) Aquelas mulheres são más.

(D) O Sol, isto é, a mais próxima das estrelas, comanda a vida terrestre.

26) (Técnico em Mecânica — NC — UFPR)

Obs.: O texto ("O vírus da Zika", *Folha de S.Paulo*, 7 dez. 2016) de onde foi retirado o objeto desta questão não foi incluído no livro por não ser determinante para a resolução da mesma.

Considere o seguinte trecho:

Devido ____ presença de mais de 40 espécies de mosquitos, ____ floresta Zika, em Uganda, foi o local em que se identificou o vírus pela primeira vez, ____ mais de 60 anos.

Assinale a alternativa que preenche corretamente as lacunas.

(A) à — há — a.

(B) a — à — há.

(C) há — à — a.

(D) há — a — há.

(E) à — a — há.

27) (Administrador — IF — SUL)

Escolha uma das expressões indicadas entre parênteses de modo a completar adequadamente os períodos.

I. Necessitamos urgentemente desvendar as fontes geradoras da violência, _____ sabermos como despertar as fontes geradoras de paz. (a fim de / afim de)

II. Projetos de tese _____ promoção da cultura de paz no país vêm sendo desenvolvidos por diferentes segmentos da sociedade. (a cerca da / acerca da)

III. O governo deve investir em segurança, _____ a população começará a fazer justiça com as próprias mãos. (se não / senão)

IV. Segurança pública é um direito de _____ cidadão e é requisito de exercício da cidadania. (todo / todo o)

A sequência que completa correta e respectivamente as lacunas dos períodos é

(A) a fim de / acerca da / senão / todo.

(B) afim de / a cerca da / se não / todo o.

(C) a fim de / a cerca da / senão / todo o.

(D) afim de / acerca da / se não / todo.

28) (Professor de Língua Portuguesa — FGV — SEE — PE)

As opções a seguir apresentam pares de palavras que podem ser escritas em um ou dois vocábulos alterando-se o sentido, **à exceção de uma**. Assinale-a.

(A) acerca de / a cerca de.

(B) sobretudo / sobre tudo.

(C) abaixo / a baixo.

(D) debaixo / de baixo.

(E) derrepente / de repente.

29) (Analista de TIC I — Infraestrutura — CAIP — IMES — Prefeitura de São Paulo — SP)

Complete o espaço de cada frase com o termo correto dos parênteses.

I — _____ surgem os sonhos por vezes perturbadores? (De onde / Aonde)

II — Se durante o sonho _____ algo que fisicamente nos gera algum tipo de incômodo, isto pode manifestar-se sob a forma de pesadelo. (há / a)

III — Dependendo dos alimentos que consumimos no jantar, poderemos ter uma noite _____ dormida. (mal / mau)

IV — Ter pesadelos de vez em quando é algo normal, mas se por alguma razão tem estes sonhos regularmente, recomendamos-lhe que visite um especialista _____ de detectar a causa desse problema. (afim / a fim)

Assinale a alternativa correta.

(A) I. De onde — II. há — III. mal — IV. a fim
(B) I. Onde — II. a — III. mau — IV. a fim
(C) I. Onde — II. há — III. mal — IV. afim
(D) I. De onde — II. a — III. mau — IV. a fim

30) (Tecnólogo — Área Turismo — IF — CE)

Uma das palavras *mal* e *mau* está empregada **corretamente** na frase da opção

(A) Mal chegou ao apartamento, começou a telefonar para os parentes.

(B) O chefe está muito estressado. Creio que ele esteja de mau com a vida.

(C) Os documentos estavam mau dispostos sobre a mesa, então ninguém sabia por onde o processo se iniciava.

(D) Deve-se evitar fazer o mau às pessoas.

(E) Seu mal humor ultrapassa todos os limites.

31) (Promotor de Justiça — Vespertina — MPE — SC)

Está gramaticalmente correta esta frase:
Não faço cessão dos meus direitos!

( ) Certo

( ) Errado

32) (Técnico de Tecnologia da Informação — COSEP — UFJF)

Tendo em vista a ortografia oficial de Língua Portuguesa, assinale a alternativa em que o emprego do hífen está **INCORRETO**:

(A) Porta-retrato.

(B) Micro-ondas.

(C) Conta-corrente.

(D) Auto-retrato.

(E) Cor-de-rosa.

33) (Procurador — FGV — ALERJ)

O vocábulo abaixo que contraria as novas regras ortográficas é:

(A) herói;

(B) anti-inflacionário;

(C) co-réu;

(D) minissaia;

(E) hiperinflação.

34) (Assessor Jurídico — Jota Consultoria — Câmara de Mesópolis — SP)

Deve haver hífen em:

(A) Eletroótica.

(B) Antissemita.

(C) Coadministrar.

(D) Neorrealismo.

(E) Desumano.

35) (Revisor de texto — FUNIVERSA — IF — AP)

Obs.: O texto (ILARI, Rodolfo. "O Estruturalismo linguístico: alguns caminhos". In: MUSSALIN, F.; BENTES, A.C. [Orgs.] *Introdução à Linguística: fundamentos epistemológicos*. São Paulo: Cortez, 2004, p. 53-92. v. 3) de onde foi retirado o objeto desta questão não foi incluído no livro por não ser determinante para a resolução da mesma.

São acentuadas graficamente de acordo com a mesma regra de acentuação gráfica as palavras

(A) "Além" e "têm".

(B) "vernáculo" e "raízes".

(C) "veículos" e "português".

(D) "língua" e "fictícias".

(E) "português" e "têm"

36) (Odontólogo — FUNRIO — IF — BA)

Assinale a única alternativa que mostra uma frase escrita inteiramente de acordo com as regras de acentuação gráfica vigentes.

(A) Nas aulas de Ciências, construí uma mentalidade ecológica responsável.

(B) Nas aulas de Inglês, conheci um pouco da gramática e da cultura inglêsa.

(C) Nas aulas de Sociologia, gostei das idéias evolucionistas e de estudar ética.

(D) Nas aulas de Artes, estudei a cultura indígena, o barrôco e o expressionismo.

(E) Nas aulas de Educação Física, eu fazia exercícios para gluteos, adutores e tendões.

37) (Analista Judiciário — Psicologia — TJ-PR)

Em relação às normas ortográficas da língua portuguesa em vigor, é **CORRETO** afirmar:

(A) Segundo o novo Acordo Ortográfico da língua portuguesa, o acento diferencial de palavras homógrafas como **pelo** (verbo pelar) e **pelo** (substantivo) foi mantido.

(B) A acentuação gráfica das palavras **deficiência, comunitária, infância** e **precedência** justifica-se pela mesma regra do novo Acordo Ortográfico: todas as palavras paroxítonas são acentuadas.

(C) Em relação à eliminação do emprego do hífen, as palavras a seguir respeitam o novo Acordo Ortográfico: **autoeducação, extraoficial, coeditor** e **contraexemplo**.

D) O Novo Acordo manteve o hífen nas palavras compostas por justaposição cujos elementos constituem uma unidade semântica, mas mantêm uma tonicidade própria, como em: **aero-espacial, bem-te-vi, ave-maria**.

E) As palavras **ideia, jiboia, heroi** e **feiura** tiveram o acento agudo eliminado após o novo Acordo Ortográfico.

38) (Coren/SP — Administrador de Banco de Dados — Fundação Vunesp) Seguindo a norma-padrão da língua portuguesa, a frase — Um levantamento mostrou que os adolescentes americanos consomem em média 357 calorias diárias dessa fonte. — recebe o acréscimo correto das vírgulas em:

(A) Um levantamento mostrou, que os adolescentes americanos consomem em média 357 calorias, diárias dessa fonte.

(B) Um levantamento mostrou que, os adolescentes americanos consomem, em média 357 calorias diárias dessa fonte.

(C) Um levantamento mostrou que os adolescentes americanos consomem, em média, 357 calorias diárias dessa fonte.

(D) Um levantamento, mostrou que os adolescentes americanos, consomem em média 357 calorias diárias dessa fonte.

(E) Um levantamento mostrou que os adolescentes americanos, consomem em média 357 calorias diárias, dessa fonte.

39) (UFPR — Prefeitura Municipal de Colombo — Professor)

Assinale entre as alternativas abaixo a única em que o uso da vírgula é facultativo.

(A) Em 1989, ocorreu a primeira eleição direta no Brasil depois da ditadura militar.

(B) Barack Obama, atual presidente dos Estados Unidos, ocupa o cargo desde 2009.

(C) Vicente Guerrero, Anastasio Bustamante e Miguel Barragán foram presidentes mexicanos da assim chamada Primeira República Federalista.

(D) João Goulart, que faleceu em 1976, obteve anulação de sua cassação política somente em 2013.

(E) Senhora Presidenta, uma carta para Vossa Excelência!

40) (Ministério do Desenvolvimento, Indústria e Comércio Exterior — Analista de Comércio Exterior — ESAF)

Os trechos a seguir compõem um texto adaptado do Editorial da *Folha de S.Paulo* de 29/3/2012.

Assinale a opção em que o fragmento foi transcrito de forma gramaticalmente correta.

(A) Houveram muitas mudanças nas condições externas e internas da economia, que contribuíram para a estagnação da indústria brasileira. Do lado externo, os altos preços das matérias-primas exportadas pelo Brasil encorpam a entrada de divisas e valoriza o real.

(B) Internamente, a renda do trabalho ampliada por políticas salariais e previdenciárias generosas, estimula o consumo e o setor de serviços. O resultado seria a especialização da economia nos setores primário e terciário, cuja forte geração de emprego, em troca de menor competitividade industrial.

(C) A perda de mercado para importações, por sua vez, não seriam um problema, já que boa parte delas seria compras de bens de capital para investimento e modernização do parque industrial.

(D) Não se deve considerar que exportações de poucos produtos primários sejam confiáveis, pois uma inversão de preços traria problemas às contas externas. No que se refere às importações de bens de capital, é fato que o uso de equipamentos importados melhora a produtividade, mas a perda da base de conhecimento é uma ameaça para o futuro do país.

(E) É temerário considerar que, um país de renda média e com baixa escolaridade, como o Brasil possa manter tal padrão de crescimento. Serviços que geram renda, hoje, são atividades complexas como design industrial e marketing, de alto conteúdo intelectual.

D) Gabarito comentado

1) Gabarito: E. Comentário: A questão envolve variados conceitos gramaticais. A) Incorreta: não ocorre crase antes do verbo, uma vez que não pode haver aí presença de artigo. B) Incorreta: não ocorre crase porque o artigo que antecederia o substantivo deveria ficar no masculino plural, gerando a combinação *aos*. C) Incorreta: não é possível a presença de preposição porque o pronome relativo se refere ao antecedente "comportamentos administrativos viciosos" que exerce a função de sujeito do verbo "priorizavam", não sendo possível a presença da preposição (o mais adequado é o pronome relativo *que*). D) Incorreta: o verbo "convir" é irregular, mas conjuga-se como "vir", portanto a forma correta é "conviesse". E) Correta: o verbo "servir", nessa acepção, pode ser empregado como transitivo direto.

2) Gabarito: A. Comentário: Na opção destacada, o termo "no relógio" é um adjunto adverbial de lugar e não o sujeito da oração. Portanto, há um erro de concordância, porque, não sendo a palavra "relógio" o sujeito da oração, o verbo "dar" deve concordar com o sujeito representado pela expressão numérica. Ou seja, podemos dizer: *O relógio* deu *quatro horas* ou *No relógio* deram *quatro horas*.

3) Gabarito: B. Comentário: A opção B está incorreta porque o verbo "namorar" — considerando sua regência segundo a norma-padrão — rege complemento não preposicionado. A preposição "com" caracteriza a variedade coloquial, popular e regional da língua. A tradição das bancas examinadoras tem sido obedecer à norma-padrão. As demais opções estão de acordo com a norma-padrão da língua: A) Verbo "ir" rege preposição "a", que aparece em combinação com o artigo *o*: *ao*. C) Verbo "preferir" sugere a ideia implícita de comparação, mas exige complemento regido da preposição "a". D) Verbo "ser" rege predicativo sem preposição, portanto *somos três* e não *somos em três*. E) Verbo "aspirar" no sentido de "desejar" rege complemento com preposição "a".

4) Gabarito: E. Comentário: O candidato deve, sempre, ficar muito atento ao enunciado das questões. Nesta questão reproduziram os escritores usos da norma familiar e/ou regional, mas o que se deseja verdadeiramente avaliar é se o candidato identifica qual das opções está de acordo com a norma-padrão da língua. Nas quatro primeiras frases, os verbos "voltar", "chegar", "vir" e "correr" estão empregados de acordo com a linguagem coloquial, popular. A língua-padrão recomenda que, com os verbos *ir, vir, chegar* e equivalentes deve-se empregar a preposição *a*, junto a expressões locativas; portanto, teríamos: *voltou à casa; chegaram à pensão; vir (...) à minha casa; correu à casa*. A opção E, que corresponde ao gabarito, é a única a apresentar um exemplo em que o padrão da língua foi observado.

5) Gabarito: D. Comentário: As alternativas A, B e C não se desviam das normas de regência dos verbos da gramática normativa, uma vez que os verbos A) "obedecer" rege complemento preposicionado: "obedeçam aos conselhos"; B) "aspirar", empregado na acepção de 'inspirar' pede complemento não preposicionado: "que aspiramos" (aspiramos *o ar* [que]); C) "informar" pede dois complementos (um preposicionado e outro, não): "informo o senhor (complemento não preposicionado) da minha profunda (complemento preposicionado) ... ato". Na alternativa D), o verbo "lembrar", na acepção de 'ter na memória; recordar(-se)', é mais comumente empregado como pronominal; portanto, nesta opção, a forma correta seria: *O aluno* de cujo *nome não me lembro colou na prova.* (= não me lembro *do nome do aluno* [de cujo nome] que colou na prova.)

6) Gabarito: E. Comentário: A opção E está incorreta, uma vez que com expressões do tipo "é proibido" o adjetivo deve ficar invariável se não houver definição de gênero e/ ou número do termo determinado, porque, neste caso, é obrigatória, de acordo com a norma-padrão, a concordância com o termo determinado. Sendo assim, o correto, nessa questão, é "é proibida a entrada (...)" ou "é proibido entrada (...)".

7) Gabarito: C. Comentário: Quanto à concordância, temos: A) Incorreta, porque o sujeito do verbo "caber" é "quaisquer tipos de sanção"; portanto, o correto é "não cabem aos responsáveis... quaisquer tipos de sanção"; B) Incorreta, porque o verbo "constituir" deve concordar com o sujeito. Nesse caso o sujeito é o pronome relativo *que*, por isso o verbo da oração adjetiva (iniciada pelo pronome relativo) concorda com o antecedente do pronome. O correto é: "O desleixo e a improvisação, que... constituem um defeito incorrigível"; C) Correta e, portanto, o gabarito; D) Incorreta, porque o verbo "acabar" deve concordar com o sujeito "o desequilíbrio injusto na distribuição dos favores e das desgraças", cujo núcleo é o substantivo "desequilíbrio"; portanto, o correto é "acaba por (...) o desequilíbrio (...) desgraças". Além deste erro de concordância, há outro: o verbo "acometer" deve ficar no singular, porque o sujeito da oração adjetiva é o pronome relativo que, por isso o verbo deve concordar com o antecedente desse pronome. O correto é "*que* (antecedente "desequilíbrio") acomete a humanidade"; E) Incorreta, porque a locução verbal "devem confiar" deve ficar no singular, uma vez que a palavra *se* é índice de indeterminação do sujeito e, nesse caso, o sujeito é indeterminado e o verbo deve ficar na 3.ª pessoa do singular. O correto é "que se deve confiar nas vantagens do livre mercado". Há, ainda, outro erro de concordância: o verbo "responsabilizar-se" deve ficar no singular para concordar com o sujeito "o funcionamento do livre mercado". O correto é: "cujo (pronome relativo que tem como antecedente *livre mercado* e como consequente *funcionamento) funcionamento* por si só se *responsabilizaria* pela estabilidade econômica".

8) Gabarito: A. Comentário: A opção A é a única a estabelecer uma relação de coerência entre os tempos e modos verbais, uma vez que, ao iniciar o período com o verbo *ser* flexionado no futuro do pretérito do indicativo, a ideia transmitida é de um futuro condicionado a uma ação possível de ser realizada. O verbo *estar* flexionado no pretérito imperfeito do subjuntivo é o tempo que estabelece coesão textual porque se relaciona à conjunção condicional caso, criando assim a harmonia necessária à inter-relação das ideias no contexto.

9) Gabarito: D. Comentário: A opção em que a concordância nominal está adequada é a D, porque, como adjetivo, "anexo" concorda com o termo a que se refere (arquivos anexos às mensagens). Já nas opções: A) O adjetivo "quite" deve concordar com o termo a que se refere; portanto, a concordância correta é "quites com as obrigações trabalhistas"; B) Com a expressão "as mais" o adjetivo possível vai para o plural; portanto, a concordância correta é "as mais belas possíveis"; D) "milhares" é substantivo do gênero masculino; portanto, a concordância correta é "os milhares de pessoas".

10) Gabarito: C. Comentário: Em primeiro lugar temos de corrigir a mudança de tratamento, pois, inicialmente, o interlocutor é tratado por "você", e depois por "tu" ("te"), em vez de *lhe* ou *o*. Como o verbo "atender", nessa acepção, pede preposição *a* (*atender às suas expectativas*), o pronome que deve ser empregado é *lhe* (objeto indireto).

11) Gabarito: A. Comentário: A concordância está correta na opção A; nas demais opções são necessárias as seguintes correções: B) Obras que se consideram (...) delineiam (...) são capazes de (...) ultrapassarem (...); C) (...) lhes permite (...); D) (...) se realizam (...) intelectual do leitor (...); E) Constam (...) que constituem (...) seus conteúdos que ultrapassam (...).

12) Gabarito: B. Comentário: A norma-padrão da língua não foi seguida na opção B, porque o verbo "superar" deve ficar no singular para concordar com o sujeito "valor de bens de candidatos à Prefeitura da Capital", cujo núcleo é o substantivo "valor". A forma adequada é: "*Valor* de bens de candidatos à Prefeitura da Capital *supera* o declarado à Justiça Eleitoral".

13) Gabarito: B. Comentário: A única opção incorreta é B porque, quando o sujeito é constituído de uma expressão quantitativa — como "mais de um terço", por exemplo — seguida de substantivo no plural e o verbo está posposto ao sujeito, o verbo pode ficar no singular — se a intenção for apenas gramatical — ou ir para o plural, se o desejo for uma concordância mais ideológica, com ênfase na ideia de pluralidade sugerida pelo sujeito.

14) Gabarito: E. Comentário: "Um fato" é o sujeito do verbo "existir", portanto ao se colocar o sujeito no plural é necessário que o verbo concorde com ele, indo, também, para o plural. No caso de se continuar com o verbo "existir" no presente do indicativo, a forma verbal adequada seria "existem". Como as formas apontadas pelas opções são todas de locuções verbais, e mantendo-se o verbo "existir", a forma correta é "devem existir" (na locução verbal o verbo auxiliar é flexionado, enquanto o verbo principal fica em uma forma nominal, neste caso o infinitivo). Embora "haver" possa ser empregado em construções com o sentido de 'existir', o verbo "haver" fica sempre no singular, enquanto "existir" vai ao plural, porque, nesta acepção, "haver" é impessoal, isto é, não tem sujeito. Na forma de locução verbal, a impessoalidade do verbo "haver" é assimilada pelo auxiliar; "fatos" não é o sujeito e sim o objeto direto do verbo "haver". Portanto, a forma verbal que está de acordo com a norma-padrão da língua é "deve haver fatos".

15) Gabarito: D. Comentário: As opções A, B e C estão incorretas, porque, com expressões do tipo *é ótimo, é permitido, é bom*, etc., caso o substantivo não venha determinado, o adjetivo fica no masculino singular, concordando com o fato em si e não com o gênero do substantivo; mas, se o substantivo estiver determinado, a concordância será realizada normalmente; portanto: A) Qualquer viagem *é ótima* para descansar; B) *Permitido* passagem de bicicletas; C) Maçã é *bom* para a digestão. A opção D está correta: *Proibida* a entrada.

16) Gabarito: E. Comentário: As palavras destacadas no enunciado da questão são acentuadas graficamente porque: país — apresenta "i" tônico, como segunda vogal do hiato, formando sílaba com a letra "s"; insônia — é paroxítona terminada em ditongo crescente; até — é oxítona terminada em "e". As opções A, B, C e D apresentam exemplos para as regras de acentuação gráfica exemplificadas no enunciado. A opção E é a única a relacionar exemplos que remetem a outras regras: índole — é proparoxítona (e todos são acentuados graficamente); chapéu — é oxítona terminada em ditongo aberto "eu".

17) Gabarito: A. Comentário: Na opção A todos os vocábulos são oxítonos. O candidato pode ficar em dúvida quanto a "mister" (oxítono, sílaba tônica "ter") por confundi-lo com o estrangeirismo *"mister"* ('tratamento respeitoso formal'), cuja pronúncia, em inglês, soa como paroxítono para nós. Mas vale lembrar que "mister" é substantivo e significa 'ofício, profissão', e a locução "ser mister" quer dizer 'ser necessário', como no exemplo: É mister conhecer a língua.

18) Gabarito: E. Comentário: A grafia correta é *jirau*, com *j*.

19) Gabarito: C. Comentário: Somente a opção C está correta. Nas demais há incorreção porque: A) a grafia deve ser numa palavra só e com acento circunflexo por se tratar de substantivo, sinônimo de "razão, motivo": "É fácil compreender o *porquê* de terem se separado."; B) e D) a grafia deve ser numa só palavra por se tratar de conjunção causal: "Não querem tratar da doença *porque* não podem" e explicativa: "Cuidar da mente desde sempre é bom, *porque* então as doenças da velhice se revelam mais fáceis de tratar."; E) a grafia deve ser em duas palavras, mas com acento circunflexo por estar em posição tônica, em último lugar na frase interrogativa: "E não vai assistir ao filme *por quê*?"

20) Gabarito: C. Comentário: A única opção em que todas as palavras estão grafadas de acordo com as normas ortográficas é a C. Nas demais, a grafia correta é: A) jus / obséquio / maledicências; B) não fumantes / à saúde; D) malsucedido / por isso / troféu.

21) Gabarito: A. Comentário: As palavras "assembleia", "feiura" e "androide" não mais recebem acento gráfico segundo as regras do novo Acordo Ortográfico; portanto, a grafia dessas palavras está de acordo com a norma ortográfica vigente da língua. As palavras "exigências", "inflável", "náutica", "importantíssima", "indivíduos" e "autômato" são acentuadas graficamente segundo as regras gerais de acentuação gráfica das palavras paroxítonas e proparoxítonas, que não foram alteradas com o Novo Acordo. Os verbos "sobrevêm" e "têm" devem receber acento circunflexo para concordar com os sujeitos "Os fatos" e "Os indivíduos", respectivamente, porque os núcleos desses sujeitos estão no plural. Segundo as regras de acentuação gráfica, os verbos "vir" (e derivados, no caso "sobrevir") e "ter" (e derivados) na 3.ª pessoa do singular do presente do indicativo não devem receber acento gráfico, seguindo as regras gerais de acentuação gráfica dos monossílabos tônicos, enquanto na 3.ª pessoa do plural do mesmo tempo e modo devem ser acentuados graficamente, a fim de deixar clara a concordância com sujeito no plural. Portanto, o correto é: "Os fatos sobrevêm às exigências da assembleia."

22) Gabarito: C. Comentário: O novo Acordo Ortográfico manteve a acentuação das palavras paroxítonas terminadas em "-us", tais como ônus, *húmus*, *vírus*, etc. As palavras "gratuito" e "rubricas" são paroxítonas e, mesmo antes do novo Acordo Ortográfico, não eram acentuadas graficamente; ambas são pronunciadas, muitas vezes, de forma inadequada, o que constitui um erro, segundo a norma-padrão da língua. A palavra "baiuca" deixou de ser acentuada graficamente conforme o novo Acordo Ortográfico porque se prescinde de acento agudo nas vogais tônicas grafadas *i* e *u* das palavras paroxítonas, quando estas vogais estiverem precedidas de ditongo decrescente: *baiuca, feiura, maoista*, etc.

23) **Gabarito: C. Comentário:** Na opção C, as palavras estão grafadas de forma incorreta, de acordo com a norma ortográfica da língua, porque: em "porta-copos" emprega-se o hífen, uma vez que é uma palavra composta por justaposição sem termo de ligação em que o 1.º elemento é um substantivo; em "super-resistente" emprega-se o hífen, por ser uma palavra formada por prefixação em que o 1.º elemento, o prefixo, termina por consoante idêntica à que inicia o 2.º elemento; em "sub-raça" emprega-se o hífen, já que é uma palavra formada por prefixação em que o 1.º elemento, o prefixo, termina em -*b* (-*sob*, -*sub*, por exemplo) e o 2.º elemento começa por *r*.

24) **Gabarito: B. Comentário:** Deve-se preencher as lacunas com: I. preposição "por" — pedida pelo verbo "vir" para indicar o lugar por onde vem — e pronome relativo "que" — cujo antecedente é o substantivo "caminho": "o caminho por que (= pelo qual) venho" (venho pelo caminho); II. "porquê", numa só palavra e com acento circunflexo, porque se trata de um substantivo que significa 'motivo' e vem precedido de pronome; III. preposição "por" — pedida pelo verbo "falar" para indicar o motivo pelo qual falou — e pronome relativo "que" — cujo antecedente é o substantivo "razões": "as razões por que (= pelas quais) falou" (falou pelas razões); IV. "por quê" por estar isolado, no final da frase.

25) **Gabarito: A. Comentário:** A questão apresenta uma armadilha para o candidato menos atento, pois, logo após identificar corretamente as grafias das palavras "mas/más/mais", solicita que somente a opção em que há incorreção seja marcada, sem dar nenhum destaque ao fato. Este tipo de exercício é muito importante para que o candidato se habitue a manter-se atento e nunca, por acreditar que uma questão parece fácil, responda de forma distraída, apressada, sem conectar-se com cada detalhe da proposição. A única opção incorreta é A, porque a segunda oração apresenta sentido oposto ao que foi exposto na primeira, o que só torna possível — a fim de manter a coesão e coerência da declaração — o emprego de uma conjunção adversativa, no caso "mas".

26) **Gabarito: E. Comentário:** É importante ficar atento ao sentido do texto, para não confundir o artigo definido feminino "a", a preposição "a", a contração "à" (preposição + artigo) e a forma verbal "há". Esta questão é um bom exercício para observar as nuances desse emprego. Na primeira coluna, a preposição "a" é parte da locução "devido a". O artigo definido feminino "a" antecede o substantivo "presença", porque este substantivo não está sendo empregado em sentido indeterminado: caso isso ocorresse não haveria emprego do artigo definido "a" e, portanto, não ocorreria crase, uma vez que é exatamente a contração, ou fusão, da preposição "a" — presente na locução — com o artigo "a" que dá origem ao "à" que preenche de forma adequada a primeira lacuna. Na segunda coluna, há presença apenas do artigo feminino que, anteposto ao substantivo "floresta", tem o objetivo de determiná-la. O espaço, então, deve ser preenchido com o artigo definido feminino "a". Na terceira coluna, há indicação de tempo e, havendo referência a tempo passado, emprega-se o verbo "haver", que, neste caso, deverá ficar, sempre, na 3.ª pessoa do singular. A lacuna deve ser preenchida com a forma verbal "há".

27) **Gabarito: A. Comentário:** As lacunas devem ser preenchidas com: I. a locução prepositiva "a fim de" por apresentar, na frase, o significado de "com o propósito de, com o objetivo de"; II. a locução "acerca de" por apresentar, na frase, o significado de "a respeito de"; III. a conjunção "senão" por apresentar, na frase, o sentido de "do contrário"; IV. o pronome "todo" por apresentar, na frase, a ideia de "qualquer; seja qual for" e não "por inteiro".

28) Gabarito: E. Comentário: Nas opções A, B, C e D as duas grafias apresentadas são possíveis, de acordo com a norma-padrão, com a devida alteração de sentido. Somente a opção E está em desacordo com o padrão da língua: escrever "de repente" em uma única palavra.

29) Gabarito: A. Comentário: As lacunas devem ser preenchidas, de acordo com o sentido expresso nas frases com: I. "de onde" para referir-se ao lugar de onde "surgem os sonhos", uma vez que o verbo "surgir" pede preposição "de"; II. o verbo "haver", que, por ter o sentido de "existir" na frase, deve ficar na 3.ª pessoa do singular; III. o advérbio "mal", uma vez que indica o modo como se pode dormir; IV. a locução prepositiva "a fim (de)", por ter o significado de "com o propósito de, com o objetivo de, com a finalidade de".

30) Gabarito: A. Comentário: O emprego está adequado na opção A, porque é conjunção e, portanto, deve ser grafada "mal". Nas opções B e C, por ser advérbio, deve ser grafado "mal" (antônimo: bem). Na opção D, por ser substantivo com o sentido de 'aquilo que é prejudicial, que se opõe ao bem', deve ser grafado "mal". Na opção E, por ser adjetivo, deve ser grafado "mau" (antônimo: bom).

31) Gabarito: Certo. Comentário: Na acepção em que é empregado na frase, o substantivo "cessão" significa 'ato de ceder'. Este vocábulo é homônimo homófono de "seção" — 'ato de secionar; divisão; parte de um todo, etc.' (por exemplo: seção de brinquedos de uma loja) — e "sessão" — 'espaço de tempo em que se realiza uma atividade' (por exemplo: sessão de cinema).

32) Gabarito: D. Comentário: As palavras apresentadas nas opções A, B, C e E apresentam os hifens corretamente colocados; já na opção D, a grafia correta é "autorretrato": quando o 1.º elemento da palavra é prefixo que termina em vogal (auto-) e o 2.º elemento começa com "r" (retrato) não se usa hífen e a consoante "r" deve ser duplicada.

33) Gabarito: C. Comentário: Segundo o novo Acordo Ortográfico, a grafia de: 1.º) "herói" está correta — os ditongos abertos *ei*, *eu* e *oi* recebem acento gráfico nos monossílabos tônicos e oxítonos, que é o caso de "herói"; 2.º) "anti-inflacionário" está correta — devem ser grafadas com hífen as palavras em que o 1.º elemento é um prefixo terminado pela mesma vogal com que se inicia o 2.º elemento; 3.º) "corréu" (e não co-réu), "minissaia" e "hiperinflação" são as grafias corretas, porque escrevem-se de forma aglutinada, isto é, sem hífen, as palavras em que o primeiro elemento é um prefixo terminado por vogal diferente da letra com que se inicia o 2.º elemento (no caso de o 2.º elemento começar por *r* ou *s*, estas letras serão dobradas).

34) Gabarito: A. Comentário: A grafia correta é "eletro-ótica", porque os elementos do vocábulo composto devem ser ligados por hífen quando o 1.º elemento termina por vogal igual à que inicia o 2.º elemento.

35) Gabarito: D. Comentário: A mesma regra de acentuação gráfica ocorre apenas na opção D: palavras terminadas em ditongo oral átono, sejam eles crescentes ou decrescentes, recebem acento gráfico. Na opção A: a palavra "além" é oxítona terminada em *-em*, e o verbo "têm" recebe acento circunflexo por estar na 3.ª pessoa do plural. Na opção B: "vernáculo" é proparoxítono, e todos os proparoxítonos são acentuados graficamente; já "raízes" apresenta hiato em que o *i* é a segunda vogal, sozinha na sílaba tônica. Na opção C: "veículos" é proparoxítona — por isto é acentuada graficamente —, e "português" é oxítona terminada em *-es*, o que justifica o acento gráfico. Na opção E:

"português" é oxítono terminado em -es e "têm" leva acento circunflexo na 3.ª pessoa do plural do presente do indicativo para diferenciar-se da 3.ª pessoa do singular "tem".

36) Gabarito: A. Comentário: Na opção A todas as palavras que compõem a frase estão de acordo com as regras ortográficas vigentes. Quanto às demais opções, estão incorretas as palavras: B) "inglêsa" por não haver regra de acentuação gráfica que justifique o emprego do acento circunflexo; C) "idéias" porque no novo Acordo Ortográfico ficou estabelecido que os ditongos tônicos abertos *ei, eu, oi* das palavras paroxítonas deixam de receber acento gráfico; D) "barrôco" por não haver regra de acentuação gráfica que justifique o emprego do acento circunflexo; E) "gluteos" (sem acento) porque levam acento agudo ou circunflexo os vocábulos terminados por ditongo oral átono, quer decrescente ou crescente, portanto "glúteos".

37) Gabarito: C. Comentário: Na alternativa A, o acento diferencial dessas palavras foi abolido, e não mantido; na B, a regra determina que se acentuem os paroxítonos terminados por ditongo átono; na D, "aeroespacial" deve ser escrito junto, sem hífen (nas formações com prefixos, se o 1.º elemento terminar por vogal diferente daquela que inicia o 2.º elemento, escreve-se junto, sem hífen); e na E, "herói", oxítono, continua acentuado (com o novo Acordo Ortográfico, "heroico", paroxítono, é que perdeu o acento gráfico). Portanto, a alternativa C é o gabarito.

38) Gabarito: C. Comentário: As vírgulas foram empregadas de acordo com a norma-padrão na opção C, para separar o adjunto adverbial. Vale ressaltar que a alternativa A está incorreta porque a vírgula foi usada para separar o verbo do complemento; na B, não se pode usar vírgula após o *que* que introduz uma oração subordinada substantiva; na D as duas vírgulas estão separando, indevidamente, o sujeito do predicado; e na E a primeira vírgula também separa sujeito e predicado.

39) Gabarito: A. Comentário: O emprego da vírgula é facultativo na opção A, porque adjuntos adverbiais podem ou não ser separados por vírgula, especialmente quando de pequena extensão, que é o caso da frase: "Em 1989, ocorreu (...)" ou "Em 1989 ocorreu (...)".

40) Gabarito: D. Comentário: Apenas a opção D está gramaticalmente correta, assim como está adequado o emprego da vírgula: 1.º) antes da conjunção *pois* para marcar o início da oração coordenada; 2.º) para separar a oração subordinada adverbial "no que se refere às importações de bens de capital" da principal.

Outros livros do autor

Moderna Gramática Portuguesa, 39.ª edição

Gramática Escolar da Língua Portuguesa, 2.ª edição ampliada e atualizada pelo novo Acordo Ortográfico

Bechara para concursos: Enem, vestibular e todo tipo de prova de Língua Portuguesa

Lições de Português pela análise sintática, 19.ª edição revista e ampliada com exercícios resolvidos

Novo dicionário de dúvidas da Língua Portuguesa

DIREÇÃO EDITORIAL
Daniele Cajueiro

EDITORAS RESPONSÁVEIS
Janaína Senna
Shahira Mahmud

PRODUÇÃO EDITORIAL
Adriana Torres
Mariana Bard
Rachel Rimas

REVISÃO
Fatima Amendoeira Maciel
Perla Serafim

PROJETO GRÁFICO E DIAGRAMAÇÃO
Filigrana

Este livro foi impresso em 2025, pela Vozes, para a Nova Fronteira.
O papel do miolo é offset 75g/m² e o da capa é cartão 250g/m².